城市轨道交通全自动运行系统系列丛书

城市轨道交通
全自动运行系统概论

主　编　安学武　王小可
副主编　陈翠利　柴贵兰　李文慧
主　审　曹双胜　兰　明

图书在版编目（CIP）数据

城市轨道交通全自动运行系统概论 / 安学武，王小可主编. —成都：西南交通大学出版社，2022.8

ISBN 978-7-5643-8856-0

Ⅰ. ①城… Ⅱ. ①安… ②王… Ⅲ. ①城市铁路 - 轨道交通 - 自动驾驶系统 - 职业教育 - 教材 Ⅳ. ①U239.5

中国版本图书馆 CIP 数据核字（2022）第 151480 号

Chengshi Guidao Jiaotong Quanzidong Yunxing Xitong Gailun

城市轨道交通全自动运行系统概论

主编 安学武 王小可

责任编辑 何明飞
封面设计 吴 兵

出版发行 西南交通大学出版社
（四川省成都市金牛区二环路北一段 111 号
西南交通大学创新大厦 21 楼）
邮政编码 610031
发行部电话 028-87600564 028-87600533
网址 http://www.xnjdcbs.com
印刷 成都蜀通印务有限责任公司

成品尺寸 185 mm × 260 mm
印张 14.5
字数 351 千
版次 2022 年 8 月第 1 版
印次 2022 年 8 月第 1 次
定价 42.00 元
书号 ISBN 978-7-5643-8856-0

课件咨询电话：028-81435775

城市轨道交通全自动运行系统系列丛书

编写委员会

前言 PREFACE

随着城市轨道交通的快速发展以及城市化进程的加快，对城市轨道交通设备系统在保证行车安全、提高运输效率、节能环保等方面提出了新的需求。采用技术先进、性能稳定、效率优先的全自动运行系统成为中国轨道交通建设的迫切需求。全自动运行（FAO）系统是基于现代计算机、通信、控制和系统集成等技术实现列车运行全过程自动化运行的新一代城市轨道交通系统。国际公共交通协会（UITP）将列车运行的自动化等级（GoA）划分为 5 级，GoA0 是无 ATP 的全目视司机驾驶，GoA1 是有 ATP 的司机手动驾驶，GoA2 是带司机的自动运行 STO，GoA3 是有人值守的全自动无人驾驶 DTO，GoA4 是无人值守的全自动无人驾驶 UTO。全自动运行系统模式分为无人驾驶有人值守的自动运行方式（DTO）和全自动驾驶的自动运行方式（UTO）（分别对应于标准中的 GOA3 和 GOA4）。全自动运行系统具有安全、高效、节能、经济、高服务水平的突出优点，已成为城市轨道交通技术的发展方向。

目前，国内已逐渐在新建线路中普及应用全自动运行系统，全自动运行系统各个专业融合更深更广，人才复合度要求高，运营企业岗位设置更加灵活，岗位业务范围和职责变化较大。为保证企业快速响应全自动运行带来的变化，顺利开通全自动运行线路，在现有模式下最有效的途径就是对企业员工及在校毕业生进行全自动运行系统系列培训，因此行业内迫切需要一套全自动运行系统教材，来指导新型组织架构下全自动运行线路运营人员的培训。

本书主要从全自动运行系统认知、车辆基地、车辆、站台门、综合监控系统、信号系统、通信系统、全自动运行系统接口、全自动运行系统运营管理等 9 个方面系统地介绍全自动运行系统的结构、原理、功能以及应用情况。本书可作为职业院校城市轨道交通相关专业的教学用书。同时，还可供从事城市轨道交通全自动运行系统相关工作的广大科技人员学习参考。

本书由西安铁路职业技术学院安学武、王小可担任主编，西安铁路职业技术学院陈翠利、柴贵兰及西咸新区轨道投资建设有限公司李文慧担任副主编，西安市轨道交通集团有限公司曹双胜、兰明担任主审。参加编写的还有西安铁路职业技术学院杨菲、梁新平、魏晨旭，西咸新区轨道投资建设有限公司张亚社、任超、王雅静。具体分工如下：陈翠利编写项目一和项目九；柴贵兰编写项目二和项目三；梁新平和任超编写项目四；杨菲和张亚社编写项目五；王小可编写项目六，李文慧和王小可编写项目八，安学武和王小可编写项目七的任务一和任务二；魏晨旭和王雅静编写项目七的任务三、四、五、六、七、八。本书在编写的过程中，得到了很多单位和职业教育界同仁的帮助，在此一并表示感谢。

由于编者水平有限，疏漏之处在所难免，敬请读者批评指正。

编 者

2022 年 7 月

目录 CONTENTS

项目五　认识综合监控系统

项目六　认识信号系统

项目七　认识通信系统

项目八　全自动运行系统相关接口

项目九　全自动运行系统运营管理

项目一　认识城市轨道交通全自动运行系统

任务一　轨道交通全自动运行系统认识

全自动运行（Fully Automatic Operation，FAO）系统是基于现代计算机、通信、控制和系统集成等技术实现列车运行全过程自动化的新一代城市轨道交通系统。全自动运行系统相比现有城市轨道交通基于通信的列车自动控制（Communication Based Train Control，CBTC）系统，引入了自动控制、优化控制、人因工程等领域的最新技术，进一步提升了自动化程度。系统具有更安全、更高效、更节能、更经济、更高服务水平的突出优点，它已成为城市轨道交通技术的发展方向。

随着我国城市轨道交通快速发展，北京、上海等城市日均客流量已超千万人次，运营负荷巨大，安全运行面临严峻挑战。目前城市轨道交通列车驾驶和调度管控处于半自动化水平，人为故障和人为因素已成为提升安全效率的阻碍。采用全自动运行技术是有效解决途径和必然发展方向，对进一步提升轨道交通运营安全、行车效率以及降低运营成本，提高轨道交通装备自动化、智能化水平意义重大。

一、全自动运行技术的发展应用

全自动运行技术的发展经历了研究试验阶段、推广阶段、成熟应用阶段和改造升级阶段。在此过程中，轨道交通系统实现了从人工驾驶、半自动驾驶到全自动运行的转变，轨道交通系统的安全性和自动化程度得到不断提升。

（一）国际 FAO 技术发展及应用

1. 早期研究与试验

纽约时代广场至中央火车站摆渡线被认为是首条载客的自动化地铁线。1959 年，美国纽约时代广场—中央火车站摆渡线正式启动了对无人驾驶列车的研究，1960 年初开始在一段隔离的线路进行相关试验，1961 年开始在摆渡线上试运行，1962 年 1 月正式实现无乘务员的载客运营。该线路采用固定闭塞技术，列车向钢轨发出不同频率的脉冲限制列车的速度（27~40 km/h），该线列车系统被公认为世界第一条“载客无人驾驶系统”。FAO 兴起于美国，但却发展于欧洲。

1963 年，英国伦敦进行了一列自动驾驶列车在 2 个站之间的自动驾驶试验，在成功进行了安全测试之后，于 1964 年开始进行全方位的自动驾驶试验，试验运行采取了自动驾驶列车与有人驾驶列车在同一线路混跑的方式，自动驾驶系统也是利用既有的固定闭塞信号系统。在所有自动驾驶的列车都被证明能安全运行之后，1968 年 11 月，伦敦的第一条全自动驾驶地铁线维多利亚线开始运营。

德国柏林从 1965 年开始在 U9 线的 Spichernstrass 和 Zoological Gardens 站之间进行无人驾驶载客运行试验，1969 年开始载客运行。1976 年 5 月，整个 U9 线全部升级为自动驾驶运营，不过开始只是在低谷时间段运行。全时间段的自动驾驶运营服务开始于 1977 年，直到 16 年后的 1993 年，该线路因系统老化而整改，并于 1998 年被废弃。

1960—1980 年的 20 年间，是城轨全自动运行的试验与探索阶段，车站屏蔽门的开关以及列车启动进站大多数仍是人工操作，自动化等级低，未达到 GoA4 等级，并不能称之为真正的全自动驾驶列车。

2. FAO 在小运量或特殊需求线路推广

20 世纪 80 年代，轻轨列车的全自动驾驶技术开始蓬勃兴起。

1981 年 2 月，日本的第一条市区自动导向运输（Automatic Guided Transit，AGT）线神户港岛线开通，该线采用橡胶轮、侧轨导向，实现了正线运营全过程的自动化。神户港岛线也被认为是全球首条真正意义上的 GoA4 线路。

1983 年 4 月 25 日，法国的第一条全自动运行线路在法国里尔开通，采用了 VAL 系统。VAL 原本是第一条采用这种技术的轻轨线路的地名的首字母，但现在被认为是自动化轻轨车辆[Auto Mated Light（weight）Vehicle]的代名词。VAL 车辆长 26 m（2 节车辆 1 连挂），宽 2 m，每 2 单元列车载客 152 人，采用胶轮。VAL 的优点是建设成本低，站台短，发车间隔可达 60 s。在该线路中，首次采用站台门将轨行区与乘客进行隔离，以保证乘客安全，减少站台被入侵的概率，大幅提高了安全性和系统运行的可靠性。该自动驾驶系统的体系相对完善，对后续轨道交通自动驾驶技术的发展具有深刻的影响。

VAL 技术在法国、意大利、美国、韩国等多个国家或城市得到了应用，如韩国首尔首都区的 U 线。VAL 技术后来演变、升级为不同的、具有竞争关系的自动驾驶系统，在一些城市得到应用，如中国台湾地区台北地铁的文湖线等。

加拿大也开展了自动驾驶技术研究，其中有些项目采用了本土培育的技术。该技术最初称之为 ICTS（Intermediate Capacity Transit System），如今该系统被称为 ART（Advanced Rapid Transit）。该技术首先应用于温哥华 1985 年开通的全自动的 Expo 线。除了在市中心的一小段隧道外，Expo 线大部分为高架线路，因此该 ART 系统也被称为天空列车（Skytrain）。该线路采用 Mark Ⅱ型车辆，可支持灵活编组（2、4、6 辆进行编组），采用加拿大 ITTSEL 公司（后被泰雷兹收购）提供的 SelTrac 信号系统。信号系统车载设备和地面子系统间通过环线进行双向数据传输，整体自动化等级达到 GoA4 级，并支持车辆段的自动化。

ART 系统在美国底特律和纽约也得到了应用，底特律采用了单节或双节的 Mark Ⅰ型 ART，而在纽约，该 13 km 长的系统用于连接约翰·F.肯尼迪国际机场各航站楼、机场停车场与市区地铁以及通勤列车。

在中国北京，ART 系统被用于专门为机场服务而建设的机场快轨线，该线全长 27 km，连接北京首都机场与东直门，共设 4 个站，其中 2 个站在机场的 3 号航站楼和 2 号航站楼，其他 2 个站与地铁换乘站驳接。

可以看出，从 1981 年到 2008 年期间，全自动无人驾驶技术在轻轨列车中得到了较快发展，首次出现了日后应用较多的新技术，如移动闭塞技术、CBTC 系统和站台屏蔽门，为 FAO 的推广应用打下坚实的基础。

3. 全自动驾驶技术进入加速应用

1998 年，法国巴黎开通了第一条全自动无人驾驶地铁线 14 号线，该线具有站台门，列车两端采用大型全景玻璃以便乘客观景。由于 14 号线的巨大成功，2005 年巴黎地铁决定把极其繁忙的 1 号线也升级为无人驾驶，升级工程包括信号系统（西门子负责）、车辆（阿尔斯通负责）以及把所有站台安装/更新屏蔽门或 1.8 m 高的站台门。在 2011 年 11 月至 2012 年 12 月间，引入了无人值守的列车并与有人值守的列车混跑，2012 年 12 月 15 日后，所有列车均为无人值守，实现了 100%的自动化。

2003 年 6 月，新加坡东北线开通，运营初期以有人驾驶运营，2005 年开始全自动运行（无人驾驶），是该阶段最为典型的案例。此前，全自动运行技术多用于小运量或机场线等特殊需求的线路，新加坡东北线是全世界首条全自动驾驶的全地下大运量地铁 MRT 线路，也是全世界第一条实现正线、车辆段全自动运行的大运量地铁。自此，全自动运行技术开始在中、高运量地铁广泛运用。由于全自动驾驶系统的优越性，新加坡陆路交通管理局（LTA）已经启动了将城市轨道交通改造为全自动驾驶的工程，也就是说，新加坡的所有地铁线路将全部采用全自动驾驶技术。

在德国，纽伦堡的 RUBIN（Realising an automated U_Bahn In Nuernberg）项目是德国第一条全自动无人驾驶地铁的成功实现，也是全世界载客无人驾驶与有人驾驶混跑的第一个实例。其 U3 线包含 2 个郊区分支线，于 2008 年 6 月开通，之后 U2 线采取逐列车自动驾驶的方式升级，最终于 2010 年 1 月实现全自动驾驶。

2010 年以后，FAO 系统已经发展成较为成熟的产品。欧盟为了建立一个统一和创新的欧洲轨道交通市场和提升轨道交通的竞争力，于 2004—2012 年期间组织相关行业协会、设备制造商和运营商启动了一系列包括政策和技术在内的研究项目。其中，技术研究项目 MODURBAN 的目标是设计研发具有开放系统结构和接口的下一代城市轨道交通系统，包含车载、轨旁、通信、乘客服务、节能和系统 6 个方面，形成了手动驾驶和全自动驾驶的功能及技术性规范，并被国际电工委员会（International Electrotechnical Commission，IEC）和欧洲电工标准化委员会采纳，列车全自动驾驶功能和技术规范的形成，标志着全自动驾驶系统的应用进入了成熟阶段。

根据国际公共交通协会的报告显示，未来国外 75%的轨道交通新线采用全自动运行技术，40%的既有线改造也将采用全自动运行技术。这也说明全自动驾驶技术的应用已达到成熟阶段，并得到多个国家和城市的认可。FAO 技术的应用已经成为未来的主流趋势，预计 2025 年全球全自动运行线路将达到 2 300 km。

（二）国内 FAO 技术发展及应用

2008 年 7 月，北京新机场线是国内首条按照全自动运行等级建设的线路。2010 年 4 月，上海 10 号线开始应用有人值守的全自动系统运行，这两条线路都采用了阿尔斯通技术。2016 年 12 月 28 日，香港南港岛线按 GoA4 等级开通运行，驾驶室车厢两端呈开放式空间，让乘客能享受到特别的乘坐体验。2017 年年底，北京燕房线采用完全自主化的设备和全自动运行技术，开通了有人值守的 ATO 线路。目前，我国已有 12 个城市规划了共 1 150 km 的 FAO 线路。在新一轮轨道交通建设中，北京 3 号线、12 号线、17 号线、19 号线及新机场线，上海 14 号线、15 号线、18 号线已确定采用全自动运行技术，国内主要城市北京、上海、深圳、武汉、杭州等都已经开展相关研究及设计。西安地区的全自动运行系统建设也在如火如荼地展开。目前，关中平原城市群都市区城市轨道交通远景线网总长约 986 km，远期轨道交通占公共交通出行量比例为 60%。2019 年批复的西安市城市轨道交通第三期建设规划中，新建线路 8 号线、10 号线、15 号线、16 号线全部按照无人驾驶线路制式进行建设，并于 2023 年开始陆续开通运营。

预计到 2023 年，我国 FAO 线路运营里程将突破 1 200 km，全自动运行系统城轨线网络化运营正加速实现。据预测，到 2030 年，全球城市轨道交通全自动运行的线路里程数较 2018 年年底将增加约 3 倍，其中大部分增长源于中国。由此可见，未来 10 年将是我国城轨全自动运行系统迎来全面爆发的发展阶段。

二、轨道交通自动化等级

自动化等级（Grade of Automation，GoA）是根据运营工作人员和系统所承担的列车运行基本功能的责任划分确定的列车运行的自动化分级。

根据国际电工协会标准 IEC62290-2《城市轨道交通管理与控制系统部分》以及 GB/T 32590.1—2016《轨道交通 城市轨道交通运输管理和指令/控制系统 第 1 部分：系统原理和基本概念》，按照人工驾驶运行模式、非自动化驾驶运行模式、半自动化驾驶运行模式、无人驾驶运行模式和无干预运行模式，分别定义为 GoA0、GoA1、GoA2、GoA3 和 GoA4 五个等级，详见表 1.1。

表 1.1　轨道交通自动化等级划分表

自动化等级	列车运行方式	司乘人员配置
GoA0	人工驾驶列车运行（On-sight Train Operation，TOS）	配置司机
GoA1	非自动列车运行（Non-automated Train Operation，NTO）	配置司机
GoA2	自动列车运行（Semi-automated Train Operation，STO）	配置司机
GoA3	有人值守列车自动运行（Driverless Train Operation，DTO）	配置巡查人员
GoA4	无人值守列车自动运行（Unattended Train Operation，UTO）	无巡查人员

（一）GoA0：人工驾驶列车运行

在该自动化等级中，司机在驾驶室根据轨旁信号机指示驾驶列车，并负有全部责任，不需要管理和控制系统监督列车运行，此等级为人工驾驶运行模式，与目前城市轨道交通段场内基于独立的计算机联锁控制系统一致。城市轨道交通运行管理与控制系统相关标准也不包含此等级。

（二）GoA1：非自动列车运行

在该自动化等级中，司机在驾驶室根据轨旁信号机或者机车信号机指示驾驶列车，负责列车安全到/离站（包括车门的开启/关闭），同时负责观察轨道情况并在遇到危险情况时使列车停车。系统可在特定位置、半连续或连续监督司机是否遵从信号灯指示以及速度限制，此等级为非自动列车运行模式。在 ATP 防护下的人工驾驶运行模式即为该自动化等级。

（三）GoA2：自动列车运行

在该自动化等级中，司机在驾驶室观察列车、轨道情况并在遇到危险情况时使列车停车。列车的加速、减速系统自动实现，列车的运行速度也有系统监视。司机负责列车车门的关闭和列车安全离站（车门开和关也可由系统自动完成），此等级为半自动运行模式。目前我国城市轨道交通运营基本采用该模式，即 ATO 运行模式。

（四）GoA3：有人值守的列车自动运行

在该自动化等级中，列车在驾驶室不设置司机，但在车上设置有运营人员；列车车门的关闭和安全离站可由运营人员或系统自动完成。由于驾驶室没有司机观察轨道并在危险情况下停车，相对于 GoA2 等级需要另外的措施。此等级为列车无司机有人值守自动运行模式。

（五）GoA4：无人值守的列车自动运行

在该自动化等级中，列车上不设置司机或运营人员，列车到站后的车门关闭和安全离站均由系统自动完成，由于车上没有运营人员，相比 GoA3 需要采取另外的措施。此等级为无人干预下全自动运行模式。

城市轨道交通管理和控制系统的主要职责是监视和控制列车运行，确保列车运行的安全、乘客和工作人员的安全、线路运行效率、运行的可靠性和系统运行安全，其核心是要保证城市轨道交通运行的安全和效率。自动化等级的划分也是这样体现的，在运行安全、效率方面通过系统进入、退出的互动来划分出不同的自动化等级，也划分出了运营人员和系统之间对列车运行基本功能的责任。当人对以列车为主体的运行不再承担责任，而由管理和控制系统承担时，就实现了城市轨道交通全自动运行（FAO）即所谓的“无人驾驶”。全自动运行实质上是通过更加先进管理、控制系统实现城市轨道交通高级别自动化等级，从而消除在运行过程中人的干预。

各个等级具体实现功能见表 1.2。

表 1.2　各自动化等级的功能实现方式

列车运行基本功能要求		人工列车运行	非自动化列车运行	半自动化列车运行	无人驾驶列车运行	无人干预列车运行
		GoA0	GoA1	GoA2	GoA3	GoA4
保障列车运行安全	安全进路控制	人工（道岔控制由系统指令/控制实现）	系统	系统	系统	系统
	列车安全间隔控制	人工	系统	系统	系统	系统
	保障安全的速度	人工	人工（系统部分监管）	系统	系统	系统
列车运行控制	控制列车加速和制动	人工	人工	系统	系统	系统
线路监测	防止撞击线路障碍物	人工	人工	人工	系统	系统
	防止撞击线路上的人	人工	人工	人工	系统	系统
乘客乘降监测	控制车门	人工	人工	人工	系统	系统
	防止乘客在乘降和车辆间行走时受到伤害	人工	人工	人工	人工或系统	系统
	保障发车安全	人工	人工	人工	人工或系统	系统
列车运行监视	投入/退出运营	人工	半人工或系统	人工	系统	系统
	列车运营状况监视	人工	人工	人工	系统	系统
安全监控和应急管理	列车诊断	人工	人工	人工	系统	系统和/或 OCC 员工
	火灾/烟雾监测	人工	人工	人工	人工或系统	
	脱轨检测	人工	人工	人工	人工或系统	
	紧急情况处理（警报/疏散监控）	人工	人工	人工	人工或系统	

GoA3 和 GoA4 为同层意义上的无人驾驶，两者关键区别在于有/无人值守。根据轨道交通自动化等级的划分原则，运行在有人值守的全自动运行（DTO）或无人值守的全自动运行（UTO）下的城市轨道交通系统均可称为全自动运行系统。

三、全自动运行系统及其特点

（一）全自动运行系统的概念

全自动运行系统是基于现代计算机、通信、控制和系统集成等技术，由信号、车辆、综合监控、通信、站台门等与列车运行相关的设备组成，实现列车运行全过程自动化的系统。

FAO 系统包含自动化等级 GoA3 和 GoA4，即列车运行等级为 DTO 和 UTO。DTO、UTO 均属于全自动运行方式，两种运行方式的主要区别见表 1.3。

表 1.3　UTO 与 DTO 等级下主要功能对比

编号	功能	DTO	UTO
1	唤醒列车	M	M
2	休眠列车	M	M
3	列车进入/退出运营	M	M
4	管理策略确定	M	M
5	计算时刻表或发车间隔偏离	M	M
6	建议或指挥时刻表校正管理行为	M	M
7	紧急制动性能测试（OCC HMI 上显示）	O	M
8	静止状态下确定初始列车位置	O	M
9	GoA4 中列车驾驶模式的管理	M	M
10	阻止列车进站	M	M
11	跳停	M	M
12	扣车	M	M
13	车辆段和停车场车辆移动管理（入、出运营）	O	M
14	站内门开启的监督	O	M
15	开启的控制（远程控制车门开启）	O	M
16	门关闭的监督（门故障车载设备阻止列车离站）	O	M
17	关闭的控制（远程控制屏蔽门关闭）	O	M
18	疏散监督（OCC 指人员疏散）	O	M
19	轨道上工作人员的防护	M	M
20	监督站台上的乘客（站台加音、视频接口）	O	M
21	监督车上的乘客（提供车载视频监视）	O	M
22	非 MODURBAN 车载设备故障的响应	M	M
23	提供维护支持（为维护行为提供建议）	O	M

注：O—可选项，M—必选项。

（二）全自动运行系统的特点

全自动运行系统是一项系统工程，其涉及车辆、信号、综合监控、通信、站台门、车辆基地等多个专业，各专业联系密切。全自动运行系统中传统司机的工作职能一部分由列车自动控制系统负责，另一部分则将移交到控制中心去完成。传统的司机、控制中心调度员和车站值班员共同参与控制的运营控制模式，转变为以控制中心调度员直接面向运行的运营控制模式。

运营控制系统需要具有更加完善的自动控制功能，以行车为核心，信号与车辆、综合监控、通信等多系统配合，提升轨道交通运行系统的整体自动化水平。同时，运营控制系统具有较为完善的综合维护辅助功能。全自动运行系统的特点如下：

1. 列车全自动运行

列车全自动运行系统是将列车司机执行的工作，完全由自动化的、高度集中控制的列车运行系统完成。全区域全自动运行系统具备列车自动唤醒启动和休眠、自动检车、自动出入车场、自动洗车、自动驾驶、自动开关车门、自动折返、故障自动恢复等功能，并具有常规运行、降级运行和灾害工况等多重运行模式，具备更高的安全性、可靠性、可用性和可维护性。

GoA4 等级运行的线路支持从传统的 CBTC 运营应用模式平滑过渡到全自动运行运营应用模式。全自动运行系统实现了列车运行全过程的安全防护，具体体现在：

（1）增强运营人员防护功能：在车站及车辆段增设人员防护开关，对进入正线及车场自动化区域人员进行安全防护。

（2）增强乘客防护功能：通过对位隔离功能对乘客上下车及车内安全进行防护。

（3）扩大了 ATP 的防护范围：车场自动化区域内列车运行进行 ATP 防护。

（4）增加了轨道障碍物检测功能：车上加装脱轨/障碍物检测器，实现轨道障碍物检测功能。

（5）增加应急情况下的各个系统联动功能：如火灾情况下，通风、行车、供电、视频、广播的联动等。

（6）增加中心处理突发情况的防护能力，包括远程紧急、雨雪模式设置、远程复位等。

2. 车站全自动运行

如车站开启与关闭，综合监控根据 ATS 系统提供的运营时刻表，在本站运营前或运营结束后指定时间（车站人员可配置），在综合监控工作站自动弹出开站或关站确认框，经车站人员确认后自动控制车站的电扶梯、自动售检票系统、照明、通风空调、出入口卷帘门、广播播放、PIS 屏等设备开启或关闭，同时确认车站的 CCTV、PA、PIS、BAS、AFC 等系统设备工作状态是否正常。

3. 控制中心全自动运行

在全自动运行系统中，传统的司机工作职能一部分由列车自动控制系统实现，另一部分则将移交到控制中心去实现，控制中心调度员需要直接对列车进行运营指挥。因此，全自动运行系统的控制中心需具备更加丰富的控制功能，实现列车全自动运行的全面监控，各设备系统监测与维护调度，远程面向乘客的服务等。

控制中心新增车辆调度及乘客调度，实现车辆远程控制、状态监控及乘客服务的功能。车辆各系统自检及运行状态、故障情况可实时传送至控制中心，以使行车控制人员及时掌握列车的运行情况，对列车运行实施有效控制。信号与综合监控、车辆等专业配合实现正常运营及故障处置情况下的相关联动控制。控制中心具备远程控制列车运行及故障处置的手段，必要时远程对列车运行实施干预。

4. 设备系统全自动运行

1）高度自动化、深度集成

全自动运行系统以行车为核心，通过信号、车辆、综合监控、通信、站台门等多系统深度集成，提升轨道交通运行系统的整体自动化水平。

全自动运行系统利用高效列车自动控制系统和以行车指挥为核心的控制系统实现智能运转的功能保障，结合人工监视、干预的机制，落实高精度列车运行的同时，减少不必要的误操作，进一步减少人为因素对运营的影响，提升运营能力。自动化程度的提高，使系统可以快速、有效地应对运营过程中的扰动，具备更强的调整能力。其自动化体现在：列车唤醒/休眠、列车出库/入库、列车站前/后折返、列车发车、洗车作业等全过程自动控制。

2）充分的冗余配置

全自动运行系统的车辆、信号等关键运行设备均采用冗余技术，减少运行故障，完善的故障自诊断和自愈功能提高了整个系统的可用性和可靠性。

全自动运行系统中控制中心的作用远远超出常规地铁运营线路，为了防止控制中心失效影响正常运行，应加强控制中心的配置级别。

四、全自动运行系统的优势及潜在风险

（一）全自动运行系统的优势

1. 列车全自动运行的优势

（1）列车停站及折返时不需要司机作业，减少了停站时间，提升了折返效率，可提高列车旅行速度 9%~10%，相应地可减少配车或提高运能。

（2）为优化乘务排班、取消司机创造了条件。

（3）为正线停车、减少列车空驶时间、优化车辆修程、减少车场规模创造了条件。

（4）列车全自动运行的岗位复合理念，有利于运营、维护相关作业的减员增效。

（5）由于人为误操作导致的地铁事故时有发生，采用先进的全自动运行系统，通过切实有效的控制策略，可以防止人为误操作引起的地铁事故，大大减少了事故的发生。全自动运行系统在线路和轨旁设备设计方面具备全方位防护的停车场、列检库、洗车库以及防护开关、站台紧急关闭等防护安全的设备，车上具备障碍物脱轨检测设备，提供了更多的安全和防护手段。

（6）目前，轨道交通人员，特别是司机的劳动强度已接近极限，全自动运行系统可将司

机从重复作业中解放出来，使他承担列车巡视人员的职能，在为乘客服务的同时监视列车运行状态。

（7）提高了运营调度的灵活性，提高了运营的服务水平。

（8）全自动运行能够实现 7×24 小时不间断的运输服务，可以根据运输需求灵活地调整发车间隔，不受司乘人员的限制。全自动运行系统兼容有人驾驶 CBTC 运行模式，发生紧急情况时远程中心可随时介入处理。

（9）节能减排是城市轨道交通可持续发展的需求，全自动运行系统可以在单车节能驾驶的基础上进一步实现列车的协同控制，避免集中负载。系统支持灵活地增删列车，调整高峰和平峰时期投入运营的列车数量以适应运量，实现节能减排。

2. 车站全自动运行的优势

（1）车站服务设备运营前自动检测，状态数据实时上传，替代部分人员巡检作业，及时发现故障隐患。

（2）车站服务设备时刻表自动实现开关站模式，替代车站人员进行站台门、电扶梯、自动售检票系统、照明、通风空调、出入口卷帘门、广播播放、PIS 屏等的运行控制。

（3）车站运营辅助系统可协助固定资产管理、工作体系建立、物资及仓库管理、人员管理等规范运作，提升管理效率。

（4）有利于车站相关作业的减员增效。

（二）全自动运行系统的潜在风险

1. 列车全自动运行可能存在的风险

（1）对于完全无人值守的全自动驾驶（全自动运行）系统而言，在列车全自动运行系统的安全性、可靠性、可用性和可维护性不能满足运营需求的情况下，就有可能发生故障降级、灾害工况处理的后果以及频率超出运营所能接受的风险。

（2）对于完全无人值守的全自动驾驶（全自动运行）系统而言，当运能与运量不匹配时，会降低系统运行的可靠性，增加运营的风险（如车门、站台门受大客流影响无法正常关闭等）。

（3）对于完全无人值守的全自动驾驶（全自动运行）系统而言，当系统故障范围和时间超出多职能队伍的承受能力时，存在运营中断的风险。

2. 车站全自动运行可能存在的风险

（1）对于无人值守的车站全自动运行而言，当相关设备发生故障无法远程自动处置时，可能影响车站的运营服务。

（2）对于无人值守的车站全自动运行而言，存在乘客因不适应车站自助设备操作、缺少车站客运人员指引而影响乘客出行以及在系统设备故障时工作人员无法及时到场处理的风险。

任务二　全自动运行系统带来的变化分析

全自动运行系统是各相关专业、系统、团队紧密协作、安全高效运行的系统工程。

地铁线路建设一般涉及 40 多个专业，对于全自动运行系统也是如此，较常规线路，全自动运行系统对土建（车站、区间、车辆段）的要求也有变化。同时，对全自动运行的五大核心系统（车辆、信号、通信、综合监控及站台门）等也有更高的要求。此外，运营管理、建设管理也需结合全自动运行系统进行调整。全自动运行系统功能的实现更多地依赖核心系统的系统整合，并基于系统运营场景分析，实现高安全性、高可靠性的自动化控制和联动，并具备在系统故障或应急工况下的运营处置能力。

一、全自动运行系统带来的总体变化

（一）设计规范的变化

全自动运行线路建设应满足 GB/T 32588.1—2016《轨道交通自动化的城市轨道交通（AUGT）安全要求》、GB/T 32590.1—2016《轨道交通　城市轨道交通运输管理和指令/控制系统》等现有轨道交通相关国家标准、行业标准和地方标准。

2019 年 7 月 30 日，中国城市轨道交通协会正式发布《城市轨道交通全自动运行系统规范》，包含需求、核心设备产品、接口测试及验证、工程安全评估、初期运营基本条件、运营管理 6 大部分。

（二）建设标准的变化

建设标准的变化见表 1.4。

表 1.4　FAO 线路建设标准的变化

序号	项目名称	传统线路	全自动运行线路
1	设计、建设、验收标准	GoA2 等级	GoA4 等级
2	系统联调、不载客试运行及运营准备	STO 模式运行	按 GoA4（UTO）等级和 GoA3（DTO）等级两级模式进行，满足运营部门的需求
3	开通运营模式	STO 模式运营	试运营和运营初期可按 GoA3（DTO）等级运营，待运营准备充分且其他条件成熟时平滑过渡到 GoA4（UTO）等级

（三）全自动运行系统总体架构

全自动运行系统下的关键性专业包含线路、供电、车辆、信号通信、机电、综合监控系统等，是一个复杂巨型系统。其中，线路专业、供电、机电专业较传统有人驾驶线路的区别较小。车辆、通信、信号、综合监控、站台门等多专业紧密协同，用智能应急联动和辅助决策技术代替人员操作，实现各类运营场景需求，是实现对 FAO 智能管控的关键。

核心组成部分如下：

控制中心级设备：中心列车自动监控（ATS）系统以及以综合监控系统为基础的中央级调度平台。在运营组织管理方面，加强紧急情况下的处理能力和措施，对信号、通信、综合监控、供电、车辆与灾害报警等系统进行协同联动与界面综合整合，保证整个系统内部的协调。

车站级设备：车站级综合监控系统设备以车站 ISCS 为核心，集成互联控制车站内与乘客乘降相关的子系统设备，响应中心的调度命令与紧急处理命令，负责本站内乘客广播引导等工作以及本站内紧急情况的监控与应急处理。

轨旁设备：设备变化不大，主要包含轨旁列车自动防护系统（ATP）、联锁系统（CI）、辅助定位轨旁电子单元（LEU）系统等，可根据运营线路实际需求，增加安装轨旁障碍物检测设备。

车载设备：以车载（VOBC）列控系统（ATP/ATO）为核心，配备牵引制定、辅助测速等常规车辆设备。因为在全自动运行系统常规模式下，车头不配备司机，可根据运营需求在车头加装视频监控（CCTV）和障碍物检测设备，增加安装车辆信息管理系统（TCMS），作为以电子设备代替司机采集及传输行车信息的专用系统。

各层级设备的功能为：中心系统负责监控列车运行和服务乘客，车站系统负责监控站内设备，车载系统负责列车的全自动运行。

二、全自动运行系统土建方案的变化

（一）车辆基地

自动化车辆基地根据驾驶模式的不同可分为全自动运行区和非全自动运行区，列车由全自动运行区运行至非全自动运行区时，须在信号转换区进行驾驶模式转换。

1. 全自动运行系统车辆段的新增配置

1）工艺专业

停车列检区域需要划分成多个防护分区，通常按 2~3 股道设置为 1 个防护分区，采用防护围栏分隔。另外，停车列检区设置横向地下通道，用来联通各个分区，在通道入口设置门禁。全自动区设置 CCTV，实现无死角监控和管理。

2）停车列检库工艺

停车列检库一般尽端式采用一线两列位布置。停车列检库 2 列位之间的安全距离应不小于 20 m；库尾车钩距车挡应不小于 15 m 的安全保护距离（不含车挡），同时库内检修地沟采用 100%设置。

3）地下通道和防护分区

在停车列检库内划分了多个保护分区。以每 1~3 股道做 1 个保护分区，并用铁栅栏隔离，在库中设置了 SPKS 开关，在停车列检库的入库门口内平过道下增设了地下人行通道，通道在每个防护分区前设有出口。

2. 重点关注的问题

（1）停车列检库库长较原方案需增加 20 m 左右。

（2）运用库停车规模。

（3）转换轨设置（出入段场线转换轨设置全自动运行区/非全自动运行区转换轨设置、洗车迁出线转换轨设置）。

（4）双周/三月检线纳入非全自动运行区。

为满足全自动运行系统的需要，在正线和车辆段都划分了全自动运行区和非全自动运行区。按照《中国城市轨道交通全自动运行系统技术指南（试行）》规范车辆段全自动运行区和非全自动运行区划分如下：

非全自动运行区：双周/三月检线、试车线、定/临修线、大/架修线、吹扫线、静调线、镟轮线、工程车停放线。

全自动运行区：停车列检线、洗车线、牵出线、咽喉区。随着车辆均衡修及状态修的实施，综合考虑检修人员安全、调车作业的便利程度及运营需求等因素，也有设计提出来将双周/三月检纳入全自动化运行区，目前国内已建成和在建的线路还未有实施先例。

（二）车站建筑

车站规模没有过多调整，较常规线路基本无变化，但仍需要重点关注以下几点：

正线的全自动运行区包括正线、折返线、渡线停车线、出入段线及屏蔽门端门以外的区域等。全自动运行区和非全自行运行区必须采用隔离设施、门禁、人员防护开关等进行防护。

站台端门外防护措施：利用站台门分隔公共区与轨行区，屏蔽门端门可设置门禁。站台端部设备管理区需要封闭，可在站台门端门外的走廊设栏杆与轨行区隔离，并设置通道门，安装门禁设备。

考虑在正线每座有道岔车站（设备集中站）设置一处“多职能工班用房”为有人管理用房，其面积为 20 m^2 左右。

（三）区间应急疏散平台

区间安全疏散可采用应急疏散平台疏散和道床疏散两种方式。疏散路径需保证连贯性、无障碍、平整。

设置纵向应急疏散平台，设置在行车方向左侧，平台板位于轨面以上 900 mm 处，疏散平台宽度按不小于 700 mm 考虑。

利用屏蔽门端门和站台端部通道门以及区间疏散设施作为疏散通道。

（四）配 线

正线每隔 5~6 座车站或 8~10 km 设置停车线，其间每相隔 2~3 座车站或 3~5 km 应加设渡线。另外，结合线路长度，考虑运营期间正线终端折返站存车的情况。

在远离车辆段（停车场）一端，或者线路中部位置设置存车线（一线双列位形式），配置休眠唤醒、设备检查坑；主要为过夜列车停放和技术检查，以便早班车发车或晚班车收车，减少列车空走行时间，保证列车技术状态良好和正点运行。

（五）主、备控制中心

全自动运行线路在控制中心对土建的影响仅为大厅增加的车辆调度和乘客调度席位，对整个控制中心的规模影响不大。线路设置后备控制中心，建议后备中心的调度大厅与消防/安防控制室、DCC 调度室合设，适当增加面积，并考虑相关的后备中心设备用房及运营管理用房。

三、全自动运行系统各专业系统的变化

（一）车 辆

全自动运行列车功能需求在列车驾驶控制功能、列车自动唤醒功能、列车自动休眠功能、列车停车控制功能、车门/站台门联合控制功能、后备蠕动功能、广播及数据传输功能、火灾报警功能、障碍物检测功能、远程控制功能、自动洗车、在线监测等方面皆有较大变化，详见表 1.5。配置变化重点表现在车辆司机室设置方案、车辆网络设计方案、车辆障碍物检测装置、客室乘客服务装置的变化。

表 1.5　车辆的主要变化

车辆	新增功能	增加车辆自动唤醒、自检、自动休眠的功能
		增加列车状态、故障报警信息上传功能
		增加障碍物检测功能
		增加脱轨检测功能
		增加低压系统恢复供电功能
	增强功能	车辆关键系统具有热备能力，各子系统需要冗余配置
		增强火灾报警功能
		增强车门系统控制功能
		增强电磁兼容性
		头车车钩连挂后具有指令传输功能
		增强列车空转滑行控制与信号系统联动
		增强广播系统自动报站、声音采集、故障检测记录的功能
		司机室操作台增加保护罩，间壁增强为可拆卸方式

（二）信号系统

全自动运行相比传统驾驶系统，对信号系统的要求主要是提高硬件设备的冗余和可靠

性，增加与全自动运行系统相关的驾驶模式和功能，增强与综合监控、站台门等系统的接口功能，增加与车辆段洗车机自动洗车的功能。

由于功能的增加和增强，信号系统增设了许多设备。例如，在站台增设了开关门按钮和清客确认按钮，在正线停车线、车辆段/停车场停车列检库增设相关定位和休眠唤醒应答器，车载 ATC 模块增设休眠唤醒模块，信号系统与洗车机、人员防护开关（SPKS）等接口，等等（见表 1.6）。

表 1.6　信号系统的主要变化

信号系统	新增功能	车辆段全自动运行系统与正线一致
		静止情况下列车位置确定
		具有自动洗车模式，配合车辆段工艺专业实现；车库门联动
	增强功能	信号系统采用完整的 ATC，各子系统均需要冗余；测速及定位设备头尾冗余
		具有自诊断及中央远程监督控制功能
		功能增强列车自动折返功能
		强列车驾驶模式：全自动运行模式、蠕动模式及常规地铁运行模式
		停车对位自动调整
		站台门、车门对位隔离
		增强应急运行模式（CAM 模式）
		增强列车工况管理：唤醒、调车、正线服务、待命、清洁洗车休眠等

（三）综合监控系统

加强对车辆信息进行监视，对车载设备远程设置和控制、增加 OCC 对车辆内广播的控制、增加对车辆段视频监控（CCTV）设备联动控制功能、增加对车辆段广播（PA）设备联动控制功能、在应急情况下可以远程手动控制列车门开启、增加对区间广播的联动控制功能、增加 UTO 联动场景、提高 ISCS 系统可靠性、增加后备控制中心功能、门禁系统增强。具体情况见表 1.7。

表 1.7　综合监控系统的主要变化

综合监控系统	增加功能	增加紧急情况下的场景联动功能，包括不限于： 休眠与唤醒：包括早间上电、列车唤醒、列车休眠等。 正常运营：轨道车运营、进入正线服务、进站停车、站台发车、折返换端、清客、停止正线服务、跳停/扣车、车体设备远程监控等。 车辆段运营：出库、回库、清扫、洗车、自动调车、日志与维修等。 车辆故障处理：蠕动模式、车门状态丢失、车辆制动系统故障等。 系统故障应急处理：故障复位控制、区间疏散、应急手柄、紧急呼叫、远程紧急制动、车辆火灾、雨雪模式、救援、列车远程广播、站台火灾、障碍物/脱轨检测、紧急制动缓解、站台门状态丢失、其他远程控制功能、车门故障隔离站台门、PAM/CAM 模式转换、站台门故障隔离车门、再关门控制、运行中车辆或信号设备故障处理等

续表

综合监控系统	增加功能	增加控制中心对车辆的运行信息和故障信息监控功能，增加对列车的监控和调度功能
		增加控制中心对车辆内车载通风空调系统、动力照明系统、火灾自动报警系统、广播系统、CCTV、PS、电话、车门、牵引制动等设备的监控功能
		增加乘客服务调度所需的相关功能需求
		增加车辆调度所需的相关功能需求
		增加车辆检修调度所需的相关功能需求
		增加对车辆段、区间视频监控（CCTV）、广播（PA）设备的控制功能
		增加对车辆段库门的控制及联动功能
		增加后备控制中心功能
	增强功能	增强网络管理系统功能
		增强设备维修管理系统功能
		增强培训系统功能
		增强与车站、车辆段全自动运行区门禁系统接口功能

（四）通信系统

无论是全自动运行系统还是常规轨道交通线路，通信系统均由传输、公务电话、专用电话、无线通信、时钟、广播、视频监视、通信电源及接地、集中监测告警等子系统组成。但全自动运行系统增加了与车载乘客紧急对讲的功能、增强了视频监控的范围和功能，以及后备控制中心。在传输子系统、专用电话子系统、专用无线子系统、视频监视子系统、广播子系统等方面均有新增功能，见表 1.8。

在设备配置方面，考虑到运营疏散等应急场景，全线区间增加完整的广播系统。

表 1.8　通信系统的主要变化

通信系统	增强功能	增强车载应急电话功能
		增强列车前后方视频监控功能
		增强车内视频监视联动功能
		增强对行车沿线的视频监视功能
		增强车地通信传输带宽和质量
		增强通信车载设备的安全性及稳定性

（五）站台门系统

采用全自动运行的地铁线路，站台门系统（PSD）除完成常规轨道交通线路的所有功能外，还应实现站台滑动门与列车车门对位隔离功能。另外，为适应全自动运行的不同模式，在出站端车头方向端门外设置就地控制盘的基础上，在站台中部适当位置增加设置 PSL，双

PSL之间具备联锁功能。站台门系统的主要变化见表1.9。

表1.9　站台门系统的主要变化

站台门系统	新增功能	站台滑动门与列车车门实现对位隔离功能
		新增探测装置，实现防夹人功能

（六）调度管理

针对UTO全自动运行模式，控制中心应根据新模式下运营生产和管理的需要，增设相应的调度席位和调度工作站，或者在原调度席位上增加工作范围和职责，以实现与车载相关设备及人员的调度和交互等新增的需求。

任务三　全自动运行系统运营场景认知

在全自动运行系统的全生命周期内，运营需求是管理主线，贯穿建设及运营的始终。系统的功能、性能、系统操作与使用均应以满足运营需求为导向。运营需求覆盖全自动运行系统的运营管理需求、行车组织需求、维护管理需求、系统功能需求、RAMS需求以及人员安全防护与灾害防护需求等。运营场景是表现运营需求的重要载体，任一制式的轨道交通都有其特有的运营场景，它是对运营需求的一种描述方式。

一、全自动运行运营场景的制定

运营场景是指与行车有关的所有作业的集合。

运营场景必须体现完整性，所有与行车有关的作业都不能遗漏，应从运营场景推导出设备所要求的功能。若功能不能保证实现所有与行车相关的运营场景，则需要制订补充运营作业流程，由FAO系统和工作人员共同保证与所有行车有关的作业都能在运营过程中得以顺利完成。

（一）制定FAO运营场景的必要性和意义

采用传统GoA2的线路，在建设过程中几乎没有提及运营场景，往往根据标准来进行建设。通常，标准都是由专业技术人员编写，与运营的直接需求不直接相关。因为采用GoA2的线路配置了中央调度员、车站值班员和司机等，当列车出现故障或应急事件时，相关人员会及时进行处理，设备的不足可由人（司机）来补足，从而确保运营正常。随着采用GoA4的全自动线路的发展，列车上不再配置随车人员，这就提出了通过运营场景来指导设计的新理念，其深层次的原因在于设计人员并不能充分理解运营人员的日常作业方式、故障造成的后果、运营人员的反应、运营人员对产生后果的接受度等。因此，由懂运营的相关人员直接参与编写的运营场景对GoA4的全自动线路的建设是非常必要的。

全自动运行系统由于专业的高度融合以及不再配置司机，因而在考虑系统功能、故障处理、应急处置等方面也有其特殊性。在全自动线路建设时，应以这些特殊性为基础，将与运行效率、运营质量直接相关的关键运营场景确定并开发。

确定后的运营场景文件用于指导全自动运行核心系统设备招标及工程实施，是全自动运行线路筹备的基础，对地铁安全、高效、可靠投入运营起到关键作用。此外，运营场景文件也用于指导全自动运行系统岗位设置、规章编制、流程制定等工作。

（二）FAO 运营场景构建思路

虽然 FAO 系统是新型系统，但它的很多功能与采用 CBTC 系统的线路并无差异。所以，在构建运营场景时，要先梳理 FAO 与 CBTC 之间的相似性与差异性，通过参照既有的建设经验与功能需求，以提高运营场景构建的准确度与高效性。

首先，将 FAO 系统与 CBTC 系统按设备差异和正常运营功能差异做对比，其设备差异一般又可分为车载设备差异和轨旁设备差异两部分，具体差异对比如下：

（1）车载设备差异：FAO 系统与 CBTC 系统相比，车载的列车自动防护系统、速度传感器、应答器读取单元等基本相同，FAO 系统保留了传统 CBTC 系统的配置和功能，同时在车载设备中增加了障碍物检测接口及休眠唤醒模块。

（2）轨旁设备差异：与 CBTC 系统对比，FAO 系统轨旁设备在车站侧变化不多，联锁、区域控制器（ZC）、计轴等设备基本一致，主要增加工作人员保护开关（SPKS）和站台门按钮。同时，FAO 系统的车辆段主要增加全自动运行区域和辅助停车等设备，控制中心主要增加与综合监控系统（ISCS）间的接口。

（3）正常运营功能差异：正常运营场景下，传统有人驾驶与无人值守全自动驾驶的功能差异见表 1.10。

表 1.10　正常运营场景下不同模式运营功能差异对比

运营场景	不同模式下的运营功能	
	CBTC（传统有人驾驶）	FAO（无人值守全自动驾驶）
上电	人工上电	联动闭路电视和广播，确认后，远程人工上电
唤醒	司机上车人工合闸	远程自动唤醒，调度观察是否唤醒成功
休眠	人工断电	远程自动或人工休眠，调度观察是否休眠成功
轧道车	人工上电打开钥匙，完成车辆状态检查	远程唤醒。自动执行完上电自检、列车级静态调试、动态调试。司机提前上车，唤醒测试成功后，人工打开钥匙。CM 驾驶列车运行
进入正线服务	司机控制照明、电热或空调	列车进入转换轨停稳且中心发送进入正线服务后，自动打开照明、空调或电热；司机本地控制优先
进站停车	ATO 进站或司机以 CM 对标停车	列车自动驾驶进站，控制车门和站台门一一对应打开和关闭。停车时，采用跳跃模式对标

续表

运营场景	不同模式下的运营功能	
	CBTC（传统有人驾驶）	FAO（无人值守全自动驾驶）
站台发车	司机根据发车指示器按压 ATO 启动按钮发车或人工驾驶发车	停站计时到时，满足条件自动发车
折返换端	司机以 CM 或 AM（自动模式）驾驶换端	列车在折返换端区域自动完成换端；新增中心远程换端
清客	司机与站台人员人工清客	列车在清客站打开车门不关闭，远程或站台人员确认清客完成后关闭车门和站台门后自动发车。远程可取消固定清客，设置或取消临时清客
停止正线服务	司机在转换轨手动控制	列车回库方向，进入转换轨停稳后，线路控制中心发送停止正线服务后，自动关闭照明、空调或电热；司机本地控制优先
车上设备远程监测	司机观察 TCMS（列车控制管理系统）显示屏	TCMS 显示屏信息在线路控制中心车辆调界面上显示，车辆调远程检测车上设备工作状态

其次，基于 FAO 系统与 CBTC 系统的设备及功能差异分析，根据采用 CBTC 信号系统线路的建设经验，完善相关各个系统间的功能与接口，加入 FAO 系统特有的休眠、唤醒、SPKS、ISCS（综合监控系统）等功能，综合构建 FAO 运营场景。

二、FAO 运营场景的特征

运营场景是运营需求的核心组成部分，是 FAO 线路的核心，是项目及工程实施的纲领。在项目前期就应开展运营场景的策划，并形成项目特定的运营场景。对于 GoA4 FAO 线路而言，由于不再单独配置司机，因而不仅需要考虑 FAO 系统的正常运营，还要考虑在故障处理、应急处置等方面 FAO 系统替代司机的职能。在 FAO 线路建设时，应更加重视与运行效率、运营质量直接相关的关键运营场景，尤其是故障处理、应急处置场景。运营场景的定义除了从内容上需要包含所有与行车相关的作业，还需要从以下几个角度进行考量。

（一）运营场景的定义需要考虑运营安全

运营场景的定义需要考虑运营安全。例如，某列车发生故障，但仍然能够动车，当处于非高峰时刻，通常会对该列列车进行清客，将列车疏散至存车线或回库维修；但在高峰或大客流时，维持运营才可能是最安全的措施，而不是在某个车站进行清客，因为清客涉及乘客的高度积聚，容易发生次生事故。

另外，对于 FAO 的核心系统而言，无论在系统中所采用的部件有多可靠，其硬件的随机故障是不可避免的。为适应 FAO 的 GoA4 要求，核心系统的可靠性或新的功能要求会更高。

从运营安全角度来看，FAO 项目中 PIS（乘客信息系统）的无线通信、车载 IPH（车厢应急对讲电话）、车上 CCTV（闭路电视）、车上 PIS、车地无线传输等都还有提高的空间，它们对运营安全都可以做贡献。

（二）运营场景的定义需要抓住运营的本质需求

运营场景编写的主体参与人员不仅应包含建设单位，还必须有懂运营的相关人员和设备供应商参与，以充分体现运营的需求、运营的实际情况，以及设备功能是否能够满足运营需要。运营场景识别清楚后，导出设备的功能和相应的运营作业流程。运营场景是对建设项目的补充，通过运营场景可导出各核心子系统需要实现的功能。功能是为运营场景服务的，且运营场景着眼点在于是否具备某项功能，但不宜指定功能的具体实现方式；当功能不能满足运营场景的需求时，则需要定义相关的操作流程、制定作业指导书和行车管理办法，使其与系统功能相辅相成，最终满足运营场景的需求。

运营场景需要具有普适性、独立性、公正性、可持续改进等特点，从运营场景导出功能需求，并在项目中进行持续检验。若需要改进，再更新运营需求，经过持续更新的运营需求才是最好的运营场景。

（三）运营场景的定义可以分地域考虑

运营场景的定义可以分地域进行，如可考虑车辆基地、正线、控制中心和车站等地域。对于不同地点的同一个场景，由于地域的不同，所导出的功能和运营作业流程可能也不同。例如，对列车唤醒的发车测试，在正线休眠的列车和车辆基地停车列检库休眠的列车会执行不同的操作；在正线休眠的列车已在早上出车时做过发车测试，则在正线唤醒投运时不必再做等。

三、FAO 运营场景的内容

（一）FAO 运营场景的分类

全自动运行运营场景通常分为正常场景、故障场景和应急场景三大类。

1. 正常场景

正常场景是指系统在无故障、无意外情况下按照计划正常运行的情形，涵盖了列车一天正常的运营活动，是从早间上电唤醒到完成当天运营回库后休眠的全过程，一般包括运营前准备、列车唤醒、出库、正线运行、折返、退出正线服务、休眠等场景。

通常情况下，正常场景下的运营活动不需要人工干预，可由系统自动完成，但根据运营的实际情形的需求，系统支持由控制中心调度人员进行一定程度的干预。

2. 故障场景

故障场景一般认为是指因与行车相关的各机电系统内部发生故障或因外部条件的变化导致系统运行偏离运营计划但不直接危及安全的情况。此类场景可包括车辆唤醒失败、站台门故障、车门故障、牵引故障、制动故障、车载网络控制系统故障（蠕动模式）、黏着系数降低（雨雪模式）、列车定位故障、ATO 故障及其他需要控制中心对列车进行远程干预的场景（如关车门、施加紧急制动、故障复位）等。

3. 应急场景

应急场景是指因系统中发生故障或因外部发生突发事件而危及安全并要求立即处置的情况。紧急的异常场景可包括车辆火灾、车站火灾、隧道火灾、救援、乘客触发列车紧急手柄、区间疏散、紧急疏散门打开、列车检测到障碍物或脱轨报警等。

总的来说，异常场景是对可能发生的系统内部故障或外部事件的预案。从这个意义上来讲，不可能事先穷尽所有的异常场景，一般以出现的概率较高、危害较为严重的、典型的、共性的或相关标准中已有涉及的一些场景作为基础。异常场景的描述需要有安全分析作为支撑。《城市轨道交通全自动运行系统建设指南》中，根据每日运营早间到晚间列车运行的主线，形成全自动运行系统场景，包含正常的处理和异常的处理，共计 41 项，如图 1.1 所示。上海市交通运输行业协会颁布了《城市轨道交通全自动运行场景规范》团体标准，其中将全自动运行运营场景分为 3 大类 27 项，如图 1.2 所示。

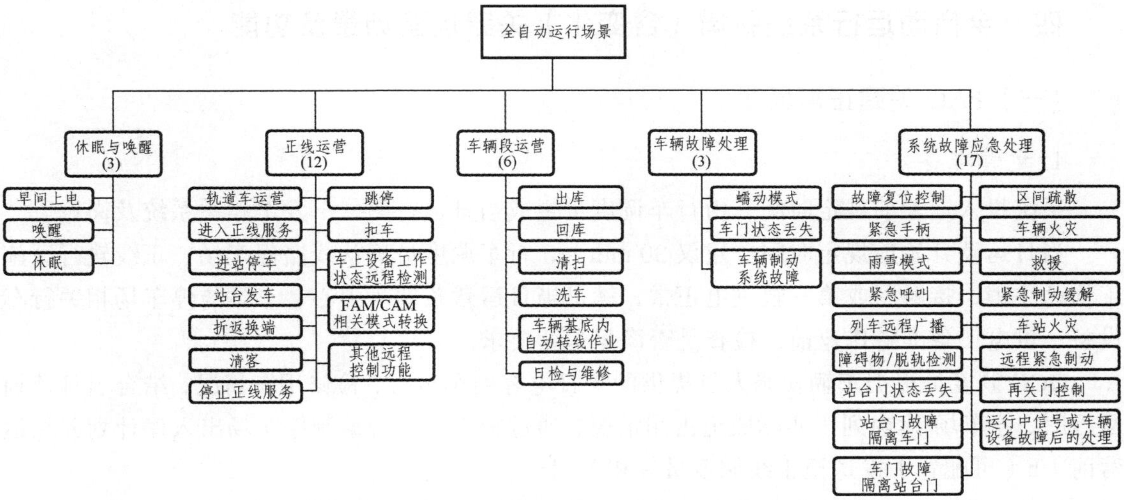

图 1.1 《城市轨道交通全自动运行系统建设指南》中的全自动运营场景

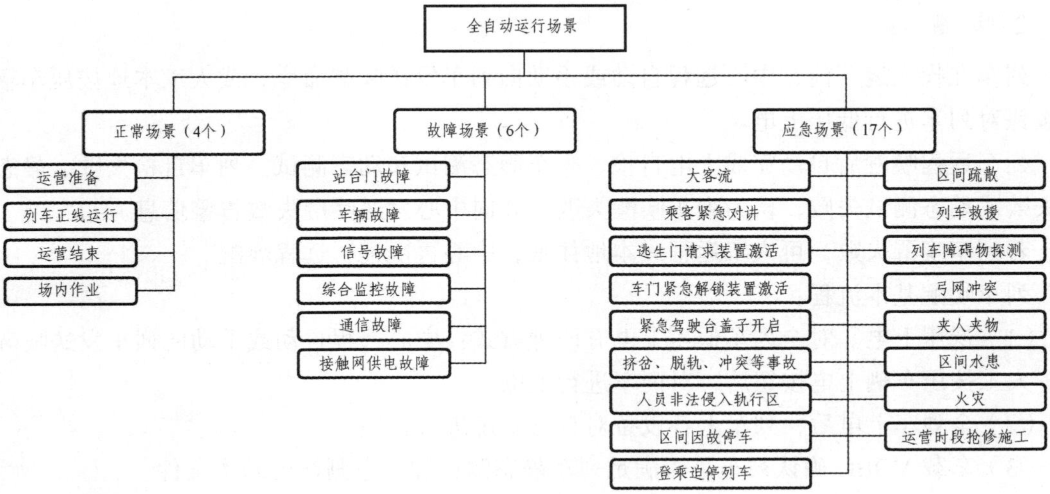

图 1.2 《城市轨道交通全自动运行场景规范》中的全自动运行场景

（二）运营场景的内容描述

运营场景由场景描述、基本流程、注意事项和功能需求 4 步描述构成。

（1）场景描述：将列车所属的环境、前提条件、各类设备情况进行详细描述。

（2）基本流程：详细列出此类场景所需要操作的步骤。

（3）注意事项：将在此场景中需要特别关注的情况和实施步骤中需要注意防范的安全规则一一列举。

（4）功能需求：将此场景中需要各方提供的功能及各类功能如何配合一一列举。

这 4 步描述中涵盖了建设时各方对列车系统的需求，以及互联互动接口要求，并且也包含了运营期间各类运营过程中的详细步骤及维护抢修步骤。通过 4 步描述，将运营与维护需求定义于线路土建前，可极大降低因新线土建期间需求不全所造成的严重缺陷。

四、全自动运行系统新增（含变化）关键运营场景及功能

（一）FAO 关键正常场景

1. 运营准备

系统投入运营前规定时间，由行车调度员生成当日运行图，下发至相关系统及岗位。

当日运营开始前规定时间（建议 30 min），行车调度员确认线路停车场、正线轨行区施工均已注销，接触网或第三轨供电正常，满足当日运营条件。中心、车站与停车场相关行车设备、供电设备准备作业前，检查是否满足运营要求。

DCC 调度员根据车辆检修人员提供的当日电客列车运行、检修用车情况，结合当日计划运行图、停车场/库内列车实际股道占用情况，通过中心工作台编制停车场出入库计划并在运营前 1 h（可配置）发送至正线调度员等相关岗位。

车站工作人员对车站内所有设备进行运营前测试并开启，测试设备包括 BAS、FAS、AFC、PIS、专用无线、卷帘门、电梯、站台门、照明等。

2. 唤 醒

列车在投入运营前，中心远程自动或手动向列车发送唤醒命令，或人工本地按压车辆上电按钮对列车进行低压上电。

列车远程唤醒后自动完成上电自检、列车静态测试和动态测试。列车自检失败、静态测试失败或动态测试失败，认为列车唤醒失败，并向中心发送唤醒失败告警信息。

若列车唤醒失败，可人工远程或本地休眠，中心再次进行远程唤醒。

列车唤醒基本流程：

（1）低压上电。对全列车低压上电有两种方式：中心远程自动或手动向列车发送唤醒命令；人工按压车辆上电按钮后，对列车进行上电。

（2）全列车上电后，列车上各设备对自身状态进行自检。

（3）车载 VOBC 确认列车是否满足列车静态测试和动态测试的基本条件。

（4）若库内列车满足列车静态测试和动态测试的条件，执行列车静态测试和动态测试。

（5）一端完成静态测试和动态测试后，自动换端，另一端继续进行列车静态测试和动态测试。

（6）两端车载 VOBC 均动态测试完成且测试通过，车载 VOBC 向中心汇报唤醒成功总标记，则唤醒成功进入 FAM 模式待命工况，唤醒完成。

3. 出 库

中心在发车前自动为出库列车设定头码，根据计划提前规定时间自动触发办理出库进路，列车满足启动条件后自动运行出库。计划列车唤醒失败，中心自动替换备车，按计划出库运行。

第三轨供电时，车辆根据场内运行工况断开车辆母线高速断路器，关闭空调电热和照明，同时切除电制动。车载防护列车不超过车辆段或停车场内限速运行，运行至转换轨后停车，等待中心指令，准备进入正线

4. 轧道车运行

中心根据计划远程唤醒首列车作为轧道车，唤醒成功后，司机通过登乘平台登乘列车，开钥匙转人工驾驶模式。在正式运营开始前，轧道车以人工驾驶模式出库并进入正线运行，不停站不开门，运行一圈。

轧道车人工驾驶运行一圈后，司机将列车手动升级为 FAM 模式，开始正线运营。

5. 进入正线服务

进入正线服务的列车包括出场列车完全进入转换轨时，或者正线存车线的列车唤醒成功后投入运营。

中心检查到列车从库内运行至完全进入转换轨后，自动根据计划运行图为该列车分配车次号，并自动向列车发送“正线服务”工况指令。

车载 VOBC 收到“正线服务”工况指令后，向车辆 TCMS 发送正线服务工况指令，车辆 TCMS 控制照明、空调或电热打开（信号指令为允许开和允许关，车辆根据光感自动控制）。

中心自动根据计划运行图为存车线列车自动分配车次号，并自动向列车发送“正线服务”工况指令。

车载 VOBC 收到“正线服务”工况指令后，向车辆 TCMS 发送该工况指令，车辆 TCMS 控制照明、空调或电热打开（信号指令为允许开和允许关，车辆根据光感自动控制）。

6. 进站停车

列车以 FAM/CAM 模式进站停车，如自动停在停车窗内，车载 VOBC 向中心汇报停稳信息，中心显示列车停稳状态；车辆在进站、到站、离站时自动触发车辆广播；列车到站时，站台自动广播。

当列车以 FAM/CAM 模式进站欠标未超过规定距离（宜设置为 5 m）时，车载 VOBC 向中心汇报未停稳信息，并向中心报警，同时以向前跳跃方式自动调整对标；中心显示列车处于跳跃状态。车辆在进站、到站、离站时自动触发车辆广播；列车到站时，站台自动广播。

当列车以 FAM 模式进站过标 1 m 自动施加紧急制动，停车后未超过规定距离（宜设置

为 5 m）时，车载 VOBC 向中心汇报未停稳信息，中心报警，车载 VOBC 自动缓解紧急制动，并以向后跳跃方式进行自动调整对标；中心显示列车处于跳跃状态。车辆在进站、到站、离站时自动触发车辆广播；列车到站时，站台自动广播。

当列车以 FAM 模式进站过标规定距离（宜设置为 1 m）自动施加紧急制动，停车后超过规定距离（宜设置为 5 m）后，车载 VOBC 紧急制动不可缓解，不允许退行，并向中心行车调度台汇报过标超过规定距离（宜设置为 5 m）报警；中心显示报警，中心自动触发车站站台广播，由车辆自动触发车载广播，中心乘客调度人员还可以向车辆进行语音广播，同时进行人工站台广播，中心行调通知司机上车救援。

若列车多次跳跃后未对标停车，ATP 输出紧急制动，通知人工上车退出全自动运行模式。

7. 站台发车

FAM 模式下，中心从列车在站台停稳后开始计时，停站时间结束后，检查满足发车条件：

（1）车门、站台门关闭且锁闭。

（2）紧急停车按钮未按下。

（3）出站信号开放。

（4）区间 SPKS 开关设置为非防护位。

全自动运行列车自动从站台发车。

在列车停站期间，中心进行扣车操作时列车车门和站台门重新打开，并自动触发站台广播。

扣车命令取消后，列车自动关闭车门和站台门并发车。

8. 折返换端

全自动运行模式下支持自动折返，信号系统具备远程人工换端功能，支持通过变折返与折返变通过。

（1）由中心根据时刻表自动触发折返进路，并适时办理折出进路。

（2）车载 VOBC 在 FAM 模式下完成车-地信息交互并自动换端。

（3）车载 VOBC 换端完成后根据中心发送的停站时间完成自动关门并发车。

9. 清　客

对于线路终端的大交路折返站，中心自动按站台设置清客。对于线路中间的小交路折返站，中心自动按列车设置清客。

列车处理流程：

（1）车载 VOBC 在折返站和终到站停车后，车载 VOBC 向车辆 TCMS 发送清客工况指令，并通过硬线给车辆维持发送门使能指令直到清客完成。

（2）车辆 TCMS 接收到车载 VOBC 的“清客”工况指令后，自动触发车辆广播，提醒乘客下车，同时联动车载 PIS 提示乘客下车。

车站处理流程：

（1）中心联动车站广播，提醒站台乘客不能上车，同时联动站台 PIS 提示本站清客，乘客请勿上车。

（2）综合站务员进行清客完成确认后，关闭车门和站台门。

10. 休 眠

司机本地按压车辆断电按钮、中心人工或远程自动控制列车在休眠区域完成休眠。FAM模式时，车载设备具备休眠条件后，中心能够人工或自动触发休眠指令。中心显示休眠状态，若休眠不成功，进行报警提示。

远程休眠流程：

（1）车载 VOBC 实时向中心发送当前状态。

（2）中心自动或人工向车载 VOBC 发送休眠指令。

（3）FAM 模式时，车载 VOBC 收到中心的休眠指令后，完成自身休眠准备工作。

（4）车辆 TCMS 接收到车载 VOBC 的休眠请求命令，断高压负载后，向车载 VOBC 发送休眠确认。

（5）车载 VOBC 收到车辆 TCMS 的休眠确认后，向辅助驾驶设备发送休眠指令，同时输出休眠允许，FAM 模式自动取消激活驾驶台指令。

（6）辅助驾驶设备向车辆发送该休眠指令。

（7）车辆收到从任意一端车载 VOBC 发送的休眠指令后，车辆控制整车延时 30 s 断电。

（8）辅助驾驶设备检测其与 ATP 的通信状态，判断休眠是否成功；将休眠结果及时反馈中心。

（9）中心显示休眠状态，若休眠不成功，进行报警提示，通知人工处理。

司机按压休眠按钮休眠流程：

（1）司机按压车辆断电按钮后，车辆延时 30 s 断开车辆非永久母线。

（2）车辆 TCMS 采集到按钮按下信息后，完成车辆自身的休眠准备工作。

（3）车载 VOBC 采集到按钮按下信息后，信号完成自身休眠准备工作。

FAM 模式时，自动撤销方向及司机室激活指令；司机钥匙有效时，车载 VOBC 完成自身休眠工作后，在 MMI 显示屏上提示司机关闭钥匙。

（4）辅助驾驶设备检测其与 ATP 的通信状态，判断休眠是否成功，将列车休眠状态上传到中心。

（5）中心显示休眠状态，若休眠不成功，进行报警提示。由司机通过本地观察，向中心汇报休眠故障通知人工检修。

（二）FAO 关键故障场景

1. 蠕动模式

蠕动模式为在全自动运行条件下，当车辆网络故障或车辆网络与信号网络之间通信故障时，列车进入限速运行（25 km/h）的一种模式。

当车载 VOBC 在 FAM 模式下监督到牵引或制动反馈异常，向中心申请进入蠕动模式运行。列车以蠕动模式进站停车后，施加紧急制动防止列车移动。

进入 CAM 模式后，列车在中心指示的下一站停车，打开车门且不关闭。此时，不响应站台 PCB 按钮按下以及远程关门命令。在其他区域（库内停车点、转换轨、站外折返停车点）

均不开门。

蠕动模式下不允许洗车。

2. 站台门故障隔离车门

当车站站台门故障或被人工锁闭隔离后，列车在该站台时，该侧站台的所有列车相对应的车门保持锁闭，不参与停站的开、关门作业。

站台门发生故障时，车辆对乘客进行提示。站台门系统点亮故障站台门对应的故障指示灯。

列车进站停稳后，故障站台门对应的车门由车辆控制不打开。

3. 车门故障隔离站台门

当列车车门故障隔离（仅对人工切除车门适用）后，本列车停站时对应的站台门能保持锁闭，不参与停站的开、关门作业。

车门发生故障时，车辆对乘客进行声光提示。站台门系统点亮故障车门对应站台门的故障指示灯。

列车进站停稳后，车载 VOBC 自动打开车门，故障车门由车辆控制不打开，故障车门对应的站台门由站台门控制不打开。

4. 车辆制动系统故障

车辆制动力损失的情况下，车载 VOBC 能以一定的策略对列车进行控制。

当车辆制动系统故障时，车辆将紧急制动损失程度（损失的转向架个数）告知车载 VOBC。信号系统能根据损失程度制定不同的控车策略。

车载 VOBC 从车辆 TCMS 获得紧急制动损失程度和损失后的紧急制动率后，上传至中心提示报警。

（三）FAO 关键应急场景

1. 车站火灾

当车站发生火灾时，车站 FAS 系统触发车站火灾联动，并将车站火灾报警信息传送给 TIAS 系统。

中心防灾调度与车站电话确认火灾情况，环调也可以通过 CCTV 确认现场火灾情况。行调工作站显示火灾报警提示。环调确认后，电话通知行调该车站是否真实存在火灾情况。

行车调度员应执行相邻上一站站台扣车。扣车后，如列车车门和站台门关闭，则车载 VOBC 应重新打开车门和站台门，并自动广播。扣车命令取消后，列车应自动关门并发车。乘客调度通过无线通信调度台向上一站扣车站台无线通信发送广播信号，触发预录制的车辆广播，并触发站台广播。

当该火灾站台存在停站列车时，停站列车应关闭车门，行车调度员应立即发车。

当该火灾站台前方区间有待进站列车时，当本站无停站列车，区间内有待进站列车时，中心行车调度台应向待进站列车发送车站火灾应急指令同时发送跳停指令。待进站列车接收到 TIAS 发送的车站火灾应急指令和跳停指令后，若出站信号开放，满足跳停条件，则实施跳停；否则，停在站外。若已进入站台区域，则立即以最大常用制动停车。停车后，站台火灾应急指令有效，出站信号机开放满足跳停条件，则继续实施跳停；停车后，站台火灾应急指令取消，满足停站倒计时满足要求则自动开关门发车，否则需要远程开门。

乘客调度发送广播信号，触发预录制的车辆广播。乘客调度触发车辆 PIS 显示，向车内乘客说明车站火灾情况。

车站火灾情况下，车站广播强制转入消防应急广播状态，AFC 闸机打开。

车站火灾情况下，综合站务员执行火灾应急预案。

2. 紧急呼叫

列车客室内设置紧急呼叫按钮，乘客触发按钮后，实现乘客和中心的直接对讲功能。

系统能支持多个乘客呼叫，中心显示全部呼叫，待操作员选择任意一个来电回复，其余未被接听的呼叫保留请求。

当乘客触发对讲按钮时，控制中心乘客调度的无线调度台发出报警，车辆 PIS 系统将紧急区域的画面主动推送给地面乘客调度 VMS 监视器。

3. 区间火灾

区间发生火灾时，FAS 系统将此信息传输给中心，在中心调度工作站界面上提示确认区间火灾信息后，经调度人工确认后，可联动站台自动扣车，并建立防护分析，防止列车进入该区域。

4. 救 援

当列车因严重故障无法行驶时，人工驾驶救援列车救援故障列车，使故障列车行驶到维修区域。

救援车在站台清客后，需至少配备 2 名司机，转为人工驾驶模式（EUM）进行救援作业。

救援车接近被救援车后停车确认两车钩状态。确认对准钩位后，以规定速度撞击连挂。

5. 区间疏散

列车停在区间需要疏散乘客时，中心远程引导乘客疏散。

系统通过人工设置扣车将后车扣在站台等候，不允许发车，如果后车已进入区间，则中心远程控制后车停车。

复习思考题

1. 简述轨道交通自动化等级分类。
2. 全自动运行系统由哪些核心专业构成？
3. 与传统线路相比，全自动运行系统带来了哪些主要变化？
4. 全自动运行运营场景文件编制的意义是什么？
5. FAO 运营场景通常包含哪几部分内容？

项目二 认识车辆基地

任务一 车辆基地布局

车辆基地作为地铁系统的重要组成部分之一，其设置既要确保运营组织、设备维修、材料供给和后勤保障等功能的需要，又要使检修设施相对集中，尽可能按专业化集中修的原则设置，充分发挥检修设施的使用效率，提高检修质量，避免重复建设。

一、车辆基地线路

车辆基地的线路有停车列检线、出入段线、牵出线、静态调试线、试车线等。

（一）停车列检线

停车列检线应为平直线路，一般设成车库，如图 2.1 所示。它主要用于停放车辆，大多数城市称其为停车列检库，位于运用库中。停车线还兼具车辆检修功能，有尽端式和贯通式两种。贯通式便于列车的灵活调度，但考虑到停车列检库作业环境温度、检修基地的地理位置等因素，仍有很多城市采用尽端式设计。

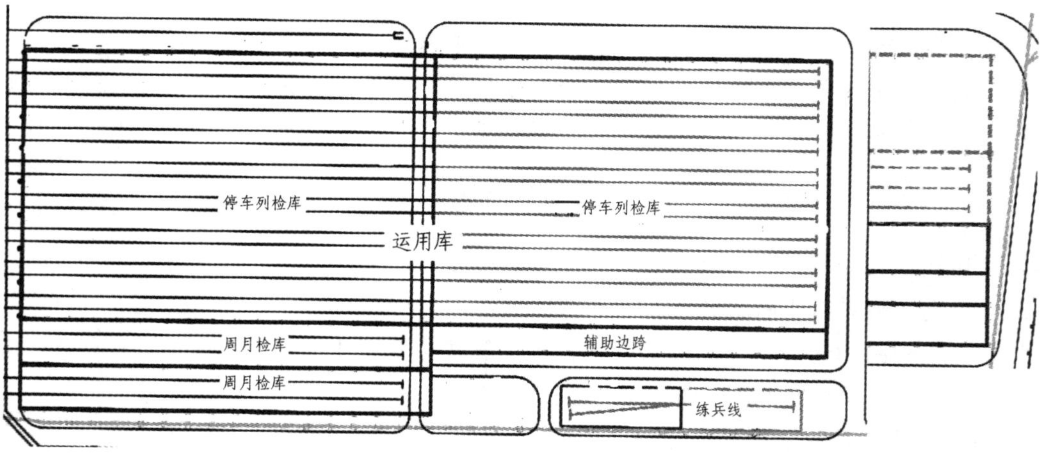

图 2.1 车辆基地运用库线路设置

（二）出入段线

出入段线是供车辆出入车辆检修基地的线路，一般设置成双线，并避免切割正线，根据行车和信号的要求留有必要的段（场）线路与运营正线的转换长度。

（三）牵出线

牵出线适应段（场）内调车，牵出线的长度和数量根据列车的编组长度和调车作业的方式和工作量确定。

（四）静态调试线

静态调试线一般设置在静态调试库内，如图 2.2 所示。它一般停放的是刚入段的新车或经过高级修程需要静态调试的车辆，静态调试一般检查各系统部件的技术状态。静态调试线必须设置有地沟、检修平和车间牵引电力电源。因为要对车辆进行标准尺寸、水平度等测量，所以静态调试线必须有经过认证的水平零轨（轨道高差精度等标准较高的线路）。

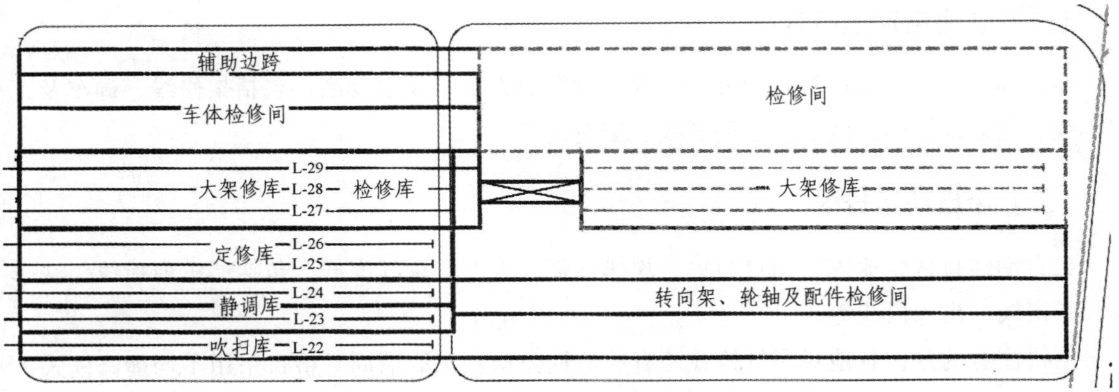

图 2.2　车辆基地线检修库路设置

（五）试车线

试车线提供通过年检、架修、大修等高级修程或需要对列车牵引制动进行试验的列车进行动态调试的线路。其设置长度应满足列车正线运营最高运行速度。试车线上设置有检查坑，便于列车在试车线上进行临时车底检查。试车线还设置有信号系统的地面装置，可进行列车车载信号装置的试验。试车线上设置试车线调试用房，内设信号控制和试车需要的有关设备、设施和仪器。因试车线上列车运行速度较高，一般试车线使用了隔离措施。

（六）洗车线

洗车线供列车停运后的洗车作业，北方城市因天气寒冷，设置有洗车库。洗车线设置为贯通式，尽量与停车线相近，可以减少列车的走行时间。洗车线在设置洗车机位置时必须保证至少有一列车长度的直线段，以确保列车能平顺进行洗车作业。

（七）检修线

检修线为平直线路，包括除了日检作业以外的检修线路，一般均设置有地沟（采用第三轨受电方式的线路除外）。它布置在检修、定修、架修、大修库内，如图 2.1 和 2.2 所示。在架修、大修库内设置的检修线间距较大，便于布置架车机等检修设备。

（八）镟轮线

镟轮线一般设置在停车列检库内，为平直线路。镟轮线长度为正常停放列车线路的两倍，中间基坑内安装有镟床。镟轮线不设置接触网或接触轨，镟轮过程通过公铁两用车进行牵引。

二、车辆基地功能区设置

为了保障车辆运行及人员作业安全、方便生产及运营管理，全自动运行车辆基地需进行全自动运行区域和非全自动运行区域的划分。

（一）非全自动运行区

非自动运行区作业内容较为复杂、规律性弱、人工干预程度高，包括架修线、调车及工程车线、定修线、临修线、静态调试线、镟轮线等。

（二）全自动运行区

全自动运行区作业内容相对简单、规律性强、人工干预程度低，包括停车列检线、洗车线、牵出线、出入段线等。

值得注意的是，各地对周月检线（有些地铁公司甚至取消周月检，采用了均衡修模式）和试车线的区域划分原则尚未完全统一，在实际运行中，可综合考虑场区条件及运营需求进行区域划分。

和传统的车辆基地相比，全自动运行模式下列车从全自动运行区进入非全自动运行区，需在转换轨处进行驾驶模式转换。为了方便司机上下车，需设置通往信号转换轨的段内道路，并在转换轨旁增设司机登车平台，同时应满足限界要求。

（三）分区增设围蔽隔离设施

（1）段场采用红线围蔽（或围墙），实现段场内部与外部的分隔。

（2）轨行区物理隔离，实现对轨行区的严格分隔，确保段内行车及作业安全。

全自动运行车辆基地除设置上述隔离设施外，需增设分区围蔽，包括全自动运行区和非全自动运行区之间、全自动运行区分区之间、咽喉区上行与下行之间、非全自动及全自动区信号转化区域等，并在道路等需要中断的地方，增设开门和门禁系统，与信号系统联锁。

任务二　全自动运行车辆基地功能

全自动运行车辆基地有如下功能：

（1）车辆停放及日常保养功能：本线车辆的停放和管理；车辆的日常保养及一般性临时故障处理等。

（2）车辆全自动运行区域，由信号系统实现列车的全自动驾驶功能。

（3）车辆检修功能：依据本线车辆的检修周期，定期完成对车辆的计划性修理。

（4）列车救援功能：列车发生事故（如脱轨、颠覆）或接触网（接触轨）中断供电时，能迅速出动救援设备起复车辆，或将列车牵引至邻近车站或车辆段，并排除线路故障，恢复行车秩序。

（5）设备维修功能：对本线各系统，包括供电、环控、通信、信号、给排水、自动扶梯等机电设备，以及房屋建筑、轨道、隧道、桥涵、车站等建筑物进行巡检、维护保养和在线检修工作。

（6）材料供应功能：负责本线各系统在运营过程中所需各种材料、设备器材、备品备件，劳保用品以及其他物资的采购、储存、保管和供应工作。

（7）生产管理、安全保障、培训等其他辅助功能。

和传统的车辆基地相比，全自动运行模式会对车辆基地的总平面布局、列车作业流程、全自动运行区库房尺寸及工艺设计原则等产生影响。

（1）停车列检库增加库房长度。

采用全自动运行模式后，为了提高检修效率，停车列检库设置 100%检查坑，根据信号要求，应充分考虑全自动运行系统信号防护要求，两列位之间的距离不小于 20 m，后一列位车尾与车挡距离不小于 15 m，库房长度需增加约 12 m。停车列检库库房长度如图 2.3 所示。

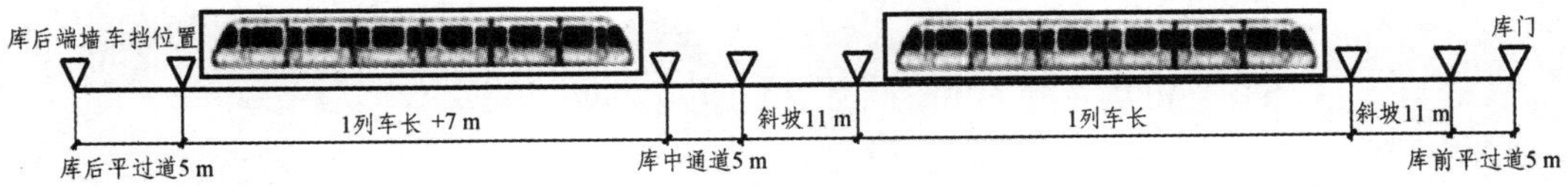

（a）传统车辆基地

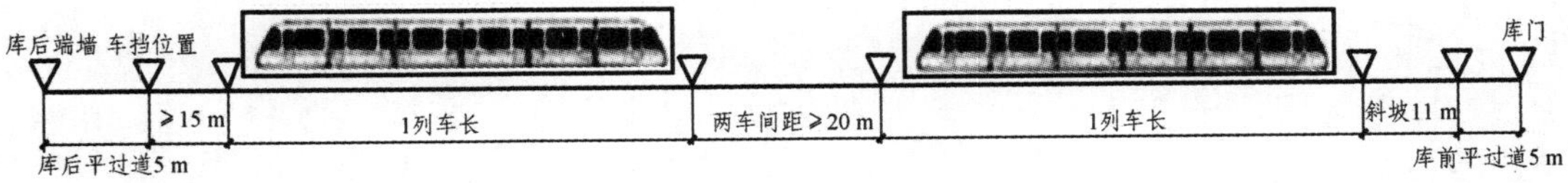

（b）全自动车辆基地

图 2.3　传统车辆基地和全自动车辆基地停车列检库库房长度对比

（2）停车列检库划分防护分区。

采用全自动运行模式后，为了保证检修人员及车辆安全，停车列检库一般按 2~3 股道划分若干个防护分区，并采用隔离网进行隔离，如图 2.4 所示。

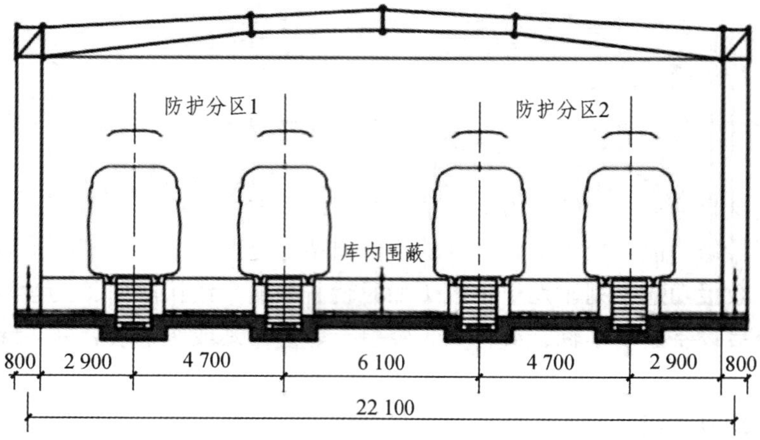

图 2.4　停车列检库防护分区

（3）停车列检库增设地下通道及库中门禁。

采用全自动运行模式后，检修作业人员主要通过地下通道联通各防护分区，库中平交道口各防护分区之间增设门禁，并与信号系统联锁。

复习思考题

1. 简述站台门端外防护措施。
2. 简述全自动运行区域和非全自动运行区域的作业内容。
3. 车辆基地的基本功能有哪些？
4. 总结全自动运行系统车辆基地的特点。

项目三 认识车辆

任务一 全自动运行系统车辆关键设备

和传统驾驶模式相比，全自动运行系统列车按照全自动驾驶模式进行设计，同时考虑有人值守的全自动驾驶模式及常规驾驶模式。车辆应适应在列车全自动运行系统中运行，列车唤醒、自检、出库、正线运行、折返、回段、洗车、入库、休眠等全部无人干预自动完成。因此，全自动运行系统车辆配置和传统车辆配置在一些方面存在差异。

一、电气牵引和电制动系统

地铁列车电气牵引指的是电流从接触网通过受电弓输送到列车设备中，电动机将电能转化为行进的机械能牵引力，驱动地铁列车前行。地铁列车的电气牵引控制系统主要包括主牵引系统以及电路控制系统，主要设备包括以下几种。

（一）受电弓

受电弓是电力机车、电客列车或车辆从接触网接触导线或导电轨受取电流的装置。它是电力机车、电客列车或车辆与固定供电装置之间的连接环节，受电弓性能的优劣直接影响所取电流的可靠性，也直接影响地铁车辆的工作状态。目前，地铁车辆上常用的是单臂型受电弓。

对于全自动运行系统的地铁车辆来说，一般会在整条线路的运行车辆里选择2节车辆安装弓网关系动态检测系统，每列车安装一套。弓网动态检测系统具有以下功能：

（1）弓网高清视频监视功能：弓网高清视频监视系统采用高速高清摄像头，在车辆运行过程中实时监视弓网运行状态，并能满足全线路、全天候工况下的视频监控。视频记录时间达到一定要求（如不小于720 h），并采用先进先出原则。视频监控装置便于维护，防护等级达到国家标准。弓网图像通过PIS系统WLAN车地无线通信系统接入地面服务器，并能够对弓网运行实时录像及查看。

（2）关键部位应力检测功能：将光纤式应力传感器安装于受电弓关键受力位置，实时采集和监控弓网运行时的关键部位应力变化值，并能自动报警。

（3）弓网温度检测功能：采用红外相机检测的方式检测受电弓关键部位及弓网接触点工作温度，当弓网温度达到阈值时自动报警，并形成报表记录。

（4）几何参数检测功能：检测接触网的拉出值，测量接触线与轨面中心的偏移距离；检测接触线与轨道平面的高度值，导高值超限时自动告警。

（5）振动补偿功能：通过车底补偿装置将动态拉出值还原为静态拉值。

（6）弓网接触力、硬点冲击检测功能：将光纤式压力、冲击力传感器安装于受电弓弓头及弓臂和底座位置，实时采集和监控采集弓网运行时的弓网接触压力、受电弓振动冲击力变化值，并能自动报警。

（7）弓网燃弧检测功能：采用燃弧传感器与高速燃弧相机结合的方式，避免阳光或其他光源造成干扰误报警。检测车辆运行过程中的燃弧情况，包括燃弧持续时间、燃弧率，并能自动报警。

（8）受电弓运行姿态检测功能：通过弓网监控相机所采集的图像对受电弓运行姿态（中心线偏移、滑板倾斜等）、状态进行检测和分析。

（9）受电弓形态检测功能：通过弓网监控相机所采集的图像对受电弓形态（关键部位损伤、缺失、变形等）进行检测和分析。

同时，设置车载及地面服务器等设备，对跟踪过程中的报警数据进行查询、统计、分析、管理，能实现独立实时录像、检索回放、录像查询、下载等功能；可显示系统报警事件发生的准确地点及时间；自动记录事件发生时刻前后时间段的视频。

（二）避雷器/浪涌吸收器

避雷器用来防止来自车辆外部的过电压（如雷击等）和车辆内部的操作过电压对车辆电气设备绝缘的破坏，一般并联在主电路中。

（三）高速断路器

高速断路器是用来接通和城市轨道交通车辆的高压电路，是车辆的重要保护装置，当主电路发生短路、过载故障时，快速切断主电源。为了防止事故的扩大，要求高速断路器开关动作迅速、可靠，并具有足够的断流容量。

它设在受电弓与线路（输入）滤波器之间，每一个高速断路器给每辆动车 VVVF（可变电压、可变频率）逆变器提供保护，高速断路器仅用于牵引回路，辅助系统独立于牵引回路。

高速断路器主要由触头系统、灭弧机构、传动机构、自由脱扣机构、最大电流释入器、最小电压释入器、辅助开关等部分组成，如图 3.1 所示。

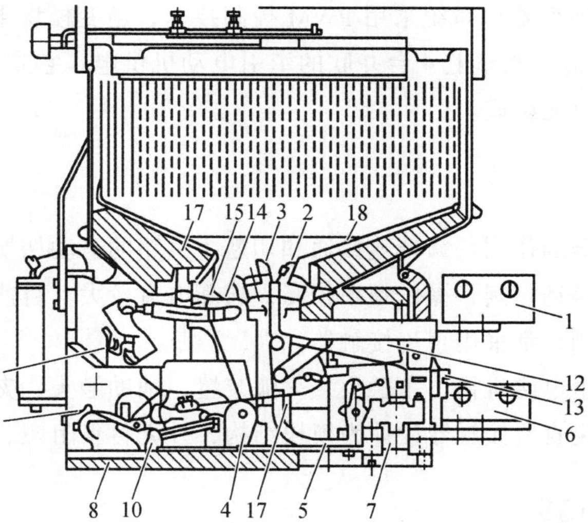

1—上接线端；2—静触头；3—动触头；4—动触头臂；5—弹性连接板；6—下界限端；
7—过载跳闸（S）装置；8—拉杆；9—释放锁件；10—转换机构；11—转换轴；
12—短路快速跳闸（KS）衔铁；13—撞击螺钉；14—转换杆；15—滚轴；
17—短路快速跳闸拉杆；18—灭弧板。

图 3.1　某种型号高速断路器结构

（四）线路滤波器

国内地铁的接触网一般采用 DC 1 500 V 高压直流输送电，车辆再通过受流器把高压直流电引入车内。输送过来的直流电源中不可避免地含有谐波。所谓的谐波就是一个周期电气量的正弦波分量，频率是基波频率的整数倍。

谐波能够引起设备过热、绝缘老化，引起传输能量的衰减，功率因数的降低。因此，为了减少谐波的危害，一般在牵引逆变电路前置滤波电路。

和传统地铁车辆一样，在全自动运行系统车辆主电路中采用无源滤波技术，即使用 *L*、*C* 元件构成无源滤波器，与需要补偿的非线性负载并联，为谐波提供低阻通路而将其滤除。其电路如图 3.2 所示。

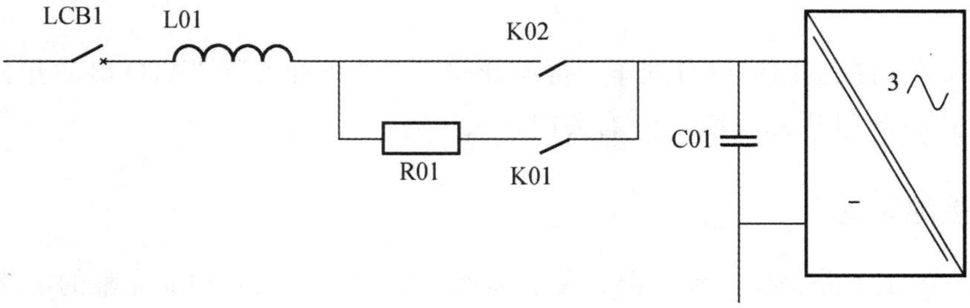

图 3.2　滤波电路

（五）VVVF 逆变器（包括制动斩波器）

不论是全自动运行系统车辆还是传统地铁车辆，VVVF 逆变器都是牵引系统的核心部分，目前主要使用电压型逆变器，系统采用 PWM 控制技术，逆变模块采用 IGBT 功率元件。每套 VVVF 逆变器单元给一辆车上 4 台并联的牵引电动机供电。它主要由线路滤波器、IGBT 功率单元和牵引控制单元组成。

（六）主接触器

牵引系统主接触器的作用是频繁地接通和切断主电路的自动切换电器。

它能进行远距离自动控制，操作频率较高，通断电流较大。目前，不管是传统车辆还是全自动运行系统的车辆，都采用直流接触器。

直流接触器主要由电磁机构、主触头、灭弧装置、辅助触头、支架、固定装置、电离栅等部分组成，一般来说直流接触器设计为模块结构，外壳材料阻燃、无毒、无环境污染。

（七）交流牵引电机

和直流电机相比，交流电机没有换向器、结构简单、成本低、工作可靠、寿命长、维修与运行费用低、防空转性能好。

因此和传统地铁车辆一样，全自动运行车辆的牵引电机为三相鼠笼式异步电动机，主要由定子和转子组成，在日常检修中，牵引电机一般只进行外观检查，不拆卸，如果其内部出现问题，一般委外检修。

（八）司机控制器

司机控制器设在 Tc 车司机室内的主操纵台上，包括主控制手柄和方向手柄。主控制手柄位置和功能如下：

（1）向前：牵引。

（2）“0”位：惰行。

（3）向后：制动。

（4）紧急制动位：紧急制动。

另外 Tc 车司机室内司机台上设有组合式模式开关，此模式开关设有“FAM”“AM”“CM”“EUM”位。

同时，Tc 车司机室内还设有列车“折返开关”“洗车开关”“ATO 启动开关”“车门选向开关”“左/右开门开关”和“左/右关门开关”等。

（九）接地装置

接地装置为主电路提供回流通路，使电流经轮对到达钢轨，构成完整的电路。同时防止电流通过轴承造成电腐蚀，提高轴承的使用寿命。

它分别在 A 车转向架的第 2 轴的右侧和第 3 轴左侧轴端各安装了一个，B 车和 C 车的转向架第 1、3 轴的左侧轴端各安装了一个，在第 2、4 轴的右侧轴端各安装了一个。

接地装置主要由接触盘、碳刷架、弹簧支撑组成，如图 3.3 所示。

图 3.3　接地装置内部结构

（十）制动电阻器

地铁车辆在进行电阻制动时，制动电阻吸收未被消耗掉的电机发电能量，转换为热能散逸到大气中去。

由于制动电阻悬挂在转向架上，所以要求它有良好的热容量、耐振动、防腐蚀，在高温下不生成氧化层，在正常使用周期内不断裂。

二、辅助电源系统

辅助电源系统用作车辆空调、照明、空气压缩机、各系统控制电路、列车监控系统、车载信号和通信设备等的电源。

它能适应全自动驾驶模式，可通过列车网络对辅助电源装置进行启动、停机、故障复位等相关控制，具有高安全性和高可靠性。同时，它还具有自诊断功能，可实现系统设备运行状态、故障和操作指令信息自动采集和记录功能（包括辅助能耗记录）。通过列车网络可进行系统内控制单元的控制软件升级、参数修改及状态调试，并可通过 PTU 进行上述软件操作、数据下载调用及图形文本分析。

辅助电源系统主要由辅助逆变器、直流电源装置、隔离变压器、蓄电池和相关电气设备以及隔离开关、接触器、故障转换装置等组成。

（一）辅助逆变器

辅助逆变器又称静止逆变器，是一种将直流电压变换为三相 50 Hz，380 V/220 V 交流电源的能量变换设备。其主要负载包括空调设备、空气压缩机、通风机、挡风玻璃除霜器、方便插座、客室照明及刮雨器等。

（二）直流电源

直流 DC 110 V 电源是车辆上控制电路的供电电源，同时兼作蓄电池充电器，正常工作时对蓄电池充电。

（三）隔离变压器

它的作用是保证电气设备及操作人员的安全，将高压用电设备与低压用电设备，尤其是需要人工操作的设备进行电气隔离。通过设计不同匝数比来满足不同的电压等级。

（四）蓄电池

和传统的地铁车辆一样，全自动运行车辆上采用的也是单体电压为 1.2 V 左右的碱性镉-镍蓄电池，每列车至少配备 2 套 DC 110 V 蓄电池组。对蓄电池的要求如下：

（1）列车每端提供给信号系统用于休眠唤醒的蓄电池容量应可满足不少于 7×24 h 内的正常休眠唤醒功能需要。蓄电池容量满足 6 编组列车休眠 7 天后，可靠唤醒列车。

（2）列车在无网压时，且电量为满容量的 85%时，能够供给列车内部紧急照明、外部照明、紧急通风、车载安全设备、广播、媒体播放 LCD 屏、通信系统等工作 45 min，并且 45 min 后应保证列车开关车门一次、一次升弓、一次投入 SIV；在蓄电池使用寿命周期内，容量均能满足以上要求。

（3）当网压恢复时，蓄电池电压应能保证辅助逆变器的启动。

（4）蓄电池组应有短路、过流、欠压和防止逆流等保护功能。

（5）蓄电池组故障时应与列车重联回路隔离。

（6）蓄电池单体应能单独更换，且不得漏液。

（7）在循环充放电时，单体电池温度不得低于相关标准。

（8）蓄电池箱应有通风和排水孔，蓄电池应安装在具有防腐性能的、带滚轮的托架上。蓄电池箱应保证蓄电池工作在合适的温度下，且便于对蓄电池进行检查和维护。

除此之外，蓄电池应配备蓄电池在线监测系统。该系统可在线测量、记录并存储电池组或单体电池在充电和放电阶段的电压、电流、温度、蓄电池箱体火警、内阻、蓄电池组充放电时间等参数，同时具备远程蓄电池馈电监控等功能。另外，还可与 TCMS 通信，并向信号唤醒模块提供最低激活电压及无法激活列车电压信号。

三、空气制动及风源系统

风源系统是为列车提供压缩空气的设备装置，其提供的压缩空气保证了地铁车辆制动系统和转向架系统的正常工作。目前，常用的空气制动系统主要是采用直通式的空气制动方式，除了风源系统外还包括空气制动控制系统和基础制动装置。空气制动控制系统直接控制空气制动力的释放和施加，当接到制动指令后，制动控制单元通过控制电流大小的方式来调节转换阀的电磁力，进而来实现对空气压力的调节。空气压力进入增压缸后，通过推动活塞的运动来使压力传输到制动盘上，实现对城市轨道交通电客车的制动。

空气制动及风源控制系统采用微机控制的电-空制动系统，内设监控终端，具有远程控制的自诊断和故障记录功能，主要包括制动控制器（带警惕按钮，与牵引控制器共用）、电-空制动装置、制动微机控制单元（BECU）、基础制动装置（含停放制动及其手动缓解装置）、滑行检测及控制装置、监控终端装置、车辆回送装置、电动空气压缩机组、电动空气压缩机组的启动装置、冷却器、干燥器、滤清器、储风缸、安全阀、总风压力开关、压力调节器等。

四、转向架系统

转向架分为两种结构相似的动车转向架和拖车转向架，均为无摇枕转向架，采用两系悬挂形式。转向架构架采用钢板焊接结构，设有高度调平与防侧滚装置。转向架安装走行部在线检测系统。

（一）转向架主要技术参数

轨距	1 435 mm；
最高运行速度	100 km/h；
轴距	2 200/2 300 mm；
车轮直径	840 mm（新轮）/770 mm（全磨耗）；
轴重	≤14 t；
质量	动车约 7.0 t；
	拖车约 5.0 t；
车轮减载率	≤0.6。

对转向架公差尺寸的要求：

转向架构架的两对角线长度差不大于±2 mm；

转向架左右两侧的车轮中心距差不大于±2.6 mm；

转向架同一轴的两轮（新轮）直径之差不得大于 1 mm，同一车辆的两轮（新轮）直径之差不得大于 2 mm。

（二）转向架的作用

1. 承　载

承受车体上部的重量，并使轴重均匀分配。

2. 传　力

传递牵引力和制动力，保证必要的轮轨黏着，将轮轨接触处产生的轮周牵引力或制动力传递给车体、车钩。

3. 缓　冲

缓和线路不平顺对车辆的冲击和振动，保证车辆具有良好的运行平稳性和舒适性。

4. 转　向

保证车辆顺利通过曲线。

（三）转向架组成

转向架主要由构架、轮对轴箱装置、悬挂系统、牵引装置、基础制动装置、牵引电机悬挂、齿轮传动装置、联轴节、走行部在线监测系统、被动障碍物检测系统、脱轨检测系统、轮缘润滑装置等部分组成，如图 3.4 所示。

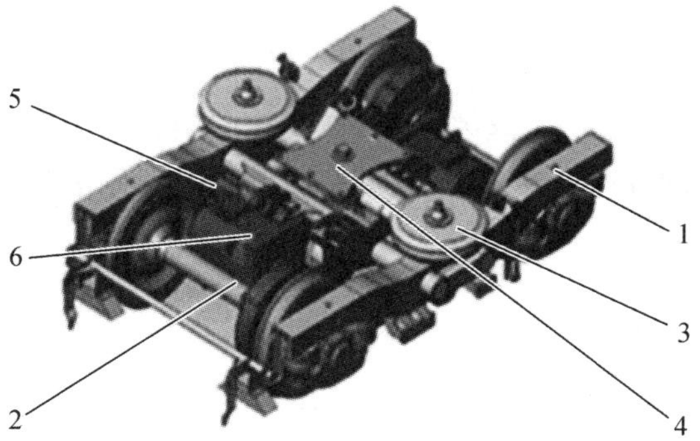

1—构架组成；2—轮对轴箱装置；3—二系悬挂装置；
4—牵引装置；5—基础制动装置；6—驱动装置。

图 3.4 动车转向架组成

1. 构 架

转向架构架是转向架的骨架，用以安装转向架各组成部分，传递各方向的力，并用来保持车轴在转向架上的位置。它一般由左右侧梁和横梁（或端梁）等组成。

构架一般采用无缝钢管或钢板组焊的焊接构架。构架采用箱型设计全钢焊接结构，横梁采用无缝钢管或由低合金钢板焊接而成，利用无缝钢管代替摇枕作附加空气室；侧梁和无缝钢管的焊接是用圆环形板进行加强，附加气室位于横梁两端，用来增大附加气室的容积。

在正常情况下，转向架的使用寿命应不低于 30 年；且在一定的运用期内，转向架无须做改造性的修理。

2. 轮对和轴箱装置

每个转向架设有两个轮对。轮对的作用主要包括：

（1）承担车辆的全部载荷和冲击。

（2）与钢轨黏着产生牵引力和制动力。

（3）轮对滚动使车辆前进。

轮对由一根车轴和两个车轮组成，采用过盈配合，通过注油压装的方式将车轮装到车轴上。车轴的结构如图 3.5 所示。

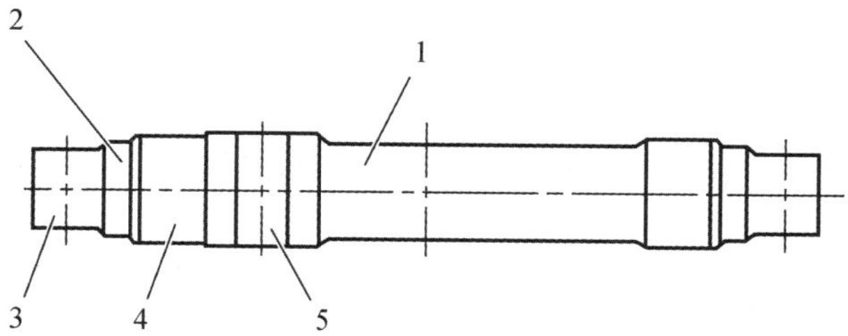

1—轴身；2—防尘板座；3—轴颈；4—轮座；5—齿轮座。

图 3.5 动车车轴

车轮按结构不同分为整体车轮和带箍车轮两种。而整体车轮按其材质不同可分为碾钢轮和铸钢轮等。

全自动运行车辆和传统的地铁车辆一样，一般采用整体碾钢轮，由踏面、轮缘、辐板和轮毂等部分组成，如图 3.6 所示。

车轮与钢轨的接触面称为踏面，沿着圆周突起的圆弧部分称为轮缘，踏面沿径向的厚度部分称为轮辋，轮毂是轮与轴互相配合的部分，轮辋与轮毂连接的部分称辐板。

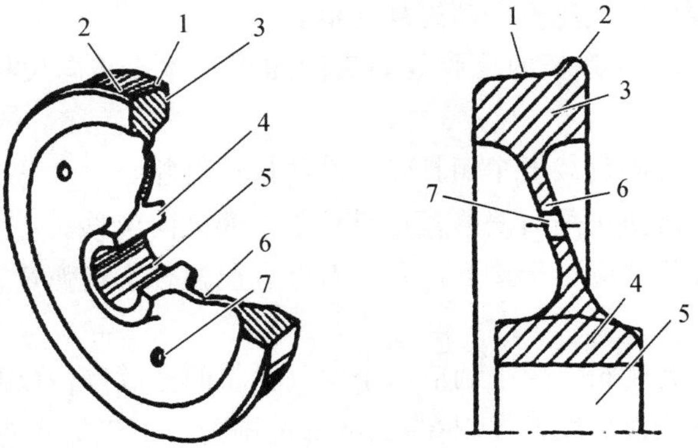

1—踏面；2—轮缘；3—轮辋；4—轮毂；5—轮毂孔；6—辐板；7—辐板孔。

图 3.6　整体碾钢轮

轴箱是实现轮对与构架相互连接又相互运动的关键部件，它起着承上启下的重要作用，具有以下功用：

（1）活动关节——连接轮对与构架的活动关节。

（2）传力——传递牵引力、横向力和垂向力。

（3）运动——实现轮对与构架间的垂向运动和横动。

轴箱主要由轴箱体、前盖、轴端压板、防尘挡圈和密封垫等组成。

3. 悬挂系统

转向架采用两系悬挂系统。

1）一系悬挂

轴箱和构架之间安装有一系悬挂系统，采用金属橡胶弹簧或转臂式定位的钢圆簧。一系悬挂系统应使车轮和轨面的磨损、转向架的摆动、滚动角、运行噪声达到最小。一系悬挂系统作用如下：

（1）保护转向架构架和车辆免受来自轨道的过度冲击。

（2）具有较好的曲线通过能力，并保证转向架在其运行速度范围内的动态稳定性。

（3）保证在最恶劣的轨道条件下，车辆通过时不脱轨并使一系簧上电机及附属装置的振动和冲击在设计允许的范围内。

2）二系悬挂

转向架和车体之间安装有二系悬挂系。二系悬挂由空气弹簧、横向油压减振器、自动高度调整阀、压差阀、平均阀、调整垫等组成。

（1）空气弹簧。

空气弹簧的主要作用包括：

①当任一空气弹簧失去压力时，则该转向架的另一空气弹簧也立即放气，以保证车体平

衡。采用单独的附加气室作为空气弹簧的储风缸，其容积应足够大，以保证空气弹簧在短时间内得到正常的排气量，并保证其作用不影响车辆上其他气动系统的功能。

②当空气弹簧失效时，紧急橡胶弹簧可作为保护装置防止车体地板过度倾斜，并应能保证车辆仍可限速（一般不大于 30 km/h）运行 24 h。

③空车时空气弹簧内的气压不得超过规定值。

④在任何情况下，空气弹簧的橡胶气囊表面相距车体或转向架构架的最小距离应大于 10 mm。

⑤空气悬挂应保证不同负载下车辆具备良好的运行性能。

⑥二系悬挂装置应能防止垂向偏移，且有利于车辆横向位移。

⑦空气弹簧的安装位置应易于接近，并设有能方便检查空气弹簧充气高度的标志。

（2）高度阀。

①每台转向架设有高度阀，用来调节两个空气弹簧的充放气，以此补偿乘客重量变化产生的高度差，并使车辆地板高度差控制在±10 mm 范围内（不包括一系悬挂高度差）。

②高度阀的功能应不受车辆振动和轨道冲击的影响。

③车辆载荷以任何方式改变时，高度阀应在 30 s 内将车体调至规定高度。每节车的高度阀作用应相互独立。

④空气弹簧的充、放气高度应方便调整。

（3）减振器。

减振器可以减少车辆的横向振动的性能。

（4）抗侧滚扭杆。

抗侧滚扭杆装在车体底架与转向架之间，它可以严格限制车体由于通过曲线时离心力和侧向风产生的倾斜运动。

4. 牵引装置

转向架牵引装置采用中心销式 Z 形拉杆或牵引橡胶堆。车体和转向架之间通过牵引杆或牵引装置来实现纵向作用力的传递。牵引杆两端设有橡胶弹簧或有橡胶牵引块和弹性牵引中心，在加速和减速时不会造成冲击，牵引杆应无磨损，免维护。

每台转向架设有一套牵引装置，牵引装置的强度和刚度以及横向限位应满足使用要求。

5. 基础制动装置

转向架基础制动装置采用轮盘单元制动，其中一半带停放制动功能。

停放制动力应保证列车在最大超员情况下，停放在最大坡道上不溜车。

单元制动装置内均设有闸片间隙自动调整器，当由于闸片和制动盘的磨耗，使闸片和制动盘的间隙大于某一规定值时，闸片间隙调整器就会自动动作，保证闸片间隙始终保持在规定的范围内。

基础制动装置的安装不能造成闸片偏磨，且便于更换闸片。

6. 牵引电动机的悬挂

牵引电动机采用架悬式悬挂，固定在转向架构架上。所有动车轮对及牵引电动机均可互换。

7. 齿轮传动装置

齿轮传动装置由齿轮、轴承和润滑组成，对齿轮传动装置有如下要求：

（1）齿轮箱为平行轴式，采用铸钢或铸铁分体式结构。齿轮减速箱箱体的一端通过轴承安装于轴上，箱体的另一端弹性地吊装于构架的横梁上。齿轮箱有良好的润滑系统，润滑油不得泄漏。

（2）齿轮装置安装在轮轴上，并支承在转向架的构架上。在正常运转中，齿轮应啮合良好。

（3）齿轮箱具有较高的扭转刚度和良好的抗振动性能，能保证齿轮的平稳工作。箱体内的油槽可向轴承提供最佳的供油，能方便、可靠检查齿轮箱中的油量。

（4）传动齿轮通过联轴节与牵引电动机转轴连接。

（5）采用螺旋渐开线齿形的传动齿轮。

（6）齿轮箱设有安全保护支承，防止齿轮箱正反转时的脱落。

（7）齿轮箱的维修仅限于观察检查和更换润滑油，所有部件维修检查周期应大于 10^6 km。

（8）所有与轴承轴衬相关的旋转部件的密封采用非接触、耐磨的迷宫式密封件，以防止漏油及灰尘和水的进入。

（9）齿轮箱采用水平分箱面。齿轮箱应有利于维护保养，检修方便。

8. 联轴节

牵引电动机的转轴与齿轮传动装置通过电机联轴节传递转矩，采用 WN 齿式联轴节。

9. 走行部在线检测系统

和传统的地铁车辆相比，全自动运行系统车辆每列车设置走行部在线检测系统，对转向架轴箱、齿轮箱、电机的冲击、振动、温度进行监测，实现对走行部的早期预警和分级报警等功能，提供地面分析台进行数据分析及处理，准确指导车辆的运用和维修。

10. 障碍物检测系统

全自动运行系统车辆列车前端需配备障碍物检测系统，本书以被动障碍物检测系统为例进行介绍。此系统采用压力敏感装置或非接触式探测传感器探测列车两端的障碍物，辅助采用图像识别技术，一旦探测到障碍物，会立即触发紧急制动，同时将信息通过列车控制系统发送至 OCC。列车具备本地障碍物探测装置的开启/切除功能，列车控制系统同时进行相应记录。诊断系统准确率不低于 99%，漏报率不大于 0.1%。被动障碍物探测系统采集的数据通过 PIS 系统 WLAN 通道传输至地面系统。

11. 脱轨检测系统

列车每根轴端配置有脱轨检测系统，一旦检测到列车脱轨，列车将立即施加紧急制动。同时，列车控制系统进行相关信息的记录，并将信息发送给 OCC，发送至 OCC 的脱轨报警检测信号应为持续保持信号。列车具备本地脱轨检测系统的开启/切除功能，列车控制系统同时进行相应记录。诊断系统准确率不低于 99%，漏报率不大于 0.1%。脱轨检测系统采集的数据通过 PIS 系统 WLAN 通道传输至地面系统。

五、车钩缓冲装置

车钩缓冲装置主要用来连接列车中各车辆，使之彼此保持一定的距离，并且传递和缓和列车在运行中或在调车时所产生的纵向力或冲击力。同时，采用高性能弹性缓冲器，满足列车在较高速度下意外碰撞时，通过车钩缓冲器吸收巨大冲击能量，保障车辆不受损坏。此外，它还可以实现车辆间的电路和气路连接。

和传统地铁车辆不同，全自动运行系统地铁车辆带司机室车的前端设置有自动对中功能的全自动密接式车钩及缓冲装置，其余各端均设半永久牵引杆及缓冲装置。

车钩及缓冲器承受的纵向压缩和拉伸静载荷应满足相关要求，列车应能承受 5 km/h 的连挂速度，车钩在线路最小曲线半径区段上应能满足车辆的摘挂作业。

另外，全自动车钩设有吸收能量的缓冲装置，列车车钩能承受列车在坡道救援时（AW3 负载列车救援 AW3 负载的故障车），因突然实施紧急制动，救援列车与被救援列车间所产生的作用力。

缓冲装置应能有效地吸收撞击能量，缓和冲击，不损坏车辆。对于大部分全自动运行车辆来说，该装置能承受的不产生永久变形的最大列车冲击速度应不小于 5 km/h。

六、车门系统

列车车门系统包括客室门、端部疏散门。客室门应适应全自动驾驶模式，具备自动开/关门、控制中心远程控制开/关门及车门与站台门的故障隔离功能。

某全自动运行线路车辆客室门采用双扇电控电动塞拉门，车门的电控电动装置采用微处理器控制的电动机驱动装置，具有自诊断功能和故障记录功能，具有与列车网络进行通信的功能，并可通过列车网络对车门进行控制。

七、车体及贯通道系统

车体承受自重、载重、牵引力、横向力、制动力等载荷及作用力，一般情况下，车体能承受列车以 5 km/h 的速度与另一列静止的 6 辆编组列车进行连挂时产生的冲击力。车体结构采用薄壁筒型整体承载结构，材质为不锈钢。

车体结构是由底架、侧墙、端墙和车顶构成的薄壁筒型整体承载结构，具有足够的强度以承受车辆运用过程中的各种载荷，在确保有足够的强度和刚度的前提下实现轻量化。车顶可以承受所支撑的负载，包括设备保养人员。

贯通道装置也就是风挡装置，位于两节车厢的连接处，是两车辆通道连接的部分，它具有良好的防雨、防风、防尘、隔音、隔热等功能，能够使旅客安全地穿行于车厢之间。贯通道分为单体式和分体式。

八、列车网络控制系统

列车网络系统由具有冗余结构的列车级网络和车辆级网络组成，它连接所有的微机控制单元，用以传递控制和监控信息，能与相关系统车载交换机进行数据交换，控制方式采用以太网，其中列车中央控制单元（CCU）位于Tc车，它们对有关的关键区域提供足够的冗余，即在全列各级网络中的单点故障不会导致列车正常运行停止。

任务二　全自动运行系统车辆服务设施

一、空调系统

车辆空调系统为客室（含司机室）提供冷、暖风和新鲜空气，以提高司机驾驶和乘客的乘坐舒适性。

（1）目前，车辆空调系统基本上采用冷暖车厢设计。为满足乘客对客室温度的不同要求，对车厢实施“冷热分区”，乘客可自行选择温度适宜的车厢乘车。

（2）空调系统一般采用节能环保的变频热泵空调，有能耗记录功能，可在列车控制及监控系统中查询和调用。空调机组采用顶置式安装，采用微机控制并具有自诊断和上传功能。

（3）空调机组每辆车安装两台，当一半辅助电源故障时，每一台空调机组的制冷能力自动减半。空调机组因故不能制冷时，能保证适当的通风。

（4）空调机组可与列车网络进行通信，并可通过列车网络对空调机组进行控制。

（5）运维人员或控制中心可以通过列车控制系统网络对空调单元进行启动/关闭、模式选择和温度设定。

（6）空调系统应能根据ATC发出的工况指令开启和关闭，并自动工作。

（7）空调系统能够根据车内火灾、车下火灾、隧道火灾的信号对新风阀和回风阀进行控制。

（8）空调系统应具备远程控制及调温功能。

（9）列车空调机组采用同步指令控制，分时顺序启动。

（10）空调机组设可自动调节的新风口和回风口。

二、列车广播及乘客信息系统

（一）列车广播系统

列车广播系统主要由司机室设备、客室设备及辅助设备构成。列车广播系统主要用来对车内乘客播放列车运行信息及在紧急情况下对车内乘客进行疏导，由TETRA系统提供无线通道。列车广播系统具有人工或自动广播的功能，平时可通过无线广播信道接收控制中心对列车内乘客的广播，如有必要也可由控制中心直接对车内乘客进行广播。

广播系统采用内部网络控制的模块化冗余结构，每个模块均具备自检功能，单个模块发生故障不会造成广播系统的功能失效。

列车广播系统的功能主要包括：

1. 服务功能

列车广播主要用于控制中心调度员对每节车厢内的乘客进行语音广播，为乘客预报到站站名和通告有关事宜。

2. 系统功能

（1）通过麦克风或录音机向乘客播报站名或通告，可采用自动和人工两种播音方式。

（2）传达控制中心的通知。控制中心的调度员可以通过司机室的无线广播接口对车厢内的乘客进行广播。

（3）乘客与控制中心的对话。在紧急状况下，乘客可以通过车厢内安装的乘客通话装置与控制中心进行通话。

（二）乘客信息系统

乘客信息系统（PIS）主要是播放列车到站动态，地铁指南等音/视频信息，使乘客及时了解列车到站信息，方便乘客换乘其他线路，减少乘客下错站的可能性；在发生火灾或其他紧急情况下，进行紧急广播，指挥乘客疏散，调度工作人员抢险救灾，减少意外造成的损失。

乘客信息系统采用分散式模块化设计，即在每节车厢中分别设置一套控制及功放设备，通过这些设备，系统可以对每节车厢的乘客进行广播通告，向乘客提供必要的列车运行信息。

乘客信息系统主要包括控制盒、中央处理器、数字报站器、功率放大器、紧急报警盒、电源模块及扬声器网络等。

三、全自动运行系统车辆运用

全自动运行系统地铁车辆和传统地铁车辆在运用方面的主要区别如下：

（1）受流器：传统车辆采用气动控制受流器，通过司机台按钮、开关控制受流器的抬起和落下；全自动运行系统车辆除了采用气动控制受流器，通过司机台按钮、开关控制受流器的抬起和落下以外，还可通过车辆中心调度实现应急时远程抬起受流器的功能。

（2）车钩：传统车辆采用半自动车钩、自动连挂、手动解钩；全自动运行系统车辆采用全自动车钩，实现自动连挂及电控解钩功能，并可实现两列车的电路连接，传输广播、制动信号。

（3）驾驶室：传统车辆驾驶室为全封闭式；全自动运行系统车辆采用敞开式驾驶室，从而满足 FAO 需求。

（4）司机室指示灯：传统车辆无司机室指示灯；全自动运行系统车辆司机室区域外侧增加车辆启动提示灯，司机室前端区域增加 FAO 模式指示灯。

（5）显示与控制：传统车辆无驾驶室盖板，MMI 显示屏点亮，司机始终打开钥匙激活驾驶室；全自动运行系统车辆有驾驶室盖板，关闭盖板后，全自动运行，MMI 显示屏和 TCMS 显示屏熄灭，显示屏信息在中心车辆调度界面显示，可远程监测车上设备工作状态，司机可打开盖板。

（6）检修按钮：传统车辆无检修按钮；全自动运行系统车辆检修时操作此按钮，车辆故障及状态信息将不再上传，不再执行远程指令，保证列车无法移动。

（7）客室感光探头：传统车辆没有客室感光探头；全自动运行系统车辆当司机室内的客室照明开关在“自动”位时，FAM 模式下的正线运行工况的列车会根据外界的光照强度，自动控制客室内照明的打开和关闭。

（8）客室电子地图：传统车辆 LED 到站显示灯及站名以贴纸的方式显示；全自动运行系统车辆采用 LCD 动态地图显示屏，动态显示旅行线路、方向、终点站、下一站、开门侧、换乘信息等内容。

（9）乘客紧急呼叫：传统车辆转接至已激活的驾驶室，由司机接听处理；全自动运行系统车辆直接与中心乘客调度进行通话，车载 CCTV 自动推送视频至乘客调度，实现乘客调度远程为列车上乘客提供服务。

（10）紧急手柄：传统车辆无。全自动运行系统车辆：①车辆具备紧急手柄拉下的处置及联动车载 CCTV、广播的控制功能；②CCTV 推送图像至中心，中心可远程查看 CCTV 推送的紧急手柄拉下的车厢画面。

（11）列车上电：传统车辆采用人工按压上电按钮；全自动运行系统车辆根据上传的派班计划，在规定时间自动远程上电唤醒。

（12）列车整备：传统车辆司机根据运营规则手动检查列车状态；全自动运行系统车辆库内自动执行上电自检、静态测试和动态测试。

（13）空调/电热：传统车辆司机手动设置空调/电热参数；全自动运行系统车辆默认采用本地存储的参数，可通过控制中心设置。

（14）照明：传统车辆由司机手动打开照明；全自动运行系统车辆支持中心远程控制，通过各工况进行自动控制。

（15）车辆断电：传统车辆采用人工断电；全自动运行系统车辆采用远程自动休眠。

（16）轨道车列车上电：传统车辆人工为列车上电并打开钥匙，完成车辆状态检查后发车；全自动运行系统车辆远程唤醒，自动执行上电自检、静态测试、动态测试，司机提前上车，唤醒测试成功后人工打开钥匙，CM 模式驾驶列车运行。

（17）正线服务：传统车辆司机控制照明、电热或空调；全自动运行系统车辆列车进入转换轨停稳后，中心发送进入正线服务后，自动打开照明、空调或电热。

（18）进站停车：传统车辆以 ATO 自动驾驶进站或司机以 CM 模式对标停车。全自动运行系统车辆：①列车自动驾驶进站停车，控制车门和站台门一一对应打开和关闭；②未停车对标时跳跃模式对标。

（19）站台发车：传统车辆司机根据发车指示器倒计时按压 ATO 启动按钮发车或人工驾驶发车；全自动运行系统车辆在停站到时后，满足发车条件自动发车。

（20）折返换端：传统车辆司机以 CM 或 AM 模式驾驶换端；全自动运行系统车辆列车在折返换端区域自动折入、折出并完成换端。

（21）清客：传统车辆司机与站台人员人工清客。全自动运行系统车辆：①列车在清客站台打开车门不关闭，远程或站台人员确认清客完成后关闭车门和站台门后自动发车；②远程可取消固定清客，设置或取消临时清客。

（22）停止正线服务：传统车辆司机在转换轨手动控制；全自动运行系统车辆列车回库

方向进入转换轨停稳后，中心发送停止正线服务后，自动关闭照明、空调或电热。

（23）出库/回库断开母线高速断路器：传统车辆列车经过断电区时，人工断开母线高速断路器；全自动运行系统车辆自动根据信号发送的场内运行工况和通信状态断开。

（24）出库/回库鸣笛：传统车辆人工根据要求按压鸣笛按钮鸣笛；全自动运行系统车辆库内、场内启动时自动鸣笛。

（25）出库/回库关闭空调电热：传统车辆人工控制；全自动运行系统车辆自动根据工况执行。

（26）清扫照明：传统车辆由司机操作；全自动运行系统车辆列车回库自动进入清扫工况，自动打开照明。

（27）通知清扫：传统车辆由人工通知清扫；全自动运行系统车辆调度提示列车处于清扫工况，提醒调度员派人清扫。

（28）清扫时人员防护：传统车辆采用管理手段。全自动运行系统车辆：①清扫工况时，车载 VOBC 切除牵引；②清扫人员在运转值班室登记后，由值班员将 SPKS 开关置于防护位。

（29）进入洗车库：传统车辆为人工驾驶列车进入洗车库，人工操作洗车模式；全自动运行系统车辆派班室人工根据当天运营计划选择空档时间设置待洗列车的车组号、洗车时刻，满足条件提示，调度员确认后自动执行洗车。

（30）蠕动模式：传统车辆无此模式；全自动运行系统车辆在运行区间出现列车网络故障或车辆与信号通信故障，车载 VOBC 自动向中心 TIAS 行车调度（简称行调）申请，中心授权后进入蠕动模式运行，蠕动模式时限速 25 km/h，运行至下一个站台停车后打开车门不关闭，由司机转人工驾驶。

（31）雨雪模式：传统车辆采用人工驾驶；全自动运行系统车辆列车在不同区域出现多次空转或滑行时，TIAS 界面提示行车调度员确认转入雨雪模式，确认后，车载接收到雨雪模式指令，实施最大常用制动停车后按雨雪模式控制策略运行。

（32）车辆火灾：传统车辆由司机汇报；全自动运行系统车辆烟火报警上报中心行调和车辆调度，由中心车辆调度通过车载 CCTV 推送的指定画面进行查看，并确认是否发生火灾，进行火灾确认或 FAS 复位。

（33）车门状态丢失：传统车辆的车辆和信号均自动切除列车牵引；全自动运行系统车辆 FAM/CAM 模式时，车辆和信号均不自动切除列车牵引，继续运行至站台停稳后，中心派遣司机或站台人员处理。

（34）车辆制动力丢失：传统车辆由司机人工处理。全自动运行系统车辆车载 VOBC 从车辆 TCMS 获得紧急制动制动损失程度和损失后的紧急制动率后，上传中心 TIAS 提示报警，中心应按如下处理：损失 1/8 转向架紧急制动的时候，列车可以精确停车，维持运行完本次上下行服务后退出运营，车辆限速 70 km/h。损失 1/4 转向架紧急制动的时候，列车紧急制动，需人工上车，转为 EUM 模式驾驶。

（35）障碍物/脱轨检测：传统车辆无法检测；全自动运行系统车辆检测到障碍物/脱轨有效时，自动实施紧急制动恢复后，司机现场检查无影响后，打开钥匙重新进入 FAM 模式，按压确认按钮继续运行。

（36）设置/取消远程紧急制动：传统车辆不支持；全自动运行系统车辆可远程设置/取消

紧急制动。

（37）车门、站台门对位隔离：传统车辆不支持。全自动运行系统车辆：①当个别站台门故障隔离时，车载设备将接收到的站台门故障信息转发至车辆。列车进站停稳后，故障站台门及对应的车门不打开。②当个别车门故障隔离时，车载设备接收车门故障信息，信号系统将此信息转发至站台门。列车进站停稳后，故障车门及对应的站台门不打开。

（38）故障处理：传统车辆无法检测；全自动运行系统车辆部分故障可实现远程复位及远程旁路。

（39）其他远程控制（受流器升、降，停放制动施加、缓解，照明开启、关闭）：传统车辆无法检测；全自动运行系统车辆可实现远程控制。

复习思考题

1. 简述电气牵引及电制动系统的基本组成。
2. 乘客信息系统的主要功能有哪些？
3. 在唤醒场景中，全自动运行系统车辆和传统车辆有哪些区别？
4. 折返换端时，全自动运行系统车辆和传统车辆有哪些区别？
5. 在出库/回库中，全自动运行系统车辆和传统车辆有哪些区别？

项目四 认识站台门系统

任务一　站台门系统结构及功能

站台门（Platform Screen Door，PSD）是 20 世纪 80 年代的一种先进的现代化地铁工程设备系统，安装于城市轨道交通沿线车站站台边缘，将站台候车区与轨行区隔离，与列车车门对应，为可多级控制开启与关闭的连续屏障，是一个典型的机电一体化产品，如图 4.1 所示。站台门能有效减少空气对流造成的站台冷热气的流失，保障列车、乘客进出站时的安全，降低了列车运行所产生噪声对车站的影响。站台门能为乘客营造一个安全、舒适的候车环境，具有节能、安全、环保、美观等功能。

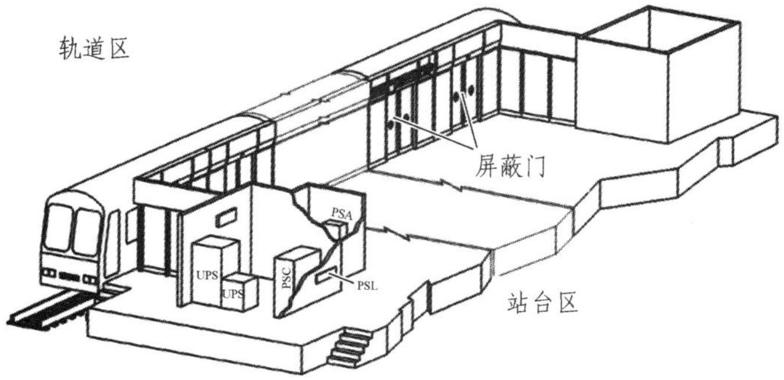

图 4.1　站台门简图

一、站台门的分类和功能

站台门的分类方法很多。从应用场合的封闭形式，站台门分为屏蔽门与安全门，安全门可分为全高安全门和半高开安全门两种。安全门只起安全和美观的作用，适合没有安装空调系统的站台，一般为地面站台或高架站台。

（一）屏蔽门

封闭式站台门（屏蔽门）系统是一道自上而下的全封闭玻璃隔断墙，沿着车站全站台边缘设置，把站台区域与列车运行区域分隔开来，如图 4.2 所示。

图 4.2　屏蔽门

屏蔽门的主要功能和特点：

（1）可防止乘客拥挤或意外掉下站台，保证乘客的安全。

（2）提供良好的空气密封性，减少空调的能量消耗，降低运营成本。

（3）提供站台声音阻隔，降低车辆噪声和站台上的活塞风效应，为乘客构造一个舒适、安全、美观的候车环境。

（4）门的运动方式及防挤压模式能够保证乘客不被夹伤。

（5）采用直流无刷电机驱动，实现无级调速；传动方式采用齿形带或丝杠形式，门运动平稳。

（6）门槛需要与站台地面绝缘，并防止乘客跌倒。

（7）门体采用钢化玻璃和发纹不锈钢包边框架（或铝合金框架），门扇刚度好。

（8）站台门适合于气候炎热、空调期较长的轨道交通线路。

（二）全高式站台门

全高安全门系统与站台门系统相比较，两者的结构形式基本相同，只是全高安全门系统的上部不封闭，门体结构可以根据需要设置通风口，如图 4.3 所示。

图 4.3　全高安全门

其主要的功能和特点如下：

（1）具有封闭式站台门系统中与安全相关的优点，不节能、不隔音，舒适性较差。

（2）可比较容易地升级为站台门系统。

（三）半高式站台门

半高安全门的高度一般为 1.2~1.7 m，安装在站台边缘，将站台区域与轨道区域分隔开来，其主要目的就是提高乘客的安全性，如图 4.4 所示。与前两种形式相比，其主要的功能和特点如下：

（1）可防止乘客因拥挤或意外掉下站台，保证乘客的安全。

（2）造价较低，安装简单快捷，建设周期短。

图 4.4　半高安全门

二、站台门系统构成

站台门系统主要由门机、门体、电源、控制四个部分组成，如图 4.5 所示。门机主要包括门机梁、驱动电机、减速器、传动装置和门锁等；门体主要包括梁柱结构、滑动门、固定门、应急门、端门、门槛、绝缘件、顶箱盖板等；电源是指从低压配电与照明专业自动切换箱至站台门电机及其他用电设备的中间所有元器件，主要包括隔离变压器、UPS、断路器、继电器、电缆等；控制系统主要包括中央接口盘、门控单元、就地控制盘、与综合监控系统及信号系统间的接口设备、系统软件等。

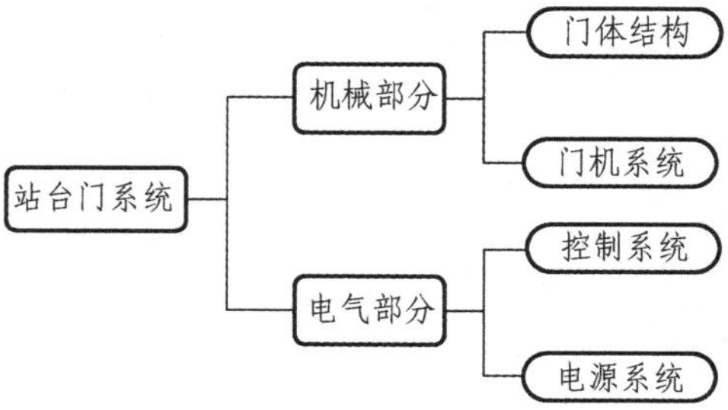

图 4.5　站台门系统组成

（一）门 机

门机系统是站台门滑动门的操作机构，安装在门体结构的顶箱内，主要由驱动装置、锁紧装置、门机控制器（DCU）、传动装置等组成，如图 4.6 所示。门机系统常用的门机设备包括电机、减速器、传动装置、门机梁、导轨和门锁等。封闭式高站台门每道滑动门设置一套驱动电机。

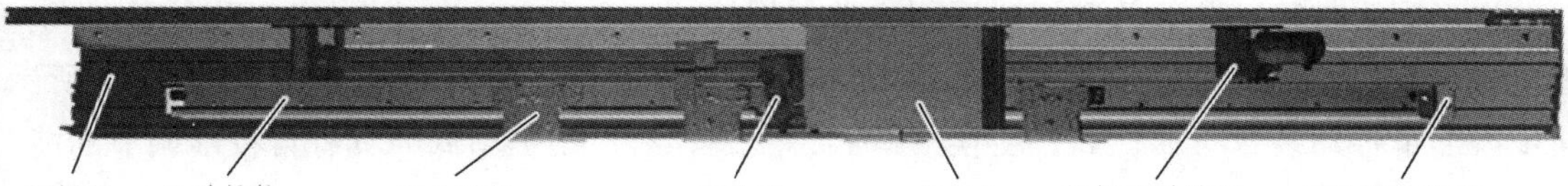

图 4.6　门机系统组成

门机系统是通过电机和传动机构驱动门体的水平移动，实现站台门的开和关，并将电压和电流等信息反馈给门机控制器，以便控制系统判断门的运行状态。

1. 电 机

站台门系统的驱动电机采用直流永磁电机。直流电机包括微电机、位置传感装置等。电机由门控单元 DCU 进行控制。

封闭式高站台门的电机安装在顶箱内。通过联轴器与执行机构或减速器相连，它的机械特性及功率必须与系统性能要求相匹配。

电机采用高性能直流无刷电机，采取由门机控制器控制的工作方式，如图 4.7 所示。电机调速性能和输出转矩均应满足门扇运动曲线和动力曲线的要求。直流无刷电机的主要优点是调速和启动特性好，堵转转矩大。

图 4.7　站台门直流电机

2. 减速器

减速器一般有齿轮箱和蜗轮蜗杆两种。由于站台门、全高站台门顶箱空间有限，一般采用蜗轮蜗杆减速装置来实现电机输出轴的减速。对于皮带传动与螺旋副传动两种方式，减速器的设置会有所不同。

在皮带传动装置中，减速器作为电机与传动机构的中间过渡装置，实现对电机转子转速的减速，使传动装置的线速度可以满足站台门滑动门开、关门的要求。

在螺旋传动过程中，可以选用合适的螺杆头数及螺距来实现站台门滑动门的开、关门要求，可不需要减速器。

3. 传动装置

与减速器输出端相连的就是传动装置的驱动轴。传动装置一般采用齿形同步带传动或螺旋副传动，主要为被控元件传递动力。

齿形同步带传动装置是利用齿形同步带与带轮的啮合力来传递动力的，两扇门体分别被固定在皮带的主、从两边，在带轮转动的同时，完成了两扇门体的同步开/关，如图 4.8 所示。同步齿形带传动装置可靠性高，更换成本低，安装容易，维护率低，具有自校准调节功能。

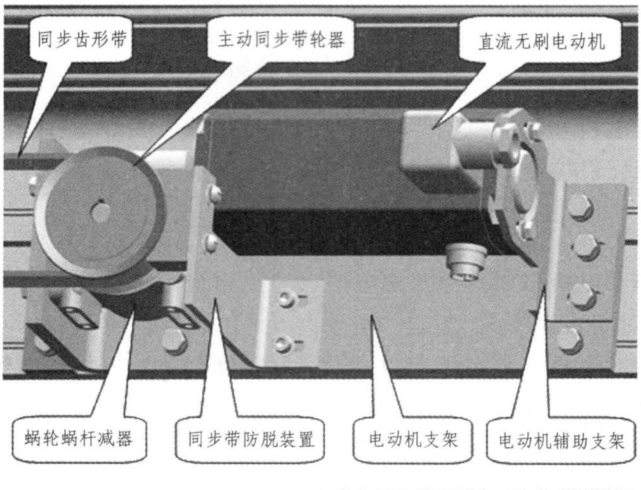

图 4.8 门机同步带驱动方式

螺旋传动是利用螺纹的相对运动来传递动力。螺杆作为动力源的主动件，门体作为传动对象的从动件，分别被固定在同一根螺杆两端的左右旋的螺母上，电机带动螺杆转动时，门体会沿着螺杆实现往复运动，如图 4.9 所示。

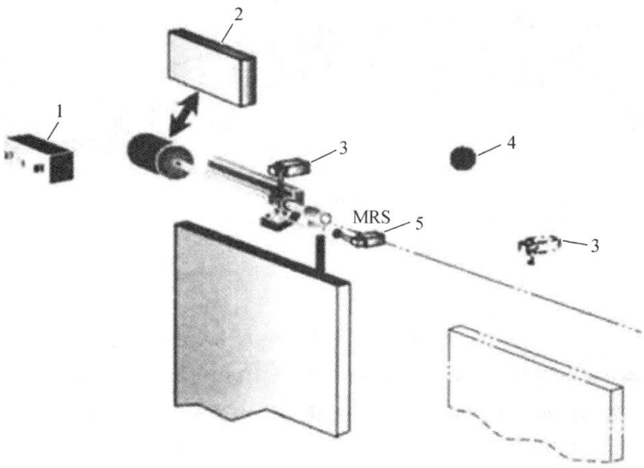

1—就地控制盒；2—门控单元；3—门锁定开关；4—门状态指示灯；5—手动解锁开关。

图 4.9 典型的螺杆式门机单元基本构成

半高安全门门机系统装设在固定侧盒、滑动门门体的下端，主要由驱动装置、锁紧装置、门机控制器（DCU）、传动装置等组成。

半高安全门有两种结构形式：一控制一驱动及一控制两驱动。一控制一驱动是指每对滑动门由一个门机控制器（DCU）控制一套驱动电机，同时驱动左右滑动门扇，虽节省初期投资，但必须设置门槛，门槛上有开槽，存在一定的安全隐患。同时，部分驱动或控制设备需位于站台装饰面以下，维护及清扫不便，增加后期维护成本。

4. 门 锁

端门、滑动门与应急门均应设有不同形式的门锁作为安全装置。乘客在紧急或故障情况下可以在轨道侧将门手动打开，同时站务人员可在站台侧用钥匙解锁开门。滑动门还配有电磁式锁紧装置，可以接收门控单元（DCU）解锁指令自动解锁。门锁紧后门的锁闭信号通过中央接口盘（PSC）反馈至信号系统。门的锁定状态可以由门状态指示灯显示。

门锁包括机械部分及电子部分。机械部分保证滑动门运行至锁定位置后能够锁定。电子部分保证能够通过行程开关将滑动门的状态反馈至每个门单元的 DCU。

每道滑动门都设有锁紧装置，滑动门关闭后该锁紧装置可防止外力作用将门打开。滑动门自动开启时，锁紧装置能自动释放；手动开门时，采用开门把手和钥匙使锁紧装置释放。锁紧装置正常运行时可自动解锁，该锁与手动开门把手钥匙联动，故障情况时可进行手动解锁；ASD 关门、锁紧、解锁、开门均有状态信号反馈到 DCU，门已开、已锁闭状态信号反馈到单元控制器。

站台门门锁包括锁槽式和凸轮式门锁机构，锁槽式门锁机构如图 4.10 所示。该门锁用于在站台门/安全门关闭后同时锁定左右两扇门，具有关闭、锁紧、全开三种状态。

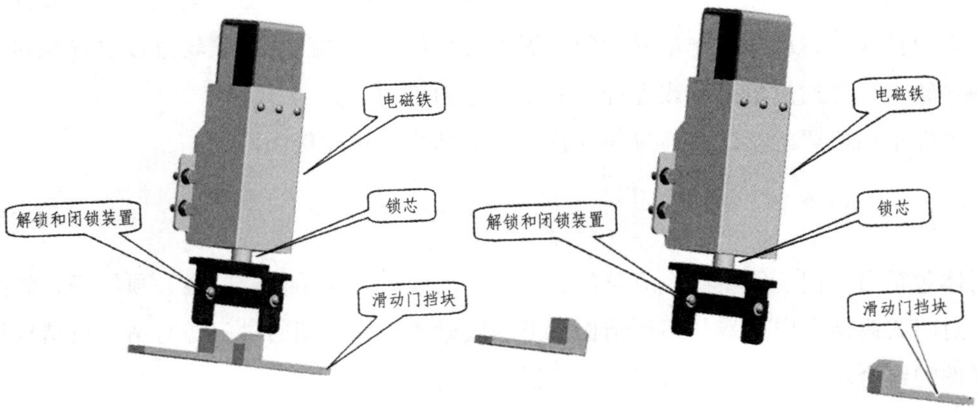

（a）关闭状态　　（b）全开状态

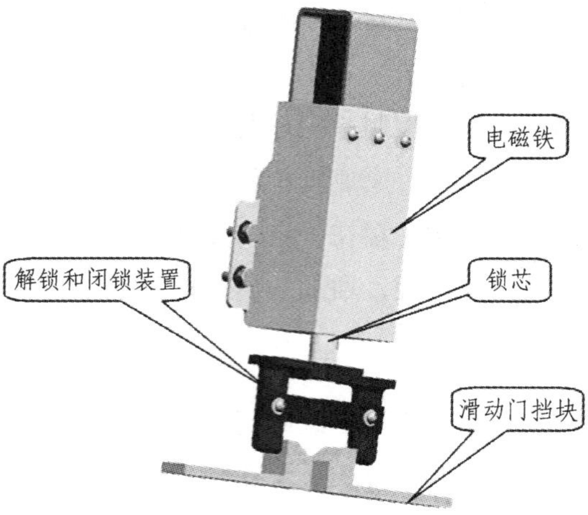

（c）紧锁状态

图 4.10　滑动门门锁

门锁由电磁铁、锁芯、锁定和解锁位置传感器构成，其操作原理如下：

在 PSD 开门过程中的解锁功能：当门控模块接收到 PSC 发出的开门命令，门控模块向电子锁中的电磁铁通电，然后锁芯在滑动门打开之前被吸起。

在 PSD 关门过程中的锁闭功能：当滑动门关闭，关门位置感应器触发，门控模块停止向电子锁内的电磁铁通电，然后锁芯落下。

在手动解锁过程中的解锁功能：当乘客或者站台工作人员手动打开站台门时，锁芯被机械力顶出，DCU 就可以探测到手动操作，锁芯被吸起，滑动门实现解锁功能。

5. 门机梁

门机梁主要用来固定封闭式高站台门的门控单元（DCU）、驱动装置及传动装置等门机设备，它包括导轨、就地控制单元、门锁等重要部件。滑动门通过滚轮直接放置在固定于门机梁的导轨上，并通过皮带（或螺杆）完成对它的传动。

为了保证门机梁的稳定，通过与立柱、上部结构件相连接来固定。

（二）门 体

门体包括滑动门、固定门、应急门、端门、门锁、梁柱结构、门槛、顶箱等，如图 4.11 所示。封闭式高站台门上端与站厅结构板下的底梁相连，下端通过门槛与站台板结构相接，这些部件的组合将站台公共区与隧道行车区域隔离开来。

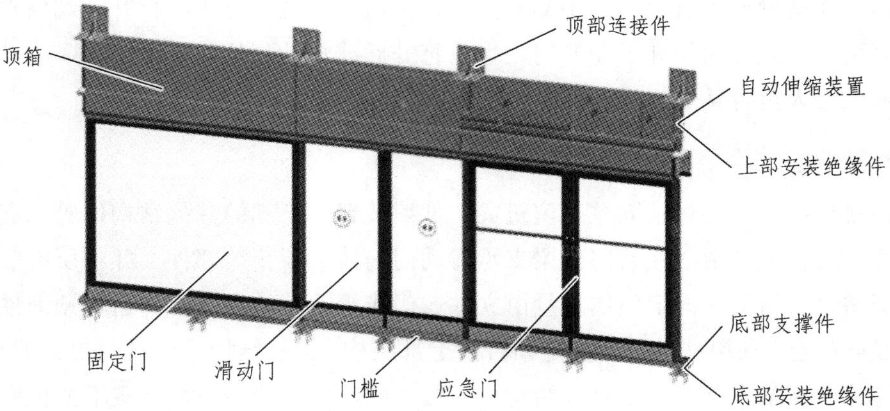

图 4.11　门体组成

1. 滑动门（ASD）

常见的站台每侧设有 24 道或 30 道滑动门与 6 辆编组的车辆相对应。当列车正常到站后，与列车门对应的滑动门打开，以方便乘客上下车。

当滑动门关门受阻时，门操作机构能检测障碍物的存在，释放关门力，停顿 2 s 后门全开，再关门，重复关门 3 次门仍不能关闭，则滑动门全开并报警。紧急情况时，乘客可从轨道侧手动开门，工作人员可从站台侧用钥匙手动操作滑动门开门。

滑动门关闭时可作为车站站台公共区与轨道区域的屏障；打开时，为乘客提供上、下列车的通道；也可作为在车站轨道区域发生火灾或故障时乘客的疏散通道。

滑动门可以由乘务员在站台侧或乘客在轨道侧手动打开。

滑动门设有锁紧装置和障碍物探测两种安全装置。

滑动门由金属门框、钢化玻璃、导靴、悬挂组件构成。

2. 固定门（FIX）

固定门设置在滑动门、应急门、端门之间，不能打开。在满足门体结构的刚度、强度下，为提高通透效果，采用整体化玻璃门，直接固定安装在钢架结构上。

3. 应急门（EED）

应急门是紧急情况下乘客的疏散通道。理论上，出现紧急事故时，应急门安装越多，乘客的逃生通道也越多，站台门系统的安全度越高。由于应急疏散门的密封性要远小于固定门，过多的应急门会影响整个站台门系统的密封性。到目前为止，站台每侧安装应急门装置一般不超过 6 道。

4. 端　门

端门位于站台的两个端头，垂直于站台边线，设在列车司机门和建筑墙之间，将站台区与隧道区分隔开。一般情况下，端门是乘务人员、站台工作人员和司机的出入通道，当出现紧急事故时，也可以作为乘客的紧急逃生通道。从外形、原理来看，端门与应急门装置极为相似。端门上轨道侧设置有横向的手动开门推杆，压开门推杆可将门打开。端门在站台侧设有门锁，可由工作人员用钥匙手动开门。端门打开后能自动复位至关闭。

站务或维修人员可从端门进入站台设备区和区间隧道。

5.梁柱结构

站台门梁柱结构主要包括立柱、门机梁、伸缩装置、上部的其他结构件等。底部支撑结合顶部侧装方式，主要由立柱、门机梁支承滑动门门体、顶箱等部件，并将所有竖直方向的负载传递至站台板结构。固定门体重量由立柱、门槛承重。站台门上部通过预埋件及连接杆件与站厅底梁相连，利用站台顶梁固定站台门上部结构。梁柱结构是站台门单元的承重结构、通过上部与站台顶梁、下部与站台板结构相连接达到整个结构在环境负载下的稳定。

6.顶 箱

顶箱由顶箱活动前盖板、门机梁、顶箱固定前盖板、顶箱后盖板等组成，内部设置有门单元驱动机构、门锁装置、门机控制器（DCU）、端子排、导轨、滑轮装置、门机梁等部件。顶箱对上述部件起密封保护作用，如图 4.12 所示。顶箱固定前盖板、活动前盖板、门机梁，顶箱后盖板形成密封顶箱内腔。

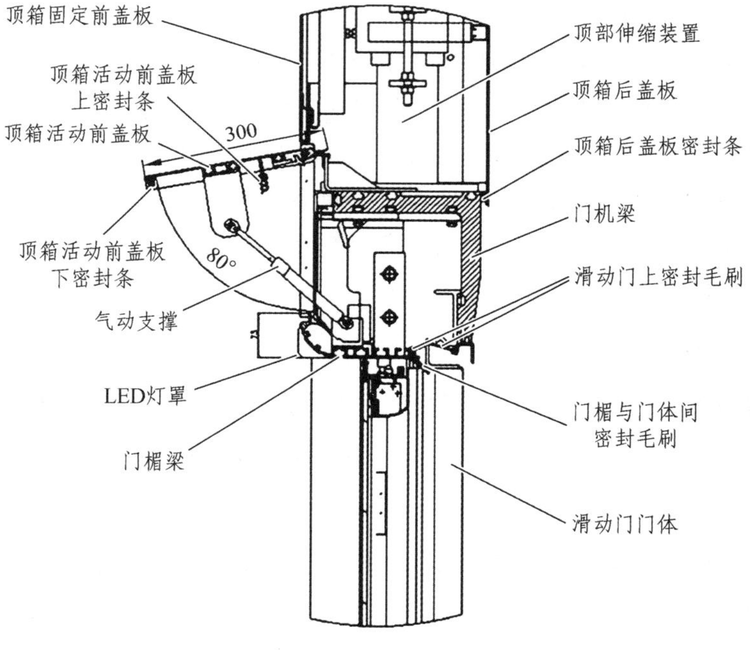

图 4.12　顶箱结构

（三）电 源

站台门系统供电电源由驱动电源不间断电源系统（以下简称驱动 UPS）、控制电源不间断电源系统（以下简称控制 UPS）、驱动配电屏、控制电源配电屏和变压器以及各个门机单元内的门单元就地供电单元（LPSU）等组成，如图 4.13 所示。

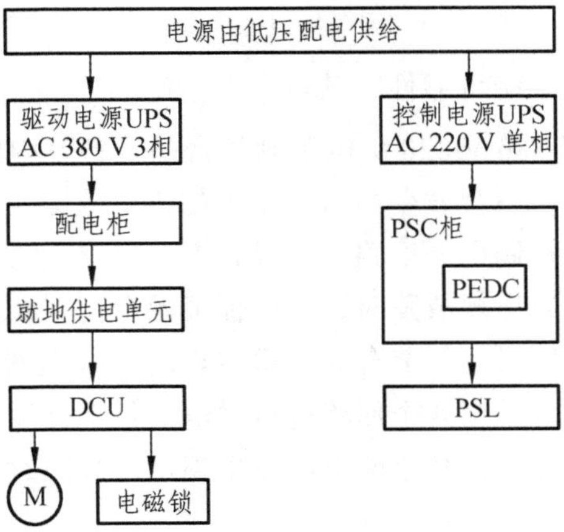

图 4.13　站台门电源系统组成

1. 配电系统

配电系统含驱动电源、控制电源，主要包含隔离变压器、整流设备、UPS、开关、断路器等模块。

站台门系统驱动电源、控制电源为一级负荷。

驱动电源、控制电源应配置不间断电源 UPS。驱动电源用 UPS 蓄电池组的容量应可以保证该车站每侧站台门的滑动门开/关 5 次；控制电源 UPS 所配置的蓄电池组的容量应可以保证该车站站台门系统控制设备正常工作 60 min。

供电电源的电压波动范围应在±10%以内，频率波动范围应在±5%以内。电源主要由隔离变压器、整流设备、UPS、开关、断路器等模块组成。

2. 配电模式

低压配电专业馈出两路 380 V/220 V 电源至站台门设备房内的电源自动切换箱，站台门专业从切换箱出线端子引出自己所需要的用电回路。经过 UPS、隔离变压器等电气元件送电至就地供电单元（LPSU）。根据现有潜在的供货商的工程经验来看，站台门门机的供电方式主要有两种方案：

（1）380 V/220 V 交流供电，至每个门机后再进行降压、整流的分散处理。

（2）在设备房内集中整流至 DC 110 V，以直流方式供电至每个门机。若以直流方式进行配电，则变压、整流等装置须在送出设备房之前，需对供电回流的三相均进行整流、调压，然后以 110 V 直流方式送至每个门机。若以交流方式配电，则整流、降压在每个门机内处理。

站台门系统负载均采用了直流电机，只是在整流、降压的物理位置不同，有分散整流及集中整流两种方案。分散整流降压方案由站台门设备房至门机的供电电压为 380 V/220 V 三相四线（带 PE 线）制，集中整流降压方案由站台门设备房至每个门机的供电电压为 DC 110 V。每个系统的设备选择在应用过程中不断改进各自的设计，使得供货商系统的设计、产品的设计中都有各自的特点。地铁要求满足国际电磁兼容规范（EMC）的相关标准。它们的产品均可以满足地铁设计中站台门系统的用电质量及其他需求。

3. 电源系统性能要求

站台门系统电源应满足系统可靠性，其可靠性措施如下：

低压配电专业提供两路 380 V/220 V 电源到站台门设备室内的自动切换箱，以保证供电线路中的其中一路出现故障，不会发生站台门系统的供电故障。

站台门系统驱动电源及控制电源回路中均设置 UPS 及蓄电池组组成的不间断电源，在供电系统的两路电源进行切换或出现故障时，可以保证站台门系统正常工作。

站台门的 4 道滑动门分别对应每节车厢 4 道乘客门，24 道滑动门共对应 6 节车厢；终端供电回路采用交叉供电方式。采用 4 个回路进行供电，每个终端回路包括每节车厢所对应的其中一道滑动门。这样可以保证在某个配电回路出现供电故障时，只影响每节车厢其中一个乘客门。

站台门配电系统的电缆还应满足 EN61000-4-8：2010 中电磁兼容性（EMC）的要求，以提高供电可靠性及稳定性。

低压配电系统配置的容量能够满足本系统设备的需求。

（四）控制系统

控制系统主要由中央控制盘（PSC）、监控主机、逻辑控制单元、门控单元（DCU）、就地控制盘（PSL）、控制局域网络、监视、故障报警装置以及网间通信协议转换器、通信介质及通信接口模块组成。

站台门系统的控制采用现场总线（CAN、Lonworks、RS 485 等）来实现 PSC 与被控 DCU 进行通信。PSC 属于整个控制系统的主设备，能够监视每个门控单元（DCU）的状态。DCU 作为现场设备，可以对门单元的执行机构进行控制，可以采集门单元的每个传感器所处状态，从而可以判断门体所处位置。通过控制局域网可实现对站台门的基本控制、参数修改、报警、监视等综合自动化功能。

根据站台门系统设置特性，每个门状态信息采用总线型的控制局域网进行传输。网络协议应采用标准通用、开放的通信协议，并方便与其他专业进行接口。中央接口盘 PSC 作为站台门的监控主机，DCU 作为网络节点。总线上其中一个节点设备发生故障时，其他网络结点不会受影响。

除采用现场总线作为网络的高速公用总线外，也采用部分点对点的通信线路进行命令及响应的传输。对于一些关键信号，如在 PSC 与信号系统间、PSC 与 PSL 间以及 PSC 与各个 DCU 之间关键信号的传送，都采用点对点的硬线控制信号。控制系统采用 RAMS（可靠性、可用性、可维护性、安全性）技术及模块化设计原则，每一个控制子系统由每侧站台门的 DCU 及 PEDC、PSL 组成。

三、站台门系统的功能

站台门系统能防止乘客掉下站台，减小噪声及活塞风对站台候车乘客的影响，改善乘客候车环境的舒适度，为轨道交通实现无人驾驶奠定了技术基础。同时，地下车站封闭式高站台门系统能够节省夏天站台通风空调系统的运营能耗。

（一）控制系统的功能

1. PSC 的功能

PSC 是整个控制系统的核心单元，主要由单元控制器、监控主机等控制系统设备及外围接口组成，是整个系统对外、对内的控制枢纽。PSC 作为站台门控制局域网中央处理单元，与每个门控单元进行通信，并且可通过监控对每个门单元上传或下载信息。负责整个网络的控制和监视整个系统的工作过程，实现系统内部信息的采集、传输、汇总和分析并实现系统内部 PSL、监视装置和 DCU 各单元之间以及与综合监控系统或信号系统之间的信息交换。同时，PSC 也包括站台门系统与其他系统提供接口模块。

2. DCU 的功能

DCU 的主要功能是执行来自 PSC、PSL、车站控制室综合备份盘（IBP）的控制命令。控制门体按照预先设定的运动曲线进行启动、减速或制动，并可以通过传感装置接收站台门滑动门的运动速度、行程及门锁上的开/关状态信息，DCU 可以将收集的信息进行分类综合，并发送给 PSC 或电机的控制回路。

3. 就地控制盘（PSL）的功能

全自动运行模式下，车站每侧站台的出站端门处与站台公共区适当位置均设置 PSL，操作界面面向站台。当信号系统或其他别的原因导致系统级控制失效时，由人工进行就地控制，利用 PSL 设备向 DCU 发送命令，以实现站台门的就地级控制。另外，PSL 可对站台门系统与信号系统之间的互锁进行解除或恢复。

站台门 PSL 应绝缘安装。

（二）系统的监视功能

（1）通过设置的控制局域网，可以在中央接口盘及门控单元上集中或单独进行软件下载、参数修改、故障及状态的查询等。

（2）在中央接口盘内可对就地控制盘、电源、控制局域网、电机以及每个 DCU 的状态进行实时监视。

（3）系统设置有与信号系统间的接口模块，并能准确执行相关命令。通过设置与综合监控系统间的接口，可以将站台设备、设备房设备的状态信息、故障信息等上传至智慧车站的综合运管平台（ISCS-SOM），并可以与综合监控系统进行其他通信功能。

（4）每个控制子系统可以以车站为单位与以太网进行互联。

任务二　站台门控制及运营模式

站台门系统的控制模式设置有系统级、站台级、人工操作（或称手动操作）三种正常控制模式及火灾控制模式。系统级控制模式是指站台门控制系统执行信号系统命令的运行模式；

站台级控制模式是指执行站台门站台级操作盘（PSL）发出命令的控制模式；手动操作控制模式是指站台工作人员在站台侧用专用钥匙解锁或由乘客在轨道侧推动解锁装置打开滑动门。站台门系统火灾控制模式是指根据环控系统模式要求，车站值班人员在车站控制室操作车站综合备用盘操作站台门紧急控制开关，配合打开滑动门，配合环控系统排烟。上述模式的控制优先权从高到低，依次为人工操作（或称手动操作）模式、火灾控制模式、站台级控制模式、系统级控制模式。

一、控制系统

站台门控制系统由以下几个主要部分构成：中央控制盘（包括逻辑控制单元及状态监视单元）PSC、就地控制盘（PSL）、门控单元（DCU）组、通信介质及通信接口等设备，同时每道滑动门还设置一个就地控制盒（LCB）。安全门系统配置与信号系统、就地控制盘（PSL）、车控室 IBP 盘、BAS 系统等相关设备的接口，实现对安全门的开/关门控制，采集安全门系统的信息、状态、报警故障，并将其传输至相关系统。控制系统构成如图 4.14 所示。控制系统包括控制子系统和监视子系统。

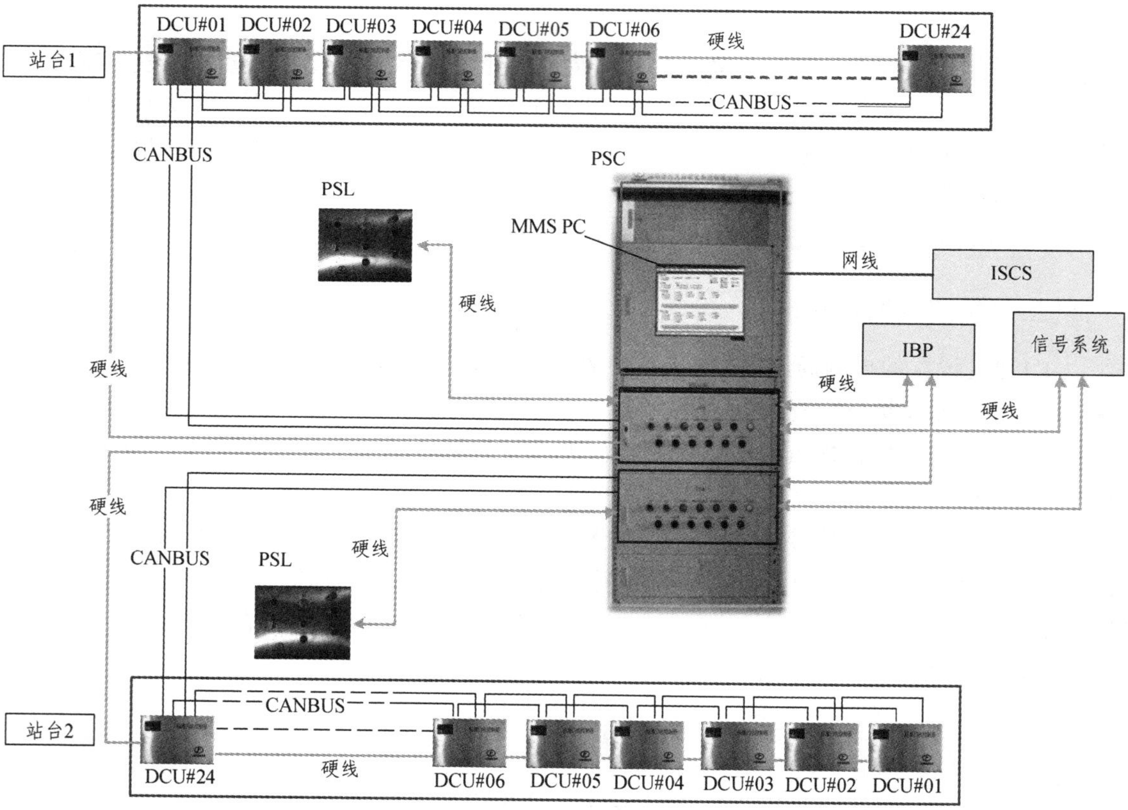

图 4.14　控制系统结构

（一）控制子系统

站台门控制系统具有系统级控制、站台级控制和手动操作三级控制方式。三种控制方式中以手动操作优先级最高，系统级最低。

1. 系统级控制

系统级控制是在正常运行模式下，由信号系统直接对全高安全门进行控制的方式。

在系统级控制方式下，列车到站并停在允许的误差范围内时，信号系统向全高安全门发送开/关门命令，控制命令经通信系统发送至全高安全门中央控制盘，中央控制盘通过 DCU 对滑动门开/关进行实时控制，实现全高安全门的系统级控制操作。

1）开门操作

信号系统确认列车停在允许范围内时，向全高安全门控制系统发出开门命令到中央控制盘。中央控制盘通过硬线安全回路向门控单元 DCU 发送开门的命令，开门过程中顶箱指示灯闪烁，开门到位时门状态指示灯点亮。中央控制盘面板上开门状态指示灯显示绿色。

2）关门操作

列车即将离站时，信号系统发出关门命令到中央控制盘，中央控制盘通过硬线的安全回路 DCU 发送关门命令，整列滑动门动作关闭，关门过程中顶箱指示灯闪烁，中央控制盘面板上开门状态指示灯熄灭。门关闭并锁紧后顶箱上指示灯熄灭，中央控制盘通过向信号系统反馈门锁闭信号，信号系统收到全高安全门锁闭信号后，列车离站。

3）列车乘客门与全高安全门开关的先后顺序

全高安全门的滑动门与列车车门开门时，按照信号系统的开门命令自动开门；关门时，按照信号系统的关门命令自动关门，全高安全门系统与信号系统进行配合。

2. 站台级控制

站台级控制是由列车司机或站务人员在站台 PSL 上对全高安全门进行开/关门的控制方式。当系统级控制不能正常实现时，如通信故障、中央控制盘对 DCU 控制失败等故障状态下，列车司机或站务人员可以在 PSL 上进行开门、关门操作，实现全高安全门的站台级控制操作。

1）开门操作

列车司机或站务人员用钥匙开关打开 PSL 上的操作允许开关，此时 PSC 及 PSL 面板上“PSL 操作允许指示灯”点亮；列车司机或站务人员在 PSL 发出开门命令，全高安全门开始打开，中央控制盘面板上的开门状态指示灯点亮。

2）关门操作

列车司机或站务人员在 PSL 上打开操作允许开关后发出关门命令，PSL 上操作允许指示灯点亮，全高安全门开始关闭，PSL 上开门状态指示灯熄灭。当全高安全门全部锁闭后，PSL/中央控制盘面板上所有门关闭且锁紧指示灯点亮。列车司机或站务人员用钥匙开关关闭 PSL 上的操作允许开关，此时中央控制盘面板上的“PSL 操作允许指示灯”熄灭。

3）门关闭后无法发车

当全高安全门全部关闭，但因锁闭信号丢失或信号系统无法确认门是否锁闭而不能发车时，由列车驾驶员或站务人员用钥匙操作 PSL 上的互锁解除开关，使其处于“互锁解除”位，进行互锁解除操作。

3. 手动操作级控制

手动操作是由站台人员或乘客对全高安全门进行的操作。当控制系统电源故障或个别全高安全门操作机构发生故障时，站台工作人员在站台侧用钥匙或乘客在轨道侧用开门把手打开全高安全门。此时，中央控制盘上的“手动操作”状态指示灯点亮。

4. 火灾模式操作

火灾发生时，工作人员可以在车控室的 IBP 盘上操作全高安全门应急开关打开全高安全门，配合站台火灾排烟模式需要。应急功能包括通过硬线方式开启全高安全门、反馈每侧全高安全门的状态两项功能。并且，门开启状态通过指示灯在 IBP 盘上显示出来。

火灾模式开启功能优先级是最高优先级控制。

（二）监视子系统

监视子系统由中央接口盘、DCU 单元、现场总线控制局域网络组成。控制局域网采用 CAN 总线型、开放式、标准通信协议的局域网络。DCU 作为网络节点挂接在总线上、作为网络节点的各设备，监控主机作为整个监视系统中的主设备，能够采集并发送门状态信息及各种故障信息给相关系统。

网络实施方案如下所述。网络拓扑结构如图 4.15 所示。

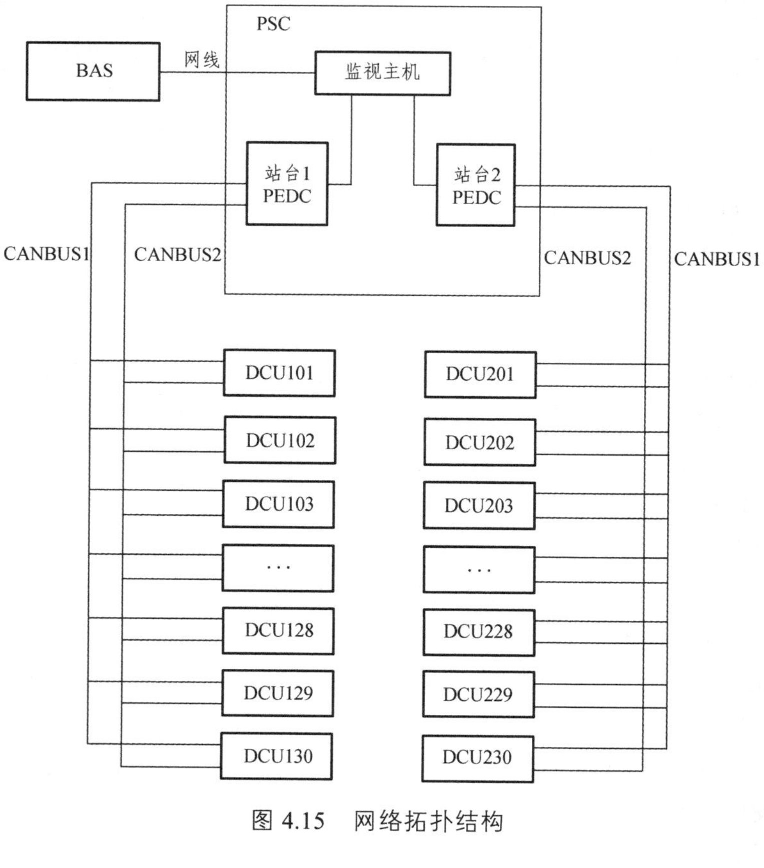

图 4.15　网络拓扑结构

二、电气部件

（一）中央控制盘（PSC）

1. 结构组成

（1）每个站配置一台 PSC，安装在安全门设备室，包括监视主机、两套逻辑控制单元 PEDC、与信号系统/BAS 系统的接口装置、接线端子排、布电缆的线槽、PSC 面板的相关状态指示灯等。

（2）中央控制盘 PSC 盘体外形如图 4.16 所示。

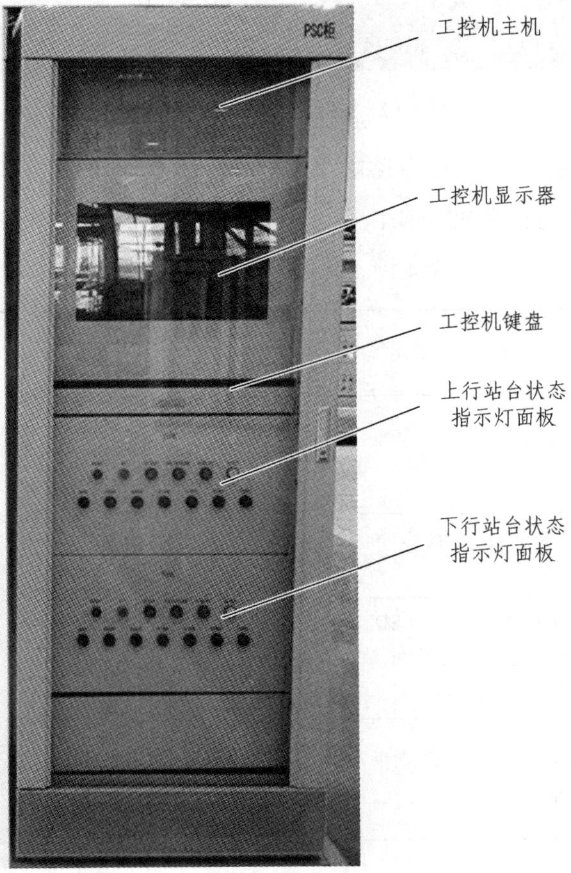

图 4.16　中央控制盘 PSC

（3）PSC 通过 CAN 总线及硬线电路负责采集和监控电源系统、PSC 内部以及上/下行侧各个门控单元的各类信息，并通过网线（RJ45）向 BAS 提供相关信息。

（4）PSC 盘面上显示上下行状态指示，分别为故障复位、试灯指示、开门状态指示、所有门关闭且锁紧指示、PSL 操作允许指示、PEDC 状态指示、蜂鸣器、总线故障指示、开门故障指示、关门故障指示、互锁解除指示、手动操作指示等。其具体状态指示如图 4.17 所示。

（5）PEDC 作为监视主机与当前站台侧各门机间的通信中枢，实时采集对应站台侧各门机的各类信息并传送给监视主机（包括门机实时状态信息、速度位移曲线信息、DCU 参数信息等）；接收监视主机下载的门机参数信息并传送给指定的门机；接收、保存由监视主机下载的 PEDC 参数。接收来自信号系统、PSL、IBP 的开关门命令信息，对这些信息做逻辑运算后向当前侧各门机输出开关门指令，并将所有门是否关闭且锁紧状态信息发送给信号系统。

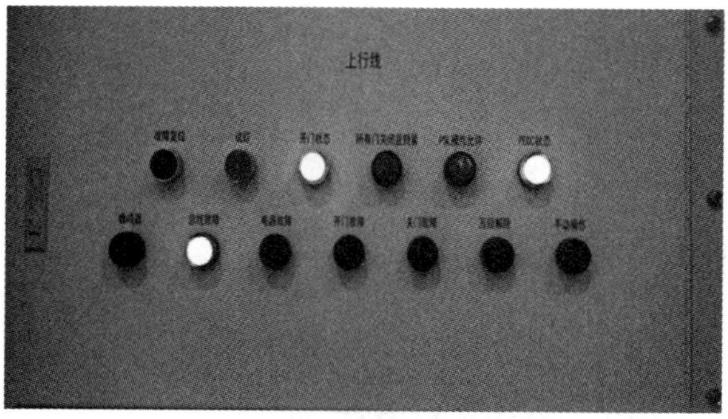

图 4.17 PSC 柜上下行状态指示

2. 单侧的监视面板元件及状态说明

监视面板元件及状态说明见表 4.1。

表 4.1 PSC 面板元件指示说明

序号	元件类别	信号标签或签名	元件颜色	ON 状态含义	OFF 状态含义
1	指示灯	开门状态指示灯	绿色	开门命令正在执行	当未启动开门命令或 PSC 已收到关门信号
2	指示灯	PSL 操作允许状态指示灯	绿色	PSL 开关门功能被激活	PSL 开关门功能未激活
3	指示灯	ASD（滑动门）/EED（应急门）全关闭并锁紧状态指示灯	绿色	所有滑动门和应急门都关闭且锁紧	任一滑动门或应急门未锁紧或已打开
4	指示灯	ASD/EED 互锁解除报警指示灯	红色	PSL 互锁解除钥匙开关被激活，互锁解除旁路被接通	互锁解除旁路处于断开状态
5	指示灯	开门故障指示灯	红色	开门过程出现异常，门无法正常打开	开门过程无异常
6	指示灯	关门故障指示灯	红色	关门过程出现异常，门无法正常关闭	关门过程无异常
7	指示灯	现场总线故障指示灯	红色	任一 DCU 总线连接回路超时	各 DCU 总线连接正常
8	指示灯	PSC 供电电源故障指示灯	红色	供电电源发生故障	供电电源运行正常

续表

序号	元件类别	信号标签或签名	元件颜色	ON 状态含义	OFF 状态含义
9	带灯按钮（自复位型）	故障复归按钮指示灯	绿色	1.系统故障时指示灯亮 2.按下按钮时指示灯灭	初始状态
10	按钮（自复位型）	PSC 盘面灯测试按钮	绿色	按下该按钮，PSC 盘面所有指示灯点亮	释放该按钮，PSC 盘面所有指示灯按正常输出
11	指示灯	手动操作指示灯	橙色	手动操作 ASD	没有手动操作 ASD

（二）门控单元（DCU）

1. DCU 的组成

（1）DCU 是滑动门电机的监控装置，每对滑动门单元均配置一个 DCU，并安装在门体上部的顶箱内。DCU 由 CPU 组、存储单元、接口单元及相关软件等组成，DCU 是门机控制的核心部件，其硬件对外控制示意如图 4.18 所示。

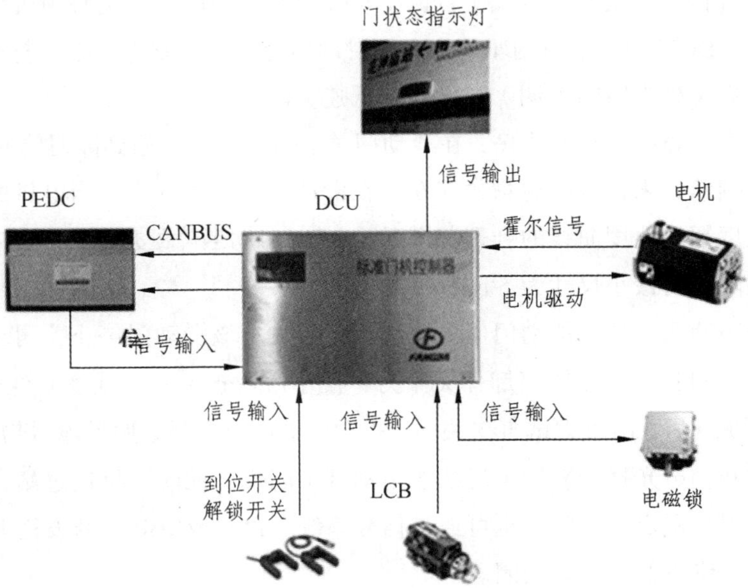

图 4.18　DCU 对外控制示意图

门控单元对电机控制的运行原理如下：

电机采用 DCU 控制的工作模式。左右滑动门由一个 DCU 控制，DCU 在收到 PSC 发出的开关门信号后，控制滑动门的开启和关闭。

如图 4.19 所示，直流无刷电机控制方式采用 6 步长控制原理，使用三相 PWM 控制技术控制电压实现调速，滑动门的开/关门运动分别对应电机绕组与霍尔传感器之间的顺时针逻辑时序和逆时针逻辑时序。

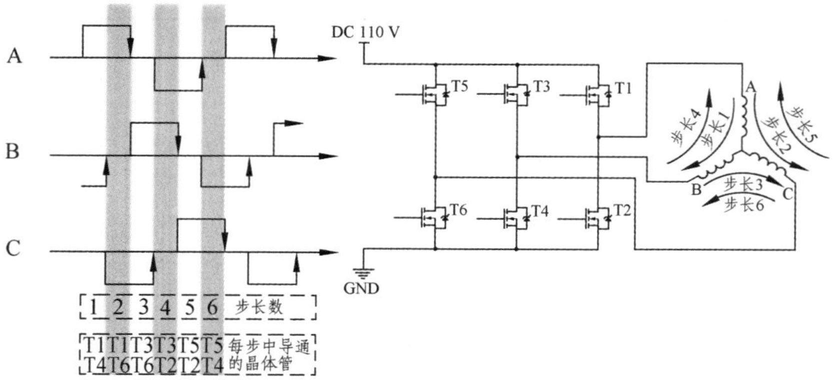

图 4.19　直流无刷电动机原理框图和 6 步长驱动模式

DCU 通过接收开门、关门、手动解锁等信号，控制电机打开或关闭滑动门，具体的控制过程如下：

①开门过程：当 DCU 接收到开门命令后，DCU 执行开门程序，滑动门打开到位。

②关门过程：当 DCU 接收到关门命令后，DCU 执行关门程序，滑动门关闭到位。

③手动解锁过程：当从轨道侧或站台侧手动开启滑动门时，手动解锁机构解锁到位，手动解锁开关闭合，DCU 卸掉电机的驱动力，使滑动门处于自由状态，手动打开滑动门，经过一定的延迟时间后（延迟时间可调），滑动门低速关闭且锁定。

④在关门过程中障碍物检测程序：在滑动门关门过程中，当遇到障碍物时，DCU 通过电流与速度的联合判断，来检测障碍物的存在。在滑动门关门过程中，当电机的驱动电流超过正常的范围或速度超出速度曲线的合理范围时，DCU 启动遇障处理程序，进行障碍物检测。滑动门能探测到障碍物最小尺寸为 5 mm（厚）。

在滑动门关闭期间，如果滑动门门扇探测到障碍物，该滑动门停止关闭（其他滑动门继续关闭）。该滑动门打开一定距离卸掉夹紧力，便于解脱被夹的人或物。经过 2 s 延迟等待（在 0 ~ 10 s 内可调）后，门将尝试再次关闭。在尝试关闭三次后，如果障碍物还没有被清除，滑动门会全部打开，声光报警装置（门状态指示灯）闪烁。此时，可通过站台工作人员排除障碍物，手动关闭且锁定滑动门，也可通过信号系统、PSL 或 IBP 重新发送开门命令，然后发送关门命令，门将以低速自动关闭。

（2）DCU 配置自动/隔离/手动关/手动开转换开关的控制输入接口。

DCU 配置门状态指示灯。DCU 配置 CAN 总线接口，且该接口为两个冗余接口，分别与两条通信总线相连，构成冗余的通信网络，当一路总线发生通信故障时，系统自动切换到另外一路，使整个系统的通信正常进行。

DCU 配置用于开/关门命令的接口。图 4.20 所示为 DCU 结构及控制指示。

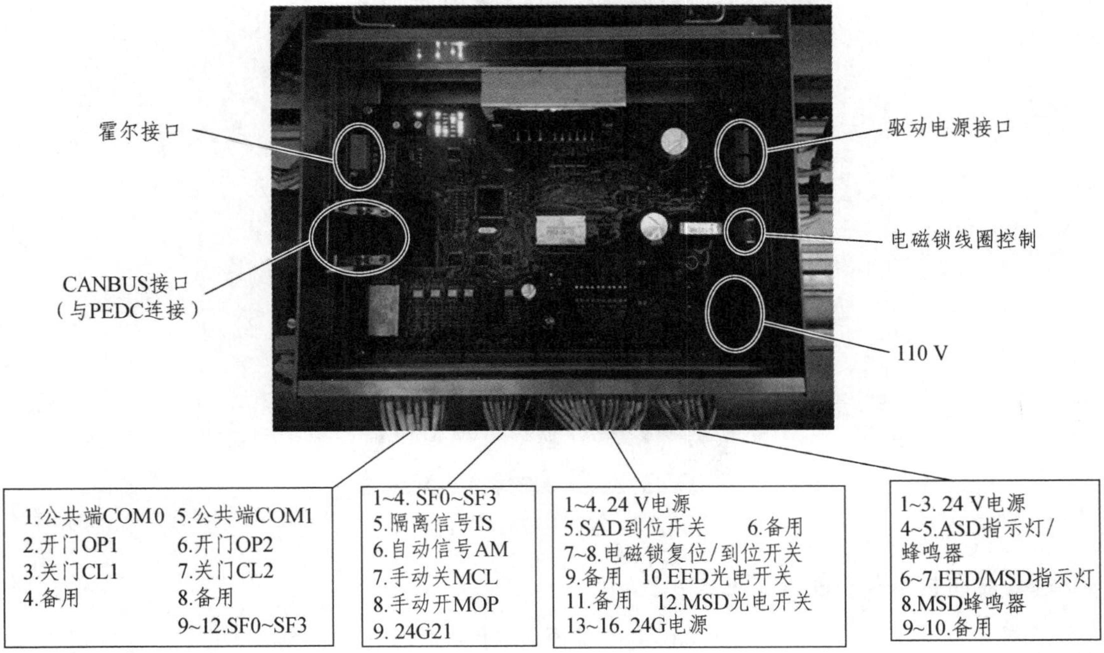

图 4.20　D20CU 内部结构及接线控制指示

2. DCU 主要功能

（1）执行 PSC 发来的控制命令。DCU 接到 PSC 柜发来的指令后通过内部逻辑顺序控制各个执行件的动作。

（2）能够采集并发送门状态信息及各种故障信息。

（3）通过 DCU 内设置的编程/调试接口，可进行重新编程和参数的重新设置。

（4）DCU 具有抗电磁干扰能力。

（5）DCU 能对门状态指示灯进行正确控制，包括灯的状态指示：闪、常亮、常灭。

（6）每个 DCU 都有区别于其他 DCU 设备的地址。该地址由安装在 DCU 电路板上的拨码 ID 开关定义，易于操作。

（7）DCU 启动后进行自诊断，通过 CPU 来实现信息的采集、判断并进行智能化的控制，完全满足地铁运行的要求。通过 LED 指示灯来显示安全门传感器等的当前状态。

（三）就地控制盘（PSL）

（1）当信号系统不能正常控制安全门的开/关，驾驶员或站务人员可以操作 PSL 实现安全门的站台级控制。每侧站台分别设置一套 PSL，安装于列车出站端端门立柱上。PSL 的盘面如图 4.21 所示。

图 4.21　就地控制盘（PSL）

PSL 盘面状态及功能说明见表 4.2。

表 4.2　PSL 盘面状态及功能说明

元件名称	状态	功能描述
所有 ASD/EED 关闭且锁紧指示灯	亮（绿色）	当“所有 ASD/EED 已关闭且锁紧”信号被确认，此时安全回路接通
	熄灭	当“所有 ASD/EED 已关闭”信号失去，此时安全回路断开
ASD/EED 互锁解除指示灯	熄灭	初始状态（此时安全回路旁路为断开状态）
	亮（红色）	安全回路旁路被接通指示
ASD 开门状态指示灯	亮（红色）	开门命令正在执行
	熄灭	当未启动开门命令或 PSC 已接收到关门信号
开门按钮	红色	打开整侧门，PSL 操作允许打到“允许”位时此按钮操作有效
关门按钮	绿色	关闭整侧门，PSL 操作允许打到“允许”位时此按钮操作有效
指示灯测试按钮	关（OFF）	初始状态，不控制指示灯检测
	开（ON）	当该被按下时，PSL 所有指示灯均被点亮，用于指示灯检测
PSL 操作允许钥匙开关（2 位自保持型，钥匙仅可在禁止位拔出）	禁止位	当前 PSL 控制开关门功能未被启用，此位钥匙可被拔出
	允许位	当前 PSL 控制开关门功能被启用
PSL 操作允许指示灯	绿色	PSL 操作允许时，此灯点亮
互锁解除钥匙开关（2 位自复位型，钥匙仅可在 OFF 位拔出）	禁止位（关）	初始状态（此时安全回路旁路为断开状态）
	互锁解除位（开）	安全回路旁路被接通

（2）PSL 具有抗振、防尘、防潮及抗电磁干扰要求，并满足地铁环境要求，防护等级为 IP55。

（3）PSL 的操作优先级别高于系统级控制，且监控主机的损坏不会影响 PSL 进行开/关等相关操作。

（四）就地控制盒（LCB）

就地控制盒即状态转换开关，安装在每个滑动门的顶箱里，钥匙口外露。当站台上的个别滑动门发生故障无法自动打开或需要检修时，站台工作人员可以用就地控制盒对滑动门进行开/关门操作，此时信号系统对该道门不起控制作用。

LCB 功能采用带钥匙的四位开关实现，开关各位顺时针依次为隔离、自动、手动关、手动开。只有经授权的站务人员可以拿钥匙操作 LCB，如图 4.22 所示。

图 4.22　LCB 模式转换开关

LCB 各挡位说明见表 4.3。

表 4.3　LCB 挡位操作说明

挡位	说明
隔离挡位	门控单元不接收外部命令
自动挡位	门控单元仅接收来自 PSC 的开关门命令（包括来自 IBP、PSL、SIG 的命令）
手动关挡位	手动控制当前滑动门关闭
手动开挡位	手动控制当前滑动门打开

单道门安全回路根据 LCB 所在挡位决定，LCB 在各挡位，本道门安全回路规则，见表 4.4。

表 4.4　LCB 各挡位安全回路状态

LCB 模式凸轮开关	本道门安全回路
隔离挡位	实时真实反映 ASD/EED 的状态
自动挡位	实时真实反映 ASD/EED 的状态
手动关挡位	本道门安全回路被旁路接通
手动开挡位	本道门安全回路被旁路接通

（五）声光报警装置

（1）每个滑动门单元上方顶箱均配置一个门状态指示灯，并设置蜂鸣器，便于乘客和工作人员直观地观察滑动门的状态，如图 4.23 所示。

图 4.23　声光报警装置

指示灯的亮灯规则见表 4.5。

表 4.5　声光报警指示

	自动模式	维修模式	隔离模式
开门过程中	闪烁	闪烁	常亮
开门到位	常亮	常亮	常亮
关门过程中	闪烁	闪烁	常亮
门关闭且锁定	熄灭	常亮	常亮
开门遇障	闪烁	闪烁	常亮
关门遇障	闪烁	闪烁	常亮
初始化状态	闪烁	闪烁	常亮
手动解锁中	闪烁	闪烁	常亮
门机故障时	闪烁	闪烁	常亮

应急门没有设置专门的门状态指示灯，其锁紧和解锁状态通过相邻的滑动门状态指示灯显示出来。应急门打开时，指示灯常亮。

（2）端门单元上方顶箱配置一个门状态指示灯，便于乘客和工作人员直观地观察端门的状态。当端门打开时，指示灯常亮。

（3）滑动门蜂鸣器在故障、应急门打开、端门打开超时（120 s）后响起，其他状态和操作时不响。

三、系统的运营模式

（一）正常运营模式

（1）当列车离开车站后且没列车停靠站台时，信号系统一直保持“关门”命令的信号，站台门保持关闭且锁紧状态。

（2）有列车停靠站台时，ATC 发送“开门”命令经信号系统信道传送到站台门系统单元控制器 PEDC，经过 PEDC 处理后的开门命令发送到门控单元（DCU），站台门开始打开。

（3）当站台门处于全开状态时，“开门” 及“允许”命令的信号保持，站台门保持全开状态。

（4）当列车要驶离站台时，信号系统发送“关门”命令，开门命令同时消失，站台门关门至锁闭状态。在关闭过程中，“关门”命令的信号一直保持。

（5）站台门关好以后，通过 PEDC 向信号系统发送“关闭并锁紧”的关键信号，信号系统收到站台门的“关闭并锁紧”信号后，可以控制列车发车。

（6）站台门系统的系统级、站台级及手动控制三种控制模式中，手动优先级最高，系统级控制优先级最低。

（二）故障运营模式

（1）当个别滑动门或列车门故障，实现自动对位隔离，使得对应的列车门或滑动门不参与开、关门动作。

（2）系统故障导致在列车发车或列车进站时站台门无法进行锁闭或信号系统收不到锁闭信息，此时需要人工进行干预。

（3）系统级控制失效导致站台门打开失败，站务人员可以操作 PSL 打开/关闭站台门。

（4）列车到站，系统级及站台级控制均打不开站台门的情况下，站务人员可以在站台侧用钥匙手动打开站台门或轨道侧乘客可以用手动操作把手打开站台门。

（5）站务人员可以操作 PSL 进行站台门系统与信号系统的互锁解除。

（三）火灾运营模式

在车站火灾状态下，可打开站台门，实现紧急状态下乘客的快速疏散。

在区间阻塞/火灾状况下，可通过打开滑动门、应急门及端门辅助区间乘客的疏散。

（四）站台门的关门运行模式

站台门与列车车门的关门运营模式有三种：同时关闭、车门早于站台门关闭、车门晚于站台门关闭。站台门开/关门行程为 950 mm，车门开/关门行程为 650 mm。为了充分利用列车停站的有限时间，推荐在关门时，采用车门与站台门同时关闭或车门晚于站台门关闭的运营模式。

（五）管理维修模式

（1）站台门的管理以车站管理为主，同时站台门的运营状态及历史故障等通过车站综合监控系统送中央级计算机。车站站台门值班人员设在车站控制室，当站台门故障有报警信息时，值班人员应查清故障原因，并做出紧急处理。

（2）站务人员只对出现的故障进行安全性处理，遇到技术故障应由站台门专业维修人员解决。当站台门系统的故障现场不能即时清除的情况下，可以在下班以后由专业工程师进行维修。

（3）就地控制盘（PSL）设置在站台层设备区，车站内特定的值班人员有权操作就地控制盘（PSL）。

（4）设备运营状态由综合监控系统进行监视，出现故障，由车站统一派人进行处理。

任务三　站台门系统与其他系统的接口

站台门系统的接口涉及土建、低压配电、就地控制系统（EMCS）/主控系统（MCS）、信号系统接口。

一、站台门系统与土建的接口

站台门系统与土建的接口界面在车站站台的结构顶板和站台板上，接口内容如下：

站台门在站台上安装时，站台上顶板设置有结构顶梁，站台门上部与站台顶梁预埋件或挂件相连接，下部支座与车站站台板预埋钢板相固定或利用预留孔固定。安全门下部通常利用站台板预埋钢板固定，上部不固定。当站台门跨越土建伸缩缝时，站台门门体结构需做相应可调设计，以便适应调节。

站台门轨侧外轮廓线距轨道中心线、安全门轨侧外轮廓线距轨道中心线的距离应满足限界要求。

站台门顶箱盖板通常设计有导向信息内容，兼作车站导向板。站台门顶箱灯带兼作车站照明。

二、站台门系统与信号系统的接口

（一）概　述

站台门门系统与信号系统之间基本的接口与分界点如图 4.24 所示。

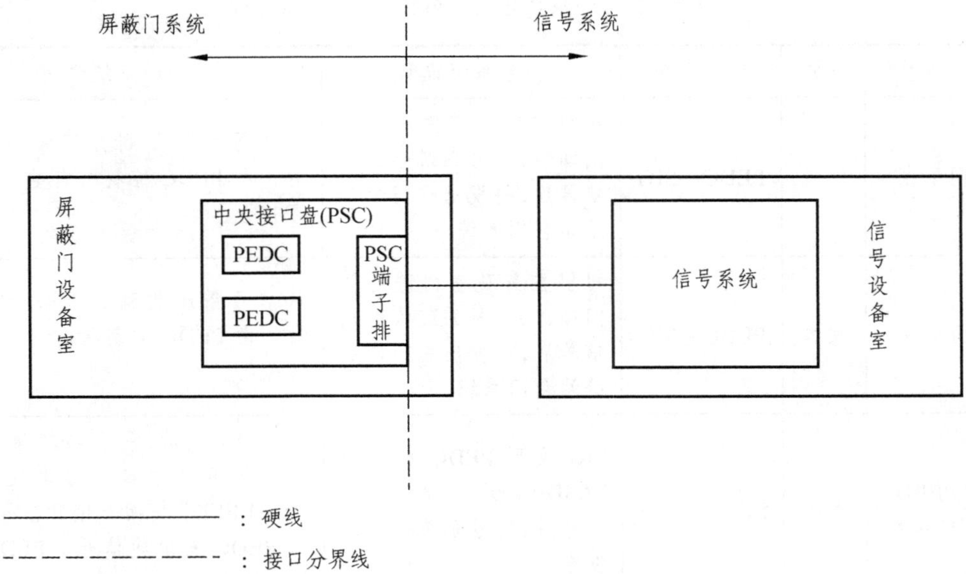

图 4.24　站台门系统与信号系统之间基本的接口与分界点

站台门专业与信号系统专业之间的界面说明如下：

（1）分界点。在站台门设备室的 PSC 端子排。

（2）功能要求。信号系统为站台门系统提供站台门开/关控制信号，站台门系统向信号系统提供门状态信息。

（二）物理接口

（1）站台门系统和信号系统物理接口的范围见表 4.6。

（2）接口的物理连接采用继电器方式，并采用接点方式与信号系统接口。

表 4.6　站台门系统和信号系统物理接口

接口位置	站台门系统	信号系统	接口类型	接口效用
在站台门设备室内	中央接口盘 PSC 端子排	控制电缆从信号设备室 SER 引至站台门设备室 PSC 端子排上	硬线连接	在信号系统与站台门系统之间传送信号

（三）接口功能

站台门系统与信号系统之间需预定接口功能协议，典型的接口功能有“开门命令”“关门命令”“ASD/EED 关闭与锁紧”和“ASD/EED 互锁解除”，其详细功能说明见表 4.7。

表 4.7　站台门系统与信号系统之间的功能协议

信号名称	方式	信号方向	信号系统说明	站台门系统说明
开门命令	硬线	PEDC←SIG	司机在驾驶室内进行开门操作，信号系统收到此信号后，将发出开门命令给站台门系统	从信号系统收到开门命令信号后，由 PEDC 控制所有站台门立即打开
关门命令	硬线	PEDC←SIG	司机在驾驶室内进行关门操作，信号系统收到此信号后，将发出关门命令给站台门系统	从信号系统收到关门命令信号后，由 PEDC 控制所有站台门立即关闭
ASD/EED 关闭与锁紧	硬线	PEDC→SIG	SIG 收到 PEDC 发出的“ASD/EED”全部门关闭信号后，信号系统将允许发车	站台门关闭后，所有 DCU 的门关闭与锁紧状态信号可串联构成“ASD/EED”关闭与锁紧信号，并向 PEDC 发出此信号。PEDC 向 SIG 发出此信号
ASD/EED 互锁解除	硬线	PEDC→SIG	SIG 收到 PEDC 发出的“ASD/EED”互锁解除信号后，信号系统将允许发车	站台门关闭后，信号系统因收不到“ASD/EED 关闭”信号不能发车时，司机可在站台上转动 PSL 上的“ASD/EED”互锁解除开关，PSL 应向 PEDC 发送互锁解除信号。PEDC 则向 SIG 发出此信号

（四）接口要求

站台门系统与信号系统将按以下几点遵守各自的接口要求：

（1）列车的停站位置及位置误差应确保在各正常模式停车精度下，站台门中的滑动门设置与列车每节车厢的乘客门一一对应，列车乘客门净开度不小于 1 200 mm。

（2）站台门系统收到信号系统的指令到滑动门开始动作的时间由用户根据实际需要确定。

（3）通常站台门系统与信号系统按每侧站台设置一组接口连接。

三、站台门系统与综合监控系统的接口

（一）概　述

站台门系统与机电设备监控系统（EMCS）之间基本的接口与分界点如图 4.25 所示。

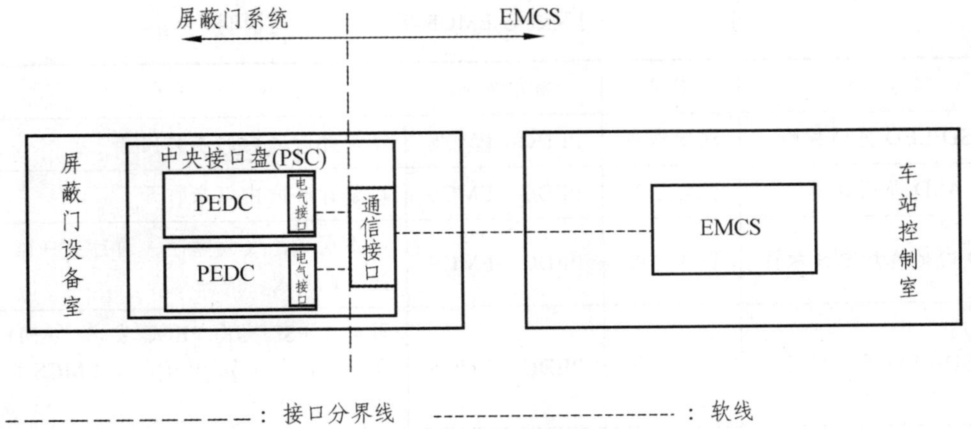

图 4.25 站台门与综合监控系统接口

注：电器接口可采用 RS485/422 接口标准，其接口标准应满足 EMCS 的通信接口要求，通信转换接口应由 EMCS 专业提供，并满足 EMCS 的通信接口要求。

站台门专业与机电设备监控系统专业之间界面说明如下：

（1）分界点。在站台门设备室的 PSC 内的通信接口端子。

（2）功能要求：

①站台门系统向机电设备监控系统专业提供门状态、故障信息。

②PSC 内应预留用于与 EMCS 通信的转换接口的安装空间。

③站台门系统在中央接口盘（PSC）提供（RS-485/43 标准）数据通信接口，同时向 EMCS 提供数据库的内容。EMCS 负责数据的处理及在 EMCS 工作站的显示。

④站台门系统必须配合 EMCS 系统进行相互之间通信软件的开发，保证相互之间通信的正确、可靠。

（二）物理接口

（1）采用现场总线接口与机电设备监控系统（EMCS）进行连接。其通信接口可采用信号转换接口等网络连接设备。网络连接设备应由 EMCS 专业提供，性能应满足 EMCS 的要求。

（2）站台门单元控制器（PEDC）的电气接口可采用 RS-485/43 接口标准，其接口标准应满足 EMCS 的通信要求。

（三）接口功能

站台门系统与 EMCS 之间的接口功能由站台门系统和 EMCS 按表 4.8 提供。站台门系统与 EMCS 之间的接口信号均由站台门系统传送至 EMCS。

表 4.8　站台门系统与 EMCS 接口信号功能说明

信号名称	方式	信号方向	说明
ASD/EED 关门故障	现场总线	PEDC→EMCS	在预计时间内门未关闭
ASD 开门故障	现场总线	PEDC→EMCS	在预计时间内门未打开
PSD 内部现场总线故障	现场总线	PEDC→EMCS	一路现场总线故障时，通过另一路总线发出此信息
ASD/EED 互锁解除	现场总线	PEDC→EMCS	司机在 PSL 上向 PEDC 发出“ASD/EED 互锁解除”命令，PEDC 向 EMCS 发出此信号
DCU 故障及位置	现场总线	PEDC→EMCS	DCU 不能正常工作的情况
滑动门门速故障	现场总线	PEDC→EMCS	滑动门开关时，动作速度过快或过慢
滑动门锁紧装置故障	现场总线	PEDC→EMCS	滑动门锁紧装置故障
关门遇障碍物	现场总线	PEDC→EMCS	ASD 关闭时遇到障碍物
驱动电动机电源故障	现场总线	PEDC→EMCS	驱动电动机电源过压、欠压及过流保护
控制电源 UPS 故障	现场总线	PEDC→EMCS	控制电源 UPS 不能正常工作
驱动电源 UPS 故障	现场总线	PEDC→EMCS	驱动电源 UPS 不能正常工作
PSL 操作允许	现场总线	PEDC→EMCS	允许在 PSL 上进行操作
PSL 开门状态	现场总线	PEDC→EMCS	在 PSL 上进行开门操作
PSL 关门状态	现场总线	PEDC→EMCS	在 PSL 上进行关门操作
站台门打开状态	现场总线	PEDC→EMCS	站台门处于打开状态
站台门关闭状态	现场总线	PEDC→EMCS	站台门处于关闭状态
手动操作	现场总线	PEDC→EMCS	站台门被手动打开
DCU“手动”状态	现场总线	PEDC→EMCS	DCU 处于手动操作状态或是自动操作状态
EED 关闭状态	现场总线	PEDC→EMCS	EED 处于关闭状态
EED 解锁状态	现场总线	PEDC→EMCS	EED 被手动解锁打开

四、站台门系统与低压配电的接口

（一）概 述

站台门系统与低压配电专业的接口及分界点如图 4.26 所示。站台门专业与低压配电专业之间界面说明如下：

（1）分界点。在自动切换箱上的输出端子排上。

（2）功能要求。电源自动切换箱由低压配电专业提供。

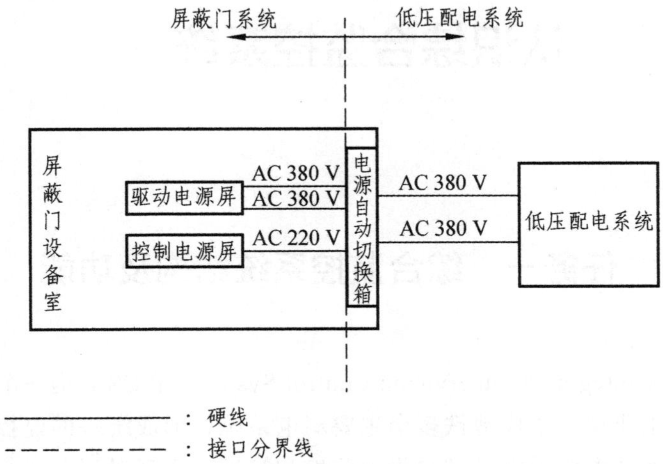

图 4.26 PSD—低压配电接口界面图

注：电源自动切换箱由低压配电专业提供。

（二）接口要求

（1）车站低压配电系统向站台门设备室的电源自动切换箱提供两路三相 380 V 电源，负荷等级为一级，并通常由电源自动切换箱配送相应回路的三相电源和单相电源馈出。

（2）电源设备以及电源自动切换箱均需设置在站台门系统的设备室内。

（3）站台门设备室内设置接地端子箱，端子箱由站台门专业提供。所有电气设备应有可靠的接地。

复习思考题

1. 按应用场合的封闭形式站台门可分为哪些类型？
2. 站台门系统是由哪些部分组成的？
3. 站台门系统有哪些控制方式？
4. 站台门系统有哪些运营模式？
5. 站台门系统与哪些系统之间有接口？
6. 站台门系统与信号系统接口有什么要求？

项目五 认识综合监控系统

任务一 综合监控系统结构及功能

综合监控系统（Integrated Supervision Control System，ISCS）是一个高度集成的综合自动化监控系统，它主要通过集成地铁多个主要弱电系统，形成统一的监控层硬件平台和软件平台，从而实现对地铁主要弱电设备的集中监控和管理，实现对列车运行情况和客流统计数据的关联监视，最终实现相关各系统之间的信息共享和协调互动。通过综合监控系统的统一用户界面，运营管理人员能够更加方便、更加有效地监控管理整条线路的运作情况，实现地铁高效率运营。

一、综合监控系统

地铁综合监控系统实现了电力监控系统（SCADA）、环境与设备监控系统（BAS）、火灾自动报警系统（FAS）、屏蔽门（PSD）等系统的集成，实现了信号系统（SIG）、自动售检票系统（AFC）、广播系统（PA）、闭路电视系统（CCTV）、乘客信息系统（PIS）和时钟系统（CLK）的互联。通过综合监控系统对地铁车站、区间的空调、通风、电力、火灾报警、闭路电视、广播及电话、给排水、照明、车站动力、自动扶梯等设备的运行状态进行自动化管理，使设备按预设状态自动运行，节省能源，方便管理，可使设备发挥最佳效益，而为乘客提供更加安全、舒适、可靠的乘车环境。

二、综合监控系统构成

综合监控系统采用两级管理、三级控制的分层分布式结构，以电调、环调为核心的适度集成方案，集成 FAS、BAS、PSCADA、ACS、PSD、电气火灾监控系统、消防电源监控系统、消防应急照明和疏散指示系统、能源管理系统，互联 AFC、CCTV、PIS、SIG、CLK、PA、TEL/ALARM、OA、AJ 系统，实现多个相关系统的有机结合运行。

（一）整体层次划分

综合监控系统的监控对象主要是与行车和行车指挥、防灾和安全、乘客服务等相关的内容。为了满足中央级和车站级两级制监控和调度指挥的需求，综合监控系统采用两级管理三级控制的分层分布式结构。两级管理分别是线路中央级和车站级管理，三级控制分别是中央级控制、车站级控制和现场级控制。整体层次划分如图 5.1 所示。

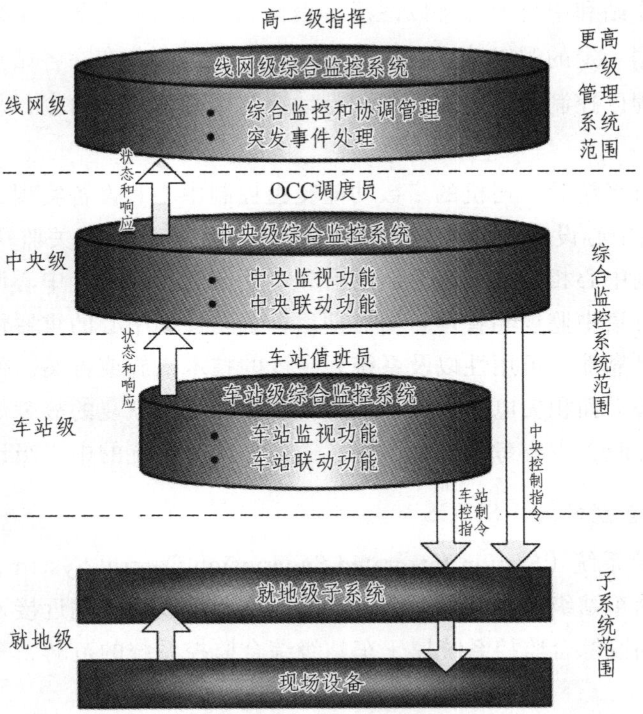

图 5.1　综合监控系统整体层次划分示意图

（二）系统基本组成

综合监控系统由中央级综合监控系统、车站级综合监控系统（车辆段及控制中心大楼综合监控系统）和其他辅助功能子系统（如培训管理系统、维修管理系统、软件测试平台和网管系统等）等多个部分组成。通过综合监控系统骨干网（MBN）把车站、车辆段与中央的各级综合监控系统连接到一起，从而形成一个有机的整体。

1. 中央级综合监控系统（CISCS）

中央级综合监控系统（Central Integrated Supervision Control System，CISCS）在控制中心设置中央级局域网络，通过全线的综合监控系统骨干网络将各车站监控网的监控信息传送到控制中心，并在控制中心与乘客信息服务系统（PIDS）、自动售检票系统（AFC）、广播系统（PA）、闭路电视系统（CCTV）、调度电话系统（DLT）、时钟系统（CLK）、信号系统（SIG）、通信集中网管系统（TEL/ALARM）、车载信息系统（TIS）进行互联，从而实现对多个相关接入系统的综合集中监控功能。

中央级综合监控系统包括中央监控网、冗余的实时服务器、冗余的历史服务器、外部磁盘阵列、各种调度员工作站（如电调、环调、行调、维调和总调等）及其外围设备、UPS 及中央通信处理机（接口互联系统）等设备。

中央级综合监控系统对全线重要监控对象的状态、性能等数据进行实时的收集及处理，通过各种调度员工作站和中央大屏幕以图形、表格和文本的形式显示出来，供调度人员参考和使用，并且可根据一定的逻辑关系自动或由调度员人工向分布在各站点的被监控对象或系统发送模式控制、程序控制、时间表控制和点动控制等相关控制命令，从而实现对全线各机电设备的集中监控。

采用全自动运行系统后，司机的多数功能交由控制中心和设备实现，控制中心的职责和功能相应增强，控制中心设备应具备对全自动运行车辆和乘客的相关监视、控制及调度功能。全自动运行线路控制中心相应增设乘客调度台和车辆调度台席位，中心调度人员可对列车自动运行的全过程进行集中监视和管理。全自动运行线路控制中心的重要性更加突出，必须采取提高控制中心的可靠性、可用性以及系统冗余度的技术措施或方案。例如，设置后备控制中心，在主控制中心大面积失电、发生恐怖袭击或短时无法恢复的故障等情况时进行中央控制。在设置备用中心时，主要考虑综合监控、通信、信号系统的中央级设备的备份。

2. 车站级综合监控系统（SISCS）

车站级综合监控系统（Station Integrated Supervision Control System，SISCS）包括本线路各车站、车辆段的车站级综合监控系统、主变电站所集成系统就近接入相邻车站的车站级综合监控系统。车辆段综合监控系统属于车站级综合监控系统的范畴，车辆段将作为一个特殊站点考虑。

车站级综合监控系统通过分布在本站点范围内的站级局域网络，将本站点范围内的各有关机电系统集成在一起，并与车站 CCTV、PA 和 PIS 等系统互联。车站级综合监控系统对本站管辖范围内各监控对象的状态、性能等数据进行实时的收集，通过车站操作员工作站以图形、表格和文本的形式显示出来，供车站、车辆段值班人员参考和使用，并且可根据一定的逻辑关系自动或由调度员人工向分布在本站的被监控对象或系统发送模式控制、程序控制和点动控制等相关控制命令。

当车站级综合监控系统工作在正常模式时，中央级监控所需的车站级各种状态信息上传至中央级综合监控系统。正常情况下，所有供电设备和区间隧道通风空调设备应以中央级控制为主，所有站内通风空调及其他一般机电设备应以车站控制为主；紧急情况下，中央也可授权站级完成相应的控制功能，控制中心中央级也可通过权限设定来直接对所有车站的相关设备进行点动控制或模式控制，当系统恢复正常工作模式后，控制中心调度员可根据具体情况收回已授权车站或恢复车站的控制权。

3. 培训管理系统（TMS）

在车辆段综合监控系统的培训室内设置培训管理子系统（Training Management System，TMS）。其目的是使学员处于模拟仿真的综合监控系统的操作环境，对学员进行各种培训操作，包括仿真单点的设置、遥控、组控、模式控制等功能。TMS 是独立的系统，配置有独立的培训系统软件，TMS 系统可接入综合监控系统网络，实现在线培训。

4. 维修管理系统（MMS）

维修管理功能分别在控制中心及车辆段实现。控制中心的综合监控系统应能采集处理集成系统的必要设备故障分类信息，此类信息主要采用设备分类故障报警的方式，从而方便中央维调人员的维修管理方面的指挥工作。在车辆段设置用于维修的维修管理系统（Maintenance Management System，MMS），采集、汇总和处理综合监控系统所监控的主要设备的状态及故障信息，故障信息采用单体设备故障报警的方式，供车辆段各相关系统的维护管理人员的日常设备维护管理的工作。通过MMS交换机组成MMS局域网，MMS局域网通过网络端口接入综合监控系统全线网络。通过维修管理系统，可对综合监控系统自身设备和其所监控的设备或子系统的故障信息进行集中汇总收集，并在维修系统工作站上显示，同时，维修管理工作站可作为各系统的复示终端，对系统运行及各设备状态信息进行监视。全线在设备集中站设置自动化维修工班，并设置维修工作站，从而帮助运营维修人员更方便、更高效率地完成设备维修管理工作。

5. 软件测试平台（STP）

在车辆段设置软件测试平台（Simulation Test Platform，STP），可对整个综合监控系统的软件的功能进行软件测试和软件修改，满足综合监控系统的接口测试和软件安装测试以及今后软件修改等功能需求。

6. 网络管理系统（NMS）

在控制中心将专门设立用来配置、监视和控制整个ISCS网络的网络管理系统（Network Management System，NMS）。网络管理系统可对综合监控系统的所有网络设备进行配置、监视和控制。网管系统的硬件设备是通过以太网接口连接到综合监控主干网上。

7. 骨干传输网络（MBN）

综合监控系统全线传输用于运营控制中心、车站、车辆段等局域网与OCC局域网之间的互联。各车站、车辆段和运营控制中心等均作为网络节点，每个节点均采用主、备冗余的千兆以太网三层交换机，所有车站、车辆段、运营控制中心的ISCS主要设备都连接到交换机上进行数据通信，再通过通信传输通道将CISCS、SISCS和DISCS等连接成为一个完整的监控系统。

8. 现场级

由PSCADA、BAS、FAS、PSD、ACS等系统的控制层、设备层组成。现场级对下直接连接各种智能监控对象和非智能监控对象，对上与综合监控系统的车站级连接。它们位于各监控对象附近，直接连接各种现场设备，起接口转换、信息采集、传送、汇聚、命令接收、执行和反馈作用，同时又与综合监控系统的车站级或中央级进行数据通信。

三、综合监控系统集成

综合监控系统通过对地铁各相关机电系统集成和互联，实现系统之间的信息互通和协调互动功能。综合监控系统取代了各接入子系统的监控层系统，各子系统的数据处理、监控功能、人机界面均通过综合监控系统完成，各集成的相关系统完全依赖综合监控系统实现各项监控和操作功能。

（一）以环调、电调为核心的集成方式

目前，国内正在实施及准备实施的综合监控系统大都属于以环调、电调为核心的集成方式。

集成的系统包括环境与设备监控系统（BAS）、电力监控系统（PSCADA）、火灾自动报警系统（FAS）、站台门系统（PSD）等，如图 5.2 所示。

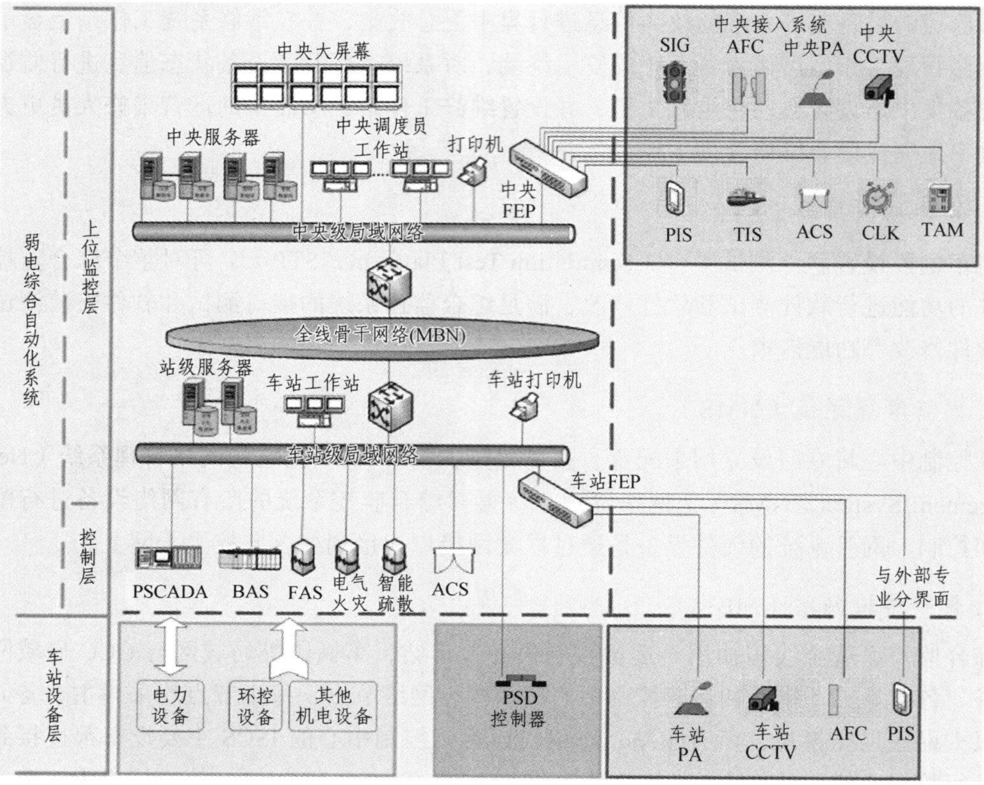

图 5.2　信号系统相对独立的综合监控系统集成模式示意图

其主要特点有：实现集成相对容易，即使系统出现故障也不会影响行车安全；国内正在实施，有较成熟的经验可供借鉴；在一定程度上提高了供电、环境与设备的调度管理水平。保证行车调度系统独立运行，系统集成不涉及行车调度指挥，降低了综合监控系统的实施风险。ATS 系统与综合监控系统分开，便于综合监控系统的工程实施，减少了诸多商务协调工作。这一方案与当前我国轨道交通管理水平相适应：全能操作员或跨专业操作员有待培养，适度集成、分专业设置调度员较为现实。在具有较高可实施性的同时，对提高运营管理水平有较大帮助。

（二）集成深度

轨道交通系统各个弱电系统大都具有两级管理（车站级、中央级）和三级监控（中央级、车站级、现场级）的结构，综合监控系统也具有这种三层结构，因此从这种角度来说，综合监控系统的集成深度一般分为中央级集成、车站级集成和现场级集成。

中央级集成：将 ISCS 各子系统原分立的中央级设备（服务器、工作站等）和分立的中

央级软件进行集成，设立统一的中央级服务器和中央级网络系统，采用统一的软件平台，在实现原分立系统功能的基础上，实现中央级各子系统的联动。这种方案的优点是实现简单，但仍然存在车站级设备及接口种类多、实现联动困难等缺点，这种方案集成度最低。

车站级集成：保留各分立系统现场级的独立性，在中央集成的基础上，集成分立系统的车站级服务器、工作站以及网络设备资源。这种方案的优点是实现统一的管理，减少设备种类，方便实现车站级的联动控制。

现场级集成：比车站级集成更进一步，在现场级就进行集成，子系统的现场级都采用一体化的软硬件平台，这也是一种理想化的方案，但实施难度太大。

根据综合监控系统在国内外的实施情况，一般根据功能要求、子系统的特点，不同的系统可以采用不同的集成深度。

（三）集成系统接入方式

集成系统接入方式采用透明系统集成模式，此种集成模式下的综合监控系统的服务对象除车站值班人员和中央调度人员之外，还包括车辆段内各相关机电设备的维护管理人员。其指导思想就是将原来分层设置的多个监控系统作为一个大规模的综合自动化系统进行统一设计，并根据各地地铁的实际情况将若干个系统设备进行捆绑招标，并相应地在实施过程进行统一系统制造、搭建和调试。采用透明系统集成模式的弱电综合自动化系统的内容也相应扩大，包括了综合监控系统（ISCS）、变电所综合自动化子系统（PSCADA）、环境与设备监控子系统（BAS）和火灾自动报警子系统（FAS）等多个部分。其主要特点为将原来分立监控系统上下位机结构作为一个整体进行统筹考虑，原来分立系统的上位机监控功能统一在综合监控系统软硬件平台上完成。采用透明系统集成模式的综合监控系统在接入方式上也进行优化设计，多个控制层设备（如 PSCADA 控制器、BAS 控制器和 FAS 报警盘等）皆可直接连接到综合监控系统的站级局域网络上。这样的设计在简化网络层次的同时还满足相关子系统设备异地通信和远程访问等功能需求。另外，在车辆段还特别增设维修管理系统（MMS）实现对综合监控系统及相关接入系统的设备故障进行集中监视的功能，满足运营维护人员的设备维修工作的需要。透明系统集成模式下各系统划分如图 5.3 所示。

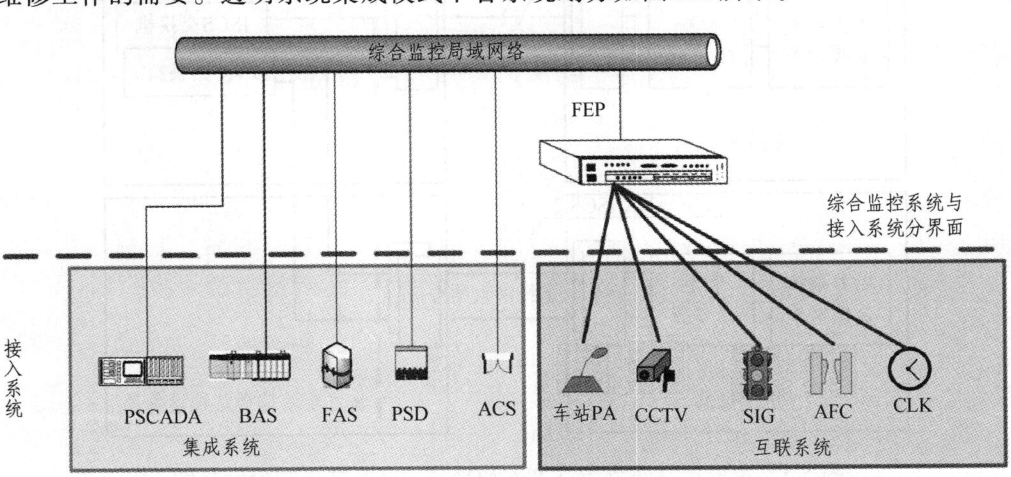

图 5.3　透明集成模式下各系统划分示意图

透明系统集成模式适合目前我国地铁实际情况，系统功能满足运营需求，同时也与国内技术发展水平相适应，工程难度适中，性价比较高。

（四）综合监控系统集成的子系统

1. 变电所综合自动化系统（PSCADA）

由于综合监控系统是以电调、环调为核心进行构建，集成 PSCADA 系统能够给系统功能设计、调试、运营维护管理带来方便。从工程实施经验来说，现在从事综合监控系统实施的集成商大都从事 PSCADA 工程，具有丰富的经验，可与综合监控系统进行捆绑招标，减少系统间的接口工作量，为工程实施带来方便。目前，国内的大部分地铁都采取此模式。ISCS 完成对全线各类电力设备的中央级监控功能和车站级监控功能。

ISCS 与电力监控系统（PSCADA）的接口如图 5.4 和图 5.5 所示

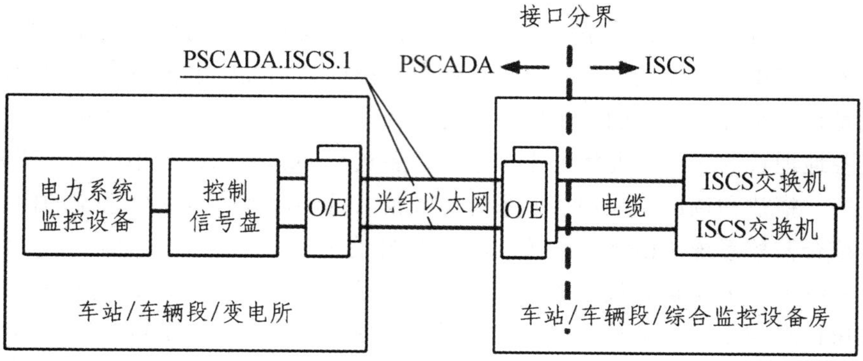

图 5.4 车站/车辆段 PSCADA 与 ISCS 界面划分示意图

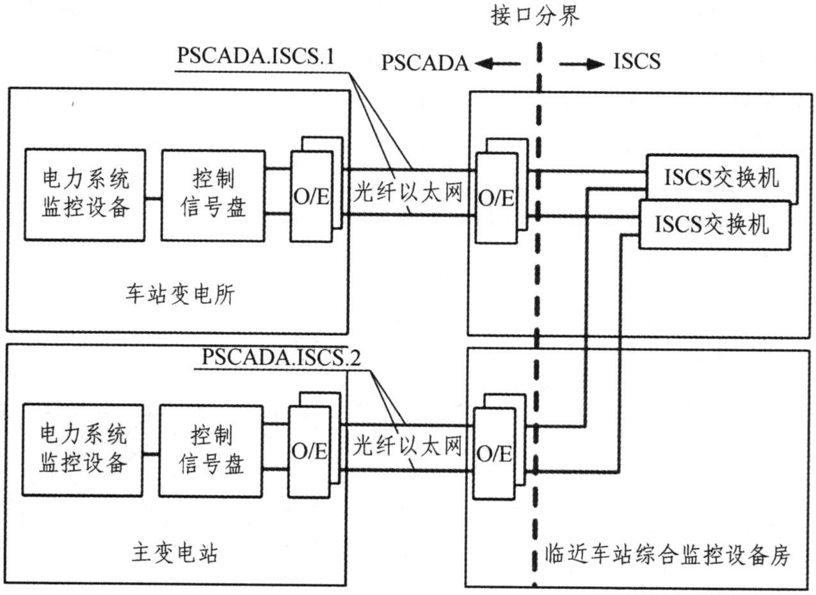

图 5.5 主变电站临近车站 PSCADA 与 ISCS 界面划分示意图

2. 环境与设备监控（BAS）

采用现代计算机技术、网络技术、自动控制技术、软件技术实现对车站各类机电设备的智能化控制，使得地铁运营更安全、可靠，节省人力、物力，降低运营成本。BAS 与综合监控系统共同对全线所有车站、区间隧道、车辆段等设置的各种正常运营保障设施（包括通风空调设备、给排水设备、照明设备、自动扶梯等）和事故紧急防救灾设施（防排烟系统、应急照明系统、区间疏散指示等）进行实时的监控、管理，以确保以上这些系统安全可靠运行。

BAS 系统实行控制中心、车站、就地三级监控。中央级设于控制中心（由综合监控系统设计并实现）；车站级设于车站控制室（由综合监控系统设计并实现）；就地级设在环控电控室、低压配电室和被控设备现场。BAS 系统中央级负责全线机电设备的监控管理，车站级由车站值班员对车站及所辖区间隧道通风空调等设备进行全面监视和控制。

BAS 与 FAS 在车站通过通信接口连接，当地下车站发生火灾事故时，BAS 接收 FAS 救灾模式指令，控制有关救灾设施按照设计工况及时有效地运行，保障人身安全。在换乘站的 BAS 系统独立设置，各自监控各自线路，不设置直接接口。存在接口需求时，通过换乘站的综合监控系统的接口，实现换乘站数据的互联互通。

BAS 系统与火灾自动报警系统（FAS）在车站设通信接口。正常运行时，通风空调系统设备由车站 BAS 系统管理。发生火灾时，火灾自动报警系统（FAS）向 BAS 发出指令，由 BAS 系统将与防灾有关的通风排烟设备按相关的防灾模式进行程序控制，并向火灾自动报警系统（FAS）返回设备动作后的状态信号。BAS 系统应保证防灾自动报警系统控制指令的优先权。

ISCS 同环境与设备监控系统（BAS）的接口如图 5.6 和图 5.7 所示。

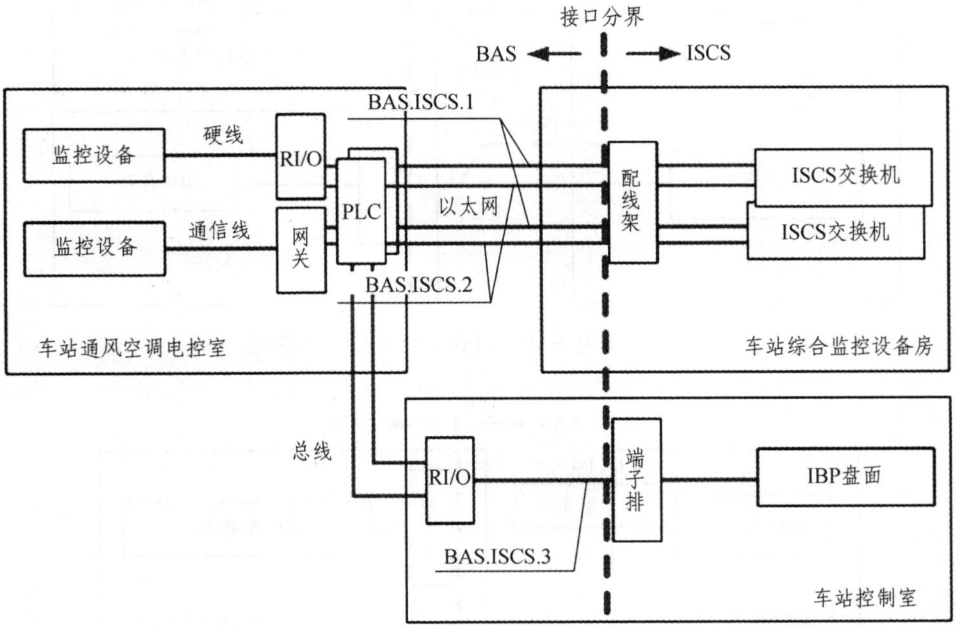

图 5.6 车站 BAS 与 ISCS 界面划分示意图

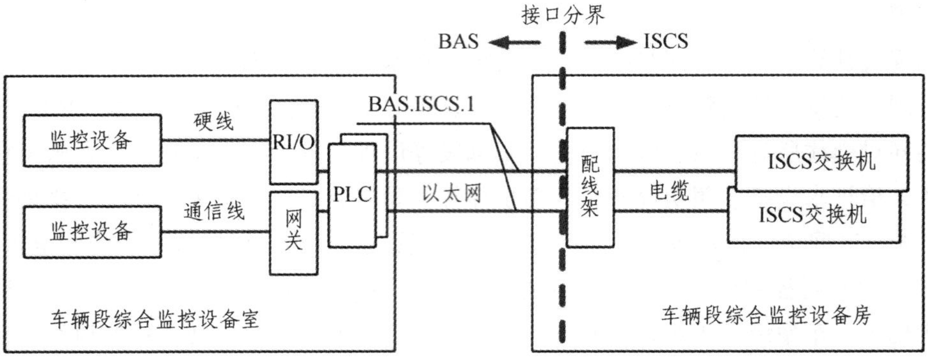

图 5.7　车辆段 BAS 与 ISCS 界面划分示意图

3. 火灾自动报警系统（FAS）

各车站、车辆段、主变电站设置有 FAS，ISCS 通过网络把各站点 FAS 集成起来，完成 FAS 中央级监控功能和车站级监控功能。ISCS 与各站点内相对独立的 FAS 共同构成全线完整的 FAS。由于相关规范对消防控制室 FAS 系统的图形显示装置有专用的要求，因此 FAS 宜保留自身的工作站，但利用综合监控提供的传输通道组建全线维修网络。

ISCS 与火灾自动报警系统（FAS）的接口如图 5.8 和图 5.9 所示。

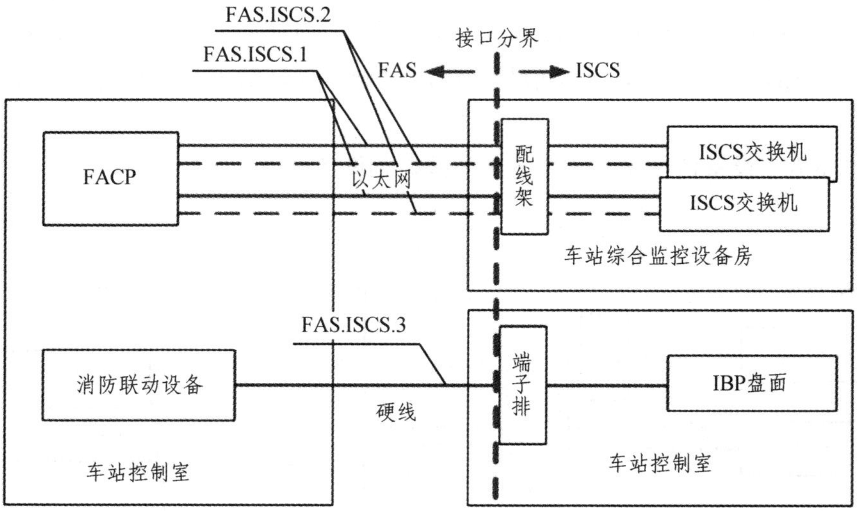

图 5.8　车站 FAS 与 ISCS 界面划分示意图

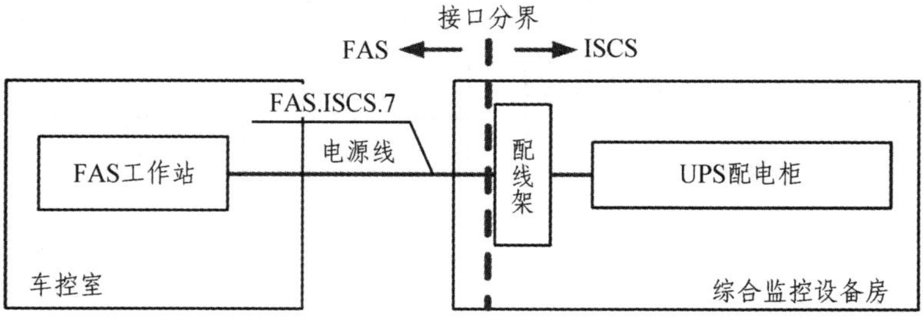

图 5.9　车站/车辆段 FAS 工作站电源与 ISCS 界面划分示意图

4. 门禁系统（ACS）

门禁系统是实现员工进出管理的自动化系统。ISCS 集成各站点 ACS 日常设备监控管理功能，对生产和管理主要用房、通道门、出入口实施全面的自动化控制和管理，负责监控设备管理房间的通道安全，提供服务和安全保障。通过 ACS 可实现自动识别员工身份；自动根据系统设定开启门锁；自动记录交易；自动采集数据，自动统计、产生报表；通过系统设定实现人员权限、区域管理和时间控制；设有考勤系统，并对工作人员进行考勤管理。各站点 ISCS 为 ACS 提供逻辑上相对独立的传输网络，实现中央 ACS 独立的授权管理功能。

门禁系统由线网门禁系统（既有已实施）、中央级系统、车站级系统（含主控制器）、就地级设备（就地控制器、读卡器、电子锁、紧急开门按钮、出门按钮）、门禁卡、培训系统以及传输网络组成。门禁系统（ACS）与 ISCS 的接口如图 5.10 和图 5.11 所示。

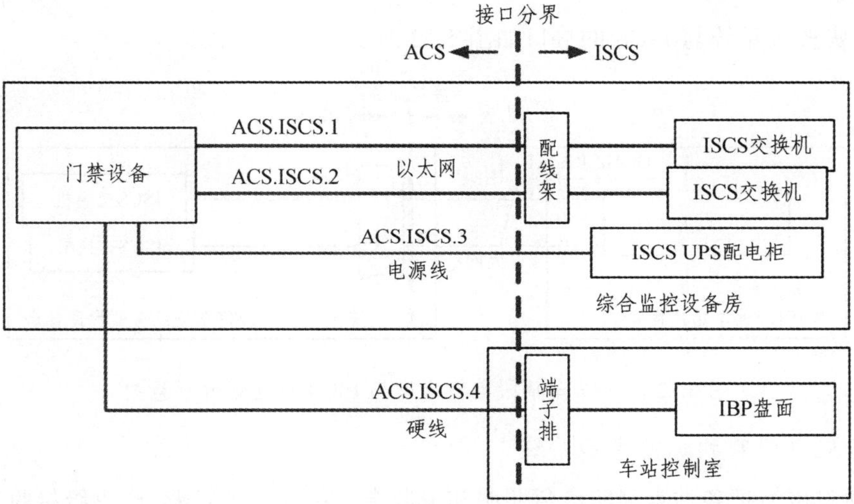

图 5.10　车站、车辆段、OCC 门禁系统与 ISCS 界面划分示意图

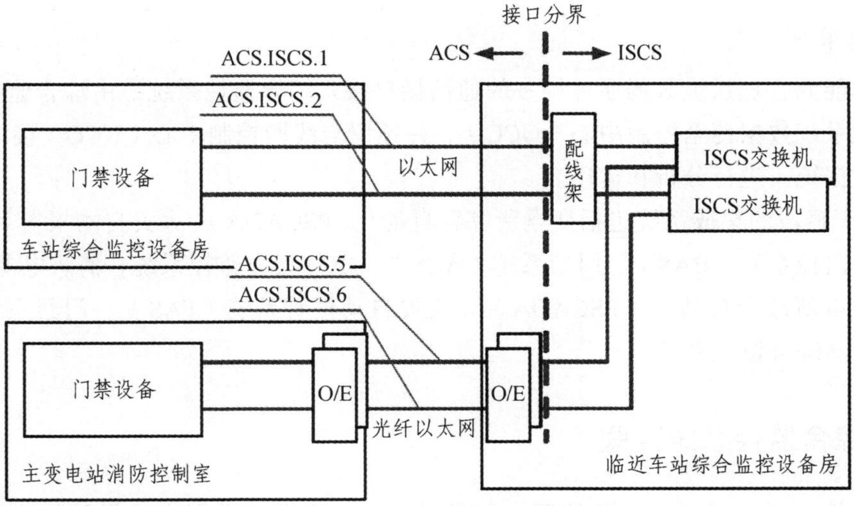

图 5.11　主变电站门禁系统与 ISCS 界面划分示意图

5. 站台门（PSD）

ISCS 通过网络把各站点 PSD 集成起来，负责监视门状态，接收门故障报警信息，提供服务和安全保障。

6. 电气火灾监控系统

各车站、车辆段设置有电气火灾监控系统，ISCS 通过网络把各站点电气火灾监控系统集成起来，完成电气火灾监控系统中央级监控功能和车站级监控功能。ISCS 与各站点内相对独立的电气火灾监控系统共同构成全线完整的系统。电气火灾监控系统利用综合监控提供的传输通道组建全线维修网络。消防电源监控系统：ISCS 通过网络把各站点消防电源监控系统集成起来，负责监视车站各消防双电源配电箱的运行状态、电源上口电压、故障报警等，并显示报警部位。

电气火灾监控系统与 ISCS 的接口如图 5.12 所示。

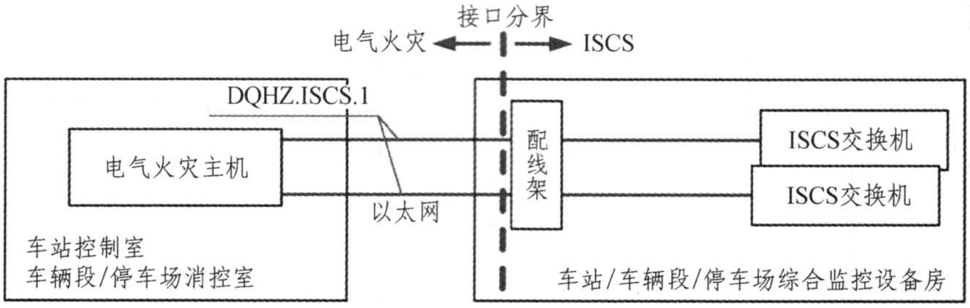

图 5.12　车站/车辆段电气火灾与 ISCS 界面划分示意图

7. 消防应急照明和疏散指示系统

ISCS 通过网络把各站点消防应急照明和疏散指示系统集成起来，中央级接收并储存全线消防应急照明和疏散指示系统疏散箭头指示标志灯的主要运行、故障状态，对地铁车站疏散标志灯实时监视。

8. 能源管理系统

各车站能源管理系统数据通过统一的通信接口接入综合监控系统，由综合监控系统将全线能源管理系统数据传至控制中心（OCC），并预留与线网控制中心（NCC）接口，NCC 中心对各线数据统一进行分析和运用。

另外，车辆段的集成系统包括变电所综合自动化（PSCADA）、火灾自动报警系统（FAS）、环境与设备监控系统（BAS）、门禁系统（ACS）、电气火灾监控系统、消防电源监控系统、主变电站变电所综合自动化（PSCADA）、火灾自动报警系统（FAS）、门禁系统（ACS）接入邻近车站综合监控系统。

四、综合监控系统互联

综合监控系统互联指综合监控系统与各子系统之间存在数据交换但其数据处理相对独立，被互联子系统具有独立的传输网络，是独立系统。综合监控系统与它们在不同的监控级别存在接口，与它们交换必要的信息，实现联动等功能，互联系统能脱离综合监控系统独立运行。需要与综合监控系统互联的系统包括自动售检票系统（AFC）、信号系统（SIG）、广播系统（PA）、视频监视系统（CCTV）、乘客信息系统（PIS）、时钟系统（CLK）、通信集中告警系统等。

（1）信号系统（SIG）：全线车站和控制中心设有独立的 SIG，负责监控全线的列车运行状况。SIG 包括 ATS、ATO、ATP、微机联锁系统等。ISCS 实现与 SIG 的信息互通功能，并实现与相关系统联动功能。

（2）自动售检票系统（AFC）：自动售检票系统负责监控 AFC 设备的工作状态、客流引导、各种数据的统计分析等。ISCS 与 AFC 互联，实现对客流信息和 AFC 设备状态信息的监视功能。

（3）门禁系统（ACS）：ISCS 在中央与 ACS 互联，各站点 ISCS 为 ACS 提供逻辑上相对独立的传输网络，实现中央 ACS 独立的授权管理功能。

（4）视频监视系统（CCTV）：CCTV 主要用于运营管理人员实时监视车站客流、列车出入站及旅客上下车情况，加强运营组织管理，提高效率，保证安全正点地实现运送旅客等目的。ISCS 与 CCTV 互联。ISCS 实现对 CCTV 图像切换以及 CCTV 重要设备状态的监视功能。火灾时，联动时切换 CCTV 画面。

（5）广播系统（PA）：广播系统主要用于对乘客进行公告信息广播，发生灾害时兼作防灾广播，对乘客进行安全疏散引导，以及为运营管理及维护人员播发有关信息等。ISCS 与 PA 互联，实现对 PA 设备的监控功能。

（6）乘客信息显示系统（PIS）：设置乘客信息显示系统是为提高地铁服务质量、加快各种信息（如广告、天气预报、新闻、重大事件等）向车站的发布。ISCS 负责将时钟信息、ATS 信息和与运营相关的车站和车载显示所需的文本信息提供给 PIS，PIS 负责车站和车载的终端显示功能。火灾时，联动时切换 PIS 画面。

（7）通信集中告警系统（TEL/ALARM）：通信集中告警系统实现将通信系统中各子系统的有关告警信息集中进行收集处理功能。综合监控系统与通信集中告警系统互联，ISCS 实现对通信系统中各子系统的关键和重要告警信息集中监视功能。

（8）时钟系统（CLK）：CLK 系统为地铁工作人员、乘客和各有关系统提供统一的标准时间信号。ISCS 与 CLK 互联，实现全线设备系统的对时功能，并根据集成系统的需要将此时钟信息发送给相关集成系统。

（9）办公自动化系统（OA）：通过 OA 实现远程 WEB 登录以及物资管理的功能。

（10）安检系统：ISCS 在车站与安检系统设置接口，车站安检系统通过综合监控平台实现安防平台功能，将自身设备的状态、故障信息以及易燃易爆危险品检测情况发送给综合监控系统，一旦遇到紧急情况，可指导车站运营对行车采取越站、转向等方式，以避开危险源。

五、综合监控系统功能

综合监控系统实现了全线路的资源共享和信息互通，可为运营提供强大的功能。综合监控功能主要表现在以下方面：实现被集成子系统的主要功能；实现对互联子系统的监控功能；提供紧急后备操作功能；按照系统工作模式实现必要的联动功能；系统维修、培训、网管等系统高级管理功能；实现车站自动化、智能化运营，自主化管理的功能；实现对车站各主要业务的分析。

（一）基本功能

1. 图形用户界面（GUI）

人机接口（HMI）采用统一的图形用户界面（GUI），用层次化、生动丰富的画面，如动态画面、多层次画面、视屏画面插入、渐进画面体系等，将系统和子系统接线图、总貌图、流程图、趋势图等显示出来。人机接口画面监管体系包含各专业系统的监控功能，这些画面的调用由操作员按工作情况完成，实现对各专业系统的监控管理。

2. 监控权限管理

综合监控系统的各种工作站，可对全系统所有监控对象的监控点信息进行系统组织、综合管理、实时监控。为了保证系统安全和控制命令的唯一性，需要集中统一的用户注册管理，各种工作站根据注册用户的权限，开放不同的功能。

3. 完备的实时控制功能

综合监控系统在执行层，对各系统可实现完备的分散控制功能，包括基本的模糊控制、多变量预测等先进控制，也可实现实时的高级逻辑控制和混合控制。

4. 完善的报警功能和安全体系

综合监控系统的各级操作员工作站都具备完善的报警功能，可将报警信息进行分类、筛选重组，建立一个报警体系。同时，还具有火灾和其他灾害报警下各子系统启动灾害模式，进行联锁联动，组成全系统的安全体系。

5. 完备的操作功能

综合监控系统操作员工作站具有较完备的操作功能，包括操作权限的设置、操作命令的检验、对操作的反馈、操作的确认等。操作员工作站提供操作指导和操作指导画面。

6. 强大的历史数据功能

综合监控系统设计有历史数据库。使系统可对历史数据纪录进行处理、裁剪、分析和统计，具有点趋势图、日志、事故追忆等功能。

7. 文件处理、归档功能以及报表功能

综合监控系统具有对各类文件的处理功能，对各类数据和文件进行归档，并可制作各类用户所需报表，具备图形打印、文件打印和报表打印功能。

8. 组态功能

综合监控系统具有组态功能，提供标准的控制组态工具，并可修改组态，完善系统运行。组态可在线、离线下安装。

9. 系统维护

各级操作员工作站系统本身的窗口，整个综合监控系统的各级设备，包括集成第三方的设备的状态都被监管。系统具有自诊断到板级功能。系统可设置操作权限，设置安全锁，保证系统安全。

10. 接口功能

系统具有良好的开放性，可在操作站窗口中运行系统的应用程序及画面。

（二）监控功能

1. 变电所综合自动化系统（PSCADA）功能

综合监控负责实现变电所综合自动化子系统中央级监控功能。各变电站设备进行数据采集、监视和实时控制。使调度人员通过监控系统实时地监视着供电系统设备的运行情况，及时掌握供电系统的各种事故和警报事件，准确实施调度指挥、事故抢修和事故处理，保证供电的安全性和可靠性。

PSCADA 系统实行中央级、车站控制室两级管理，中央级、车站控制室和设备就地级三级控制。ISCS 通过网络把各变电所 PSCADA 系统集成起来，完成对全线各类电力设备的中央级监控功能和车站控制室的监控功能。变电所内的电力设备就地级监控功能由变电所 PSCADA 系统自身完成。

系统包括以下主要功能：

（1）控制功能，包括单控、程控、紧急状态控制、定时控制、自动控制等。

（2）遥信及信息处理功能。

（3）遥测及数据处理功能，能量统计。

（4）遥调功能。

（5）模拟操作功能。

（6）调度事务管理功能。

（7）供电系统运行情况的数据归档和统计报表功能。

（8）信息查询功能。

（9）用户主要画面显示功能。

（10）数据打印及画面拷贝功能。

（11）大屏幕投影显示功能。

（12）被控设备的屏蔽功能。

（13）远方接入功能。

另外，站级综合监控系统对本车站相关变电所设备、接触网设备运行状态和运行参数进行实时监视，车控室综合监控系统工作站具有遥信、遥测、用户画面显示（含控制权限状态显示）和数据打印等功能。

2. 环境与设备监控系统（BAS）功能

综合监控负责实现环境与设备监控中央级及车站级监控功能，实现对车站、区间、车辆段的机电设备进行数据采集、监视和控制。BAS 实现中央级、车站级两级管理，中央级、车站级、就地级三级控制方式。ISCS 通过网络把各站点 BAS 集成起来，完成对全线机电设备的中央监控功能和车控室监控功能。机电设备的就地级监控功能由 BAS 系统自身完成。

1）监控功能

（1）监视全线车站的通风空调系统、给排水系统、配电照明系统、电扶梯等设备。

（2）根据通风空调系统提供的环控工艺要求，对所有通风空调通风设备点动控制、模式控制及时间表控制。

（3）根据地铁运行环境及车站其他系统的监控要求，可修改和增加控制模式时间表内容，并可修改环境参数预设值。

（4）可对机电设备模式控制和时间表控制。

（5）监视、记录各车站站厅、站台和管理设备用房的温度、湿度等环境参数。

2）正常显示功能

（1）在环调工作站进行车站综合画面、车站机电设备分类画面、环控模式等显示。

（2）在大屏幕指定区域显示区间隧道风机的工作状态、区间水位状态等。

3）故障显示功能

（1）对环境与设备监控子系统故障进行报警。

（2）各类报警应具有声光报警，报警画面弹出和确认。

4）运营统计功能

（1）对操作、报警等进行实时记录，并保留历史记录 13 个月。

（2）进行故障查询，可自动生成日、周、月的报表；进行档案资料的记录和存储。

（3）打印设备数据统计报表、操作和报警记录。

（4）利用不同的操作密码，实现不同级别的操作权限。

（5）站级综合监控系统实现对本站及所辖区间的设备监控、状态显示、故障显示及运营统计，记录时间 1 个月。

3. 火灾自动报警系统（FAS）功能

综合监控负责实现火灾报警的中央级及车站级监视功能，监测公共区、设备房、气体灭火保护区、地下区间隧道、电缆井和电缆夹层等火灾情况。并根据火灾报警信息联动气体灭火设施、防排烟设施、消防水泵、非消防电源切除、火灾警报等。

ISCS 通过网络把各站点 FAS 集成起来，完成 FAS 中央级监控功能和车站级监控功能。ISCS 与各站点内相对独立的 FAS 共同构成全线完整的 FAS。

（1）接收并储存全线 FAS 系统设备的主要运行状态；接收全线各车站、车辆段的火灾报警并显示具体报警部位。

（2）火警时，操作员工作站应自动弹出相应火灾报警区域的平面图，火灾报警具有最高优先级，当同时存在火灾及其他报警时，优先报火警，并自动弹出相应报警区域的平面图。

（3）火灾报警及故障数据的存储时间不少于 13 个月。
（4）进行 FAS 相关的报警信息和状态信息的报表分类查询及打印。
（5）站级综合监控系统实现对本站及所辖区间的火灾报警，记录时间 1 个月。

4. 电气火灾监控系统功能

综合监控负责实现电气火灾报警的中央级及车站级监视功能，并根据火灾报警信息进行相应的联动。

ISCS 通过网络把各站点电气火灾监控系统集成起来，完成电气火灾监控系统中央级监控功能和车站级监控功能。ISCS 与各站点内相对独立的电气火灾监控系统共同构成全线完整的电气火灾监控系统。

（1）接收并储存全线电气火灾设备的主要运行状态；接收全线各车站、车辆段的电气火灾报警并显示具体报警部位。

（2）电气火警报警时，操作员工作站应自动弹出相应电气火灾报警区域的平面图，火灾报警具有最高优先级，当同时存在火灾及电气火灾报警时，优先报火警，并自动弹出相应报警区域的平面图。

（3）电气火灾报警及故障数据的存储时间不少于 13 个月。
（4）进行电气火灾相关的报警信息和状态信息的报表分类查询及打印。
（5）站级综合监控系统实现对本站电气火灾报警，记录时间 1 个月。

5. 消防应急照明和疏散指示系统功能

综合监控负责实现消防应急照明和疏散指示系统的中央级及车站级监视功能，并提供消防应急照明和疏散指示系统区间放排烟模式以及火灾或者阻塞发生地点。

（1）接收并储存全线智能疏散指示设备的疏散箭头指示标志灯的主要运行、故障状态。

（2）如某个灯具发生故障，主机可检测到灯具的故障，并发出声光报警。报警声响可手动解除，光闪必须在排除灯具故障后解除。

（3）消防应急照明和疏散指示系统故障数据的存储时间不少于 12 个月。

（4）消防应急照明和疏散指示系统故障数据的报警信息和状态信息的报表分类查询及打印。

（5）站级综合监控系统实现对本站消防应急照明和疏散指示系统故障报警，记录时间 1 个月。

6. 站台门（PSD）功能

综合监控负责实现站台门的中央级及车站级监视功能，接收本站 PSD 设备的主要运行状态、报警并能显示和管理，根据站台门状态进行相应的联动。

中央级综合监控系统对站台门只进行监视，而不控制。主要功能是监视站台门的工作状态、显示门故障信息以及对每个门单元进行的运营统计等；火灾时，OCC 值班员根据火灾位置、列车运行情况，通过环调工作站，通知车站值班员人工开启站台门。车站级综合监控系统值班员工作站自动弹出相关窗口，接收 OCC 的控制命令，值班员根据情况，确定是否根据命令开启安全门。需要时通过车控室内的 IBP 人工控制开启安全门。

（1）接收并储存全线 PSD 系统设备的运行状态；接收全线 PSD 设备报警并显示。

（2）对每个车站、每个门单元的运营进行统计。

（3）PSD 设备的报警及故障数据的存储时间不少于 13 个月。

（4）PSD 报警信息、状态信息的报表打印功能。

（5）站级综合监控系统实现对本站站台门状态监视，记录时间 1 个月。

7. 信号系统（SIG）功能

综合监控负责通过与信号系统互联，获得相关信息，实现对行车的监视功能，并根据行车情况进行相应的联动。

（1）接收信号系统传来的计划运营时刻表，可给环控控制模式做参考使用。

（2）显示列车位置信息，并根据列车实时的实际位置信息（包括不同的列车车次号对应的列车的实时位置信息、实时列车区间运行时分、列车停站时分、列车停靠站台、列车目的地、列车出发时间、列车运行状态、站台紧急停车按钮等），实现进站列车自动广播、车站信息显示和列车阻塞时相关的联动功能。

（3）ISCS 能按信号系统要求提供牵引供电各供电分段的相关状态信息、传送相关车站火灾信息（区分站厅、站台、设备房火灾）、区间火灾信息到信号系统，并在大屏幕上实现信号系统用于大屏幕显示的相关内容的显示。

（4）接收并显示信号系统重要故障信息，可供中央维修调度及车辆段维修人员了解行车设备的运作状态。

（5）根据列车阻塞信息，自动启动列车阻塞环控救灾模式。

（6）ISCS 提供的 IBP 上应能显示与信号有关的控制和显示信号。

8. 自动售检票（AFC）功能

综合监控系统与自动售检票系统互联，中央综合监控系统监视 AFC 客流信息和设备故障信息，并根据 AFC 提供的数据（如客流信息等），实现相关的联动功能。

（1）监视 AFC 系统提供的客流统计数据，作为环控正常控制模式的参考依据。

（2）中央级综合监控系统显示和存储 AFC 主要设备故障分类信息，监视每个车站 AFC 的工作状态，可提醒调度员注意车站的运营组织。

站级 AFC 系统功能管理层在综合监控系统中实现，车站综合监控系统工作站实现站级 AFC 系统的所有功能，AFC 站级工作站不再单独设置。

9. 门禁系统（ACS）功能

综合监控系统主要负责监视门禁系统的工作状态和重要故障信息，监控车站门的状态。

在控制中心实现对全线各站点的生产和管理主要用房、通道门、出入口实施全面的自动化控制和管理。

在车站、车辆段实现对管辖范围内的就地级设备的监控，系统运作、网络管理、维修管理及系统数据的采集、统计、保存、查询、打印等功能。

站级门禁系统集成在综合监控系统中，车站综合监控系统工作站实现站级门禁系统的所有功能，门禁站级工作站不再单独设置。

10. 能源管理系统（EMS）功能

ISCS 与能源管理系统在车站、场段互联，ISCS 通过网络把各站点能源管理采集子系统所采集的电表、水表、气表等数据上传至控制中心，ISCS 在控制中心与低压配电系统设置的能源管理中央服务器接口，由低压配电专业实现能源数据的统计、分析等上位管理功能。ISCS 将数据按分类、分项和分户要求进行归类，实现数据统计和分析等功能，并将所有能源管理数据上传至线网（应急）指挥中心 NCC。

11. 消防电源监控系统功能

消防电源监控系统监视各站点的消防电源监测设备的状态；监视全线各站点的消防电源监测设备的故障状态（类故障）；接收各车站消防电源监控系统报警信息并显示、存储和打印。发生消防电源报警时，操作员工作站自动弹出所在消防电源的位置信息和相关状态信息。

12. 视频监控系统（CCTV）功能

在车站级和中央级，ISCS 与 CCTV 互联，实现对 CCTV 显示及控制功能。中央综合监控系统的相关调度员工作台（行调、环调、车辆调度和值班调度）具备 CCTV 控制及 CCTV 重要设备状态的监视功能，联动时切换 CCTV 画面。

（1）控制、选择设置在中央控制室内大屏幕上的 CCTV 监视区域，能控制、选择本操作台显示器监视图像。

（2）对中央控制室大屏幕上的 CCTV 监视区域，编程设置自动循环监视模式（对已设置的固定组合监视区域进行自动循环监视，自动循环监视按三种状态：全部车站、全部车站站台、全部车站站厅的上传图像）；编程设置人工监视模式（对设定的监视区域进行人工选择监视）。

（3）对设置在中央控制室各相关调度员工作台上显示器的显示图像进行人工单选监视模式选择（对任意一个车站内的任一上传图像进行人工单选监视）。

（4）对显示图像进行自动循环监视模式选择（自动循环监视按三种方式：全部车站、全部车站站台、全部车站站厅的上传图像），循环扫描周期可人工设置。

（5）对中央 CCTV 的重要设备的运行状态进行监视。

（6）站级综合监控系统实现对站内的 CCTV 的监视功能，包括自动循环模式及重要 CCTV 设备监视，数字视频显示。

（7）火灾工况下，综合监控系统根据 FAS 系统提供的公共区火灾位置信息，完成 CCTV 自动联动功能。

13. 广播系统（PA）功能

在控制中心可以对广播设备状态、广播内容及播放状态进行监视，且可以多种模式对全线的广播进行控制。

在车站、车辆段，ISCS 与 PA 互联，实现对 PA 的控制功能。

控制模式主要包括：

（1）编组广播模式（组选模式）。

（2）话筒/语音合成广播模式（信源选择）。

（3）人工编程模式。
（4）广播设备运作状况的显示模式。
在车站可以多种模式对本站的广播进行控制。控制模式主要包括：
（1）单选广播模式（站选模式）。
（2）话筒/线路（预留）/语音合成广播模式（信源选择）。
（3）编程模式。
（4）监听选择模式。
（5）广播设备运作状况显示模式。

14. 乘客信息显示系统（PIS）功能

综合监控系统在中央级、车站级与PIS实现互联。综合监控系统将运营相关的信息提供给PIS系统。PIS系统负责显示车站和车载播出画面的合成、播放控制和车站/车载终端显示等功能。综合监控发送车载视频画面选择命令，PIS负责视频切换并显示到行调工作台上。火灾工况下，综合监控系统根据FAS系统提供的公共区火灾位置信息，使PIS画面进入消防工况，联动显示火灾和疏散的文字信息。

站级PIS系统的界面集成在综合监控系统中，车站综合监控系统工作站实现站级PIS系统的所有功能，PIS站级工作站不再单独设置。

15. 通信集中告警（TEL/ALARM）功能

综合监控系统与通信集中告警系统互联，接收通信各子系统维护管理终端选择（重要）输出的故障报警信息，将通信系统上传的故障信息进行汇集和存储，并显示在综合监控系统的相关维护工作站的人机界面上。可实现不同等级故障的分级显示，可具有声光告警并能显示、记录和打印，以期迅速组织力量进行维修，确保通信畅通和功能恢复正常。

16. 时钟（CLK）功能

综合监控系统与时钟系统在中央设置接口，综合监控系统接收时钟系统提供的时钟信号，统一综合监控系统的网络时间，并将该时钟信息传送给各相关集成系统，从而实现全线时钟对时功能。同时，可根据该时间记录事件发生的时间和触发某些时间触发控制。

17. 安检系统功能

综合监控系统与安检系统互联，通过综合监控系统平台实现安防平台功能，接收安检设备的状态及故障信息，以及易燃易爆危险品检测情况。一旦发现紧急情况，指导车站运营对行车采取越站、转向等方式，以避开危险源。

18. 办公自动化功能

综合监控系统通过与OA接口，实现远程WEB登录以及物资管理的功能。

19. 与线网（应急）指挥中心（NCC）的接口功能

线网综合监控系统通过网络和特定的接口与各控制中心连接，从而采集各线的线路信息及线网系统信息。线网平台统一从线路综合监控系统获取。综合监控系统具备将各专业的信息根据线网指挥的需求进行筛选并上传至线网指挥平台的功能。

20. 接口功能

系统具有良好的开放性，可在操作站窗口中运行系统的应用程序及画面。

21. 智能疏散系统功能

ISCS 通过网络把各站点智能疏散系统集成起来，完成对其运行状态的监视，如显示应急疏散指示灯的方向等。控制中心将区间火灾模式号信息下发至车站 ISCS，再由车站 ISCS 下发至本站智能疏散系统。

22. 安防系统（AF）功能

综合监控系统与安防系统在有出地面洞口附近的车站、车辆段与主变电站相邻的车站进行互联，分别与安防周界报警系统、安防视频监视系统、安防广播系统进行信息互通，实现对安防设备的监控和显示。接收并储存车站、车辆段、主变电站安防系统设备的运行状态；接收车站、车辆段、主变电站安防系统设备报警并显示；车站、车辆段、主变电站安防系统设备运行状态数据，安防系统报警信息、状态信息的存储、报表查询和打印功能。

（三）联动功能

全自动运营模式下需要线路所有机电系统有着较高的实时协同作业能力，尤其是针对传统模式下建设关联度不是很高的车辆、信号、综合监控这三个关键系统。对于综合监控而言，除了传统的日常联动（如车站开、关站）和应急联动（如电力、火灾联动等）之外，还需要综合考虑无人驾驶模式下各项场景的联动预案，尤其是车辆、信号、综合监控这三个系统的相互关系和联动支持。

综合监控系统平台实现的联动功能在场景定位上分为中央级、车站级和场段级联动协调功能。从联动场景的类型上，可分为正常工况下的联动和紧急情况下的联动；从触发方式上可分为条件触发和定时触发，执行方式上分为全自动、半自动和手动。

全自动联动：收到接口系统报警/状态点触发，无须人工干预，ISCS 系统将自动处理并给接口系统发送相关控制命令。操作员不能在 HMI 层禁止联动功能。只有 ISCS 系统维护工程师才能在离线状态禁止这些功能。

半自动联动：这种联动功能由来自一个或多个接口系统的触发点或时间驱动事件触发。当半自动联动功能被触发时，联动功能图标在 HMI 页面闪烁提醒操作员注意。通过 HMI 联动功能页面，操作员给接口系统发送被选半自动联动的一系列控制命令。操作员在 HMI 联动页面执行命令之前或之后，当触发点恢复到正常状态时，相关联动将从 HMI 联动功能页面列表中消失。

手动联动：这种联动与报警/状态没有联系。通过 HMI 联动功能页面，操作员手动把选择的联动功能中一系列控制命令发送给接口系统。

1. 正常工况时的综合监控系统联动功能

正常工况时，综合监控系统进入正常工作模式，即综合监控系统的日常监控管理模式，控制中心监管着全线各车站、各有关系统的运作情况。

1）车站早间开站前准备时候的联动

在早间开站前某个时刻在 HMI 上启动该联动功能。

将时间表信息发至 BAS，BAS 定时启动相关的通风空调的早间启运模式和相关照明模式。

控制 CCTV 画面按固定序列轮巡，检查车站情况是否正常。

将时间表信息发至 AFC，AFC 启动相关设备。

2）车站在列车开始服务时候的联动

对 PA 系统进行控制，在车站进行列车开始服务的广播。

将相关文本信息发至 PIS 系统，在相关车站的乘客信息显示终端显示列车开始服务的提示。

3）晚间停止运营服务前进行预报时候的联动

对 PA 系统进行控制，在车站进行停止服务前的预报广播。

将相关文本信息发至 PIS 系统，在相关车站的乘客信息显示终端显示列车停止服务前的相关提示。

4）晚间停运时刻的联动

对 PA 系统进行控制，在车站进行停止服务的广播。

控制 CCTV 画面按固定序列轮巡，检查车站情况是否正常。

将相关文本信息发至 PIS 系统，在相关车站的乘客信息显示终端显示已停止服务的提示。

控制关闭 AFC 相关设备。

5）列车进站/到站/离站时候的联动

接收信号系统发来的有关列车进站/到站/离站信息。

对 PA 系统进行控制，在车站进行进站/到站/离站广播。

6）车站暂停服务后恢复运营时候的联动

在 HMI 上输入暂停服务后重新恢复运营服务联动启动命令。

控制 CCTV 画面按固定序列轮巡，检查车站情况是否正常。

对 PA 系统进行控制，在车站进行恢复运营服务广播。

将相关文本信息发至 PIS 系统，在相关车站的乘客信息显示终端显示恢复服务的提示。

另外，综合监控系统作为一个重要的监控系统，对整个地铁系统节能起到协调指挥的作用。地铁系统的节能需要所有系统共同协作完成。综合监控系统的节能联动措施涉及的系统和专业包括 PSCADA、BAS、PSD、AFC、SIG、通风空调、照明等。相关联动如下：

（1）综合监控系统制定各种时间表（包括季节、节假日、每天不同时段等）发送给 BAS 系统，由 BAS 系统根据按照时间表运行，实现节能。

（2）综合监控系统获取 AFC 客流信息、行车信息后发送给 BAS 系统，由 BAS 系统根据客流信息、行车信息有效地控制通风空调设备实现节能。

（3）利用综合监控系统汇集自动售检票设备、站台门的实时信息，实现通风空调系统节能优化运行。

2. 火灾模式下综合监控系统联动功能

1）列车在区间隧道发生火灾时的联动

在 HMI 上输入发生火灾的列车车次号和火灾发生部位信息。

根据信号系统传来的列车位置信息选择相应的隧道通风模式。

对发生火灾区间的前后车站 BAS 下达相关的隧道通风模式控制命令，启动相关设备进行送风和排烟。

向 PSCADA 下达切断发生火灾相关区段的牵引供电的指令。

对 PA 系统进行控制，在相关车站进行紧急情况广播。

将相关文本信息发至 PIS 系统，在相关车站的乘客信息显示终端显示紧急疏散的提示。

联动相邻车站的消防应急照明和疏散指示系统主机，由消防应急照明和疏散指示系统主机控制疏散指示灯指示方向。

2）列车在车站隧道发生火灾时的联动

在 HMI 上输入发生火灾的列车车次号和火灾发生部位信息。

根据信号系统传来的列车位置信息计算出隧道通风系统相关的火灾模式。

对发生火灾的车站 BAS 下达相关的隧道通风火灾模式控制指令，启动相关设备进行送风和排烟。

向 PSCADA 下达切断发生火灾的相关区段牵引供电的指令。

对 PA 系统进行控制，在相关车站进行紧急情况广播。

将相关文本信息发至 PIS 系统，在相关车站的乘客信息显示终端显示紧急疏散的提示。

联动相邻车站的智能疏散主机，由智能疏散主机控制疏散指示灯指示方向。

CCTV 画面切换到站台层画面。

HMI 上显示在 IBP 上停止站厅至站台的下行自动扶梯的提示。

HMI 上显示在 IBP 上释放 AFC 闸机的提示。

3）车站站厅公共区发生火灾时候的联动

接收 FAS 上传的火灾报警信息和火灾模式。

监视 BAS 是否已自动启动相关的车站环控火灾模式。如 BAS 系统还没有自动启动相关火灾模式，则向 BAS 下发相关的火灾模式指令，启动相关环控设备进行防灾救灾。

向 PSCADA 下达切断与消防无关的三级负荷的命令。

对 PA 系统进行控制，在相关车站进行紧急情况广播。

将相关文本信息发至 PIS 系统，在相关车站的乘客信息显示终端显示紧急疏散的提示。

联动相邻车站的智能疏散主机，由智能疏散主机控制疏散指示灯指示方向。

将 CCTV 画面切换到发生火灾的站厅画面。

HMI 上显示在 IBP 上停止相关自动扶梯的提示。

HMI 上显示在 IBP 上释放 AFC 闸机的提示。

4）车站站台公共区发生火灾时候的联动

接收 FAS 上传的火灾报警信息和火灾模式。

监视 BAS 是否已自动启动相关的车站环控火灾模式。如 BAS 系统还没有自动启动相关火灾模式，则向 BAS 下发相关的火灾模式指令，启动相关环控设备进行防灾救灾。

向 PSCADA 下达切断与消防无关的三级负荷的命令。

对 PA 系统进行控制，在相关车站进行紧急情况广播。

将相关文本信息发至 PIS 系统，在相关车站的乘客信息显示终端显示紧急疏散的提示。

联动相邻车站的智能疏散主机，由智能疏散主机控制疏散指示灯指示方向。

将 CCTV 画面切换到发生火灾的站台画面。

HMI 上显示在 IBP 上停止站厅至站台下行自动扶梯的提示。

HMI 上显示在 IBP 上释放 AFC 闸机的提示。

5）车站设备管理用房发生火灾的联动

接收 FAS 上传的火灾报警信息和火灾模式。

监视 BAS 是否已自动启动相关的车站环控火灾模式。如 BAS 系统还没有自动启动相关火灾模式，则向 BAS 下发相关的火灾模式指令，启动相关环控设备进行防灾救灾。

向 PSCADA 下达切断与消防无关的三级负荷的命令。

对 PA 系统进行控制，在车站进行相关的紧急情况广播。

将相关文本信息发至 PIS 系统，在相关车站的乘客信息显示终端显示紧急疏散的提示。

联动相邻车站的智能疏散主机，由智能疏散主机控制疏散指示灯指示方向。

HMI 上显示在 IBP 上停止相关自动扶梯的提示。

HMI 上显示在 IBP 上释放 AFC 闸机的提示。

HMI 上显示在 IBP 上释放 ACS 的提示。

6）车辆段发生火灾时候的联动

接收 FAS 上传的火灾报警信息和火灾模式。

向 PSCADA 下达切断车辆段与消防无关的三级负荷的命令。

3. 阻塞模式下综合监控系统联动功能

当列车在站台、隧道区间受阻时，地铁运营部分受阻滞，综合监控系统收到确认信息后，自动进入阻塞模式，OCC 大屏幕发出进入阻塞模式的消息，报警体系在 OCC 和各车站控制室提醒操作员进入阻塞模式，并在 OCC 和车站控制室的监视画面上显示列车的位置、状态、运行方向等信息，各有关系统也将协调互动，协助 OCC 调度人员消除阻塞。

列车在区间发生阻塞时的联动如下：

接收信号系统发来的阻塞信息。

根据信号系统传来的列车位置信息计算出隧道通风相关的阻塞模式。

对发生阻塞区间的前后车站 BAS 下达隧道通风阻塞模式控制指令，启动相关设备进行送风和排气。

对 PA 系统进行控制，在相关车站进行紧急情况广播。

将相关文本信息发至 PIS 系统，在相关车站的乘客信息显示终端显示相关提示。

对发生阻塞区间的前后车站 BAS 下达隧道通风阻塞模式控制指令给智能疏散主机，由智能疏散主机控制疏散指示灯指示方向。

4. 故障模式下综合监控系统联动功能

当主要系统设备出现重大故障，足以影响 ISCS 系统甚至地铁系统的正常运行或危及设备安全时，ISCS 自动进入故障模式，OCC 大屏幕发出进入故障模式的消息，报警体系在 OCC 和各车站控制室提醒操作员进入故障模式，各有关系统也将协调互动。

1）站台门发生故障时候的联动

接收 PSD 上传的设备故障信息。

将 PSD 上传的单个门的故障信息发送给车载 PIS。

将 CCTV 画面切换到发生 PSD 故障侧的站台画面。

2）AFC 闸机故障时候的联动

接收 AFC 上传的设备故障信息。

将 CCTV 画面切换到发生 AFC 闸机故障的相关站厅画面。

（四）大屏幕（OPS）显示功能

在控制中心的中央大屏幕上实现对全线信号系统、CCTV 画面、供电系统、车站通风空调系统和隧道通风等系统的运作状况进行监视的功能。

（五）IBP 紧急后备控制功能

为了解决各专业在车站控制室 IBP 盘设置按钮过多的情况，拟采用车站控制室电子 IBP 盘方案。电子 IBP 盘由触摸屏屏架、马赛克屏、落地机柜、综合操作台和临窗工作台（含打印机台）组成。本线在既有传统 IBP 盘基础上进行升级改造为电子触摸式 IBP 盘，保留紧急后备控制按钮。在中央一级发生通信故障或在车站一级人机接口发生故障时，保证车站具有紧急后备装置，以免影响安全；在每个车站控制室皆保留紧急后备控制功能，进行紧急情况下的手动后备操作控制。

这些后备控制功能主要包括：

（1）信号系统（SIG）的紧急停车、扣车和放行控制。

（2）车站环控系统和隧道通风系统紧急情况下的模式控制。

（3）自动售检票系统（AFC）的闸机解锁控制。

（4）门禁系统（ACS）门锁的解锁控制。

（5）站台门系统（PSD）的开门控制。

（6）自动扶梯的停机控制。

（7）消防水泵的启停控制等。

（六）辅助系统功能

1. 维修管理功能

1）综合监控系统维修管理模式

综合监控系统的维修管理按照定期维护、故障维修和在线维修等模式。

（1）定期维护。

综合监控系统的设备定期维护由维修工作人员根据检修日程安排，定期（如周、月、季、年等）对设备进行维护。这些维护包括线路检查、设备运行情况检查、计算机设备磁盘清理等。

（2）故障维修。

故障维修是指由维修工作人员根据维修调度人员或值班人员报告的综合监控系统的设备故障信息进行设备更换、线缆更换或现场维修等。这种维修主要是针对设备突发故障进行的修护操作。

（3）在线维修。

综合监控系统的设备在线维修主要是指对软件的检修。由技术工作人员根据地铁运营的需要进行一些功能调整，或监控对象的变化导致修改综合监控软件。这些检修一般由软件工程师来完成，但在正常运营期间不能对软件进行修改，由软件测试平台编制并测试通过在非运营段（如夜间）进行下载更新。

另外，综合监控的维修人员可以通过维修管理系统的终端了解设备运行状况，可以查看设备模块级别的相关信息，通过这些信息进行组织相应的维修。

2）综合监控系统的维修管理范围

综合监控系统的维修管理范围包括对如下设备的故障报警信息的汇集、显示、查询和故障统计报表、ISCS 系统设备、供配电设备、应急照明电源、通风空调、给排水设备、自动扶梯、FAS 设备、ACS 设备、PSD 设备、通信各子系统设备、信号系统、AFC 设备。

3）综合监控系统的维修管理功能

综合监控系统设置了维修管理子系统，可实现对综合监控系统自身和其主要监控设备进行故障信息统一汇集、设备故障报警集中显示、故障告警查询等功能，并可对综合监控系统内部设备和接入系统的设备进行运行状态判定，并在设备异常或故障时，向运营维护管理人员提供分类报警信息，协助故障判定，从而帮助运营维修人员更方便、更高效地完成护管理工作。

综合监控系统对所监控设备的维修管理功能分别在控制中心、车辆段维修中心以及车站自动化维修工区实现。控制中心的综合监控系统应能采集处理集成系统的必要设备故障分类信息，此类信息主要采用设备分类故障报警的方式，从而方便中央维调人员在维修管理方面的指挥工作。在车辆段维修中心设置维修管理系统（MMS），此系统可在车站自动化维修工区设置复式维修工作站，该系统应能采集、汇总和处理综合监控系统所监控的主要设备的故障信息，此类信息主要采用单体设备故障报警的方式，从而方便车辆段各相关专业的维护管理人员进行设备维修管理的工作。

2. 培训管理功能

培训管理系统（TMS），实现对综合监控系统培训管理功能。TMS 可使学员处于模拟仿真的 ISCS 操作环境，对学员进行各种 ISCS 的培训操作，包括仿真单点的设置、遥控、组控、模式控制等功能。

TMS 接入综合监控骨干网络，在线培训模式下培训人员可监视和查询在线数据，不可控制和修改在线数据。离线培训模式下 TMS 与在线系统完全隔离，具备完全的模拟数据和自定义场景的功能，支持对线路事件和报警等信息在线的下载，具有现场事件处理过程的回放功能。

3. 软件测试功能

在车辆段设置软件测试平台（STP），可对整个综合监控系统的软件的功能进行软件测试和软件修改，满足综合监控系统的接口测试和软件安装测试以及今后软件修改等功能需求。

4. 网络管理功能

在控制中心将专门设立用来配置、监视和控制整个综合监控系统网络的网络管理系统（NMS）。网络管理系统（NMS）可对综合监控系统的所有网络设备进行配置、监视和控制。

（七）其他管理功能

1. 远程访问功能

综合监控系统在控制中心设置 WEB 应用服务器可实现如下功能：

（1）通过 WEB 服务器对 ISCS 中央实时及历史数据、画面、报表等信息进行处理转换，实现内部办公网络互联，将实时监控画面、报表、重要报警汇总、重要故障统计汇总等信息以网页方式供外部浏览、查询。

（2）通过 WEB 服务器只能访问 ISCS 信息但不能控制，并采用硬件防火墙以保证系统安全，实现 ISCS 与外部的隔离。

2. 辅助决策功能

决策支持系统是辅助决策者通过数据、模型和知识，以人机交互方式进行半结构化或非结构化决策的计算机应用系统。它是管理信息系统（MIS）向更高一级发展而产生的先进信息管理系统。它为决策者提供分析问题、建立模型、模拟决策过程和方案的环境，调用各种信息资源和分析工具，帮助决策者提高决策水平和质量。

ISCS 系统的决策支持实现在 ISCS 系统中的功能提示与监控图实时展示的支持功能。ISCS 系统集成多功能、多应用，是一套完备并复杂的监控系统。在 ISCS 中集成决策支持系统，为调度人员提供正确及时的操作引导，为监控系统实现准确高效的监控方法。

（八）安防集成平台功能

由于综合监控系统软硬件平台集成互联了门禁系统、视频监视系统与安检系统等接口，其功能涵盖安防平台软硬件需求。因此，安防集成平台与综合监控系统平台共用，由综合监控系统平台实现其功能。

线网级安防平台是整个城市轨道交通公安安全防范的决策、指挥、控制和管理的线网级中心；线路级是以其所管辖范围内车站的指挥、控制和管理中心；车站级完成安全防范系统车站、车辆段区域内各功能子系统的现场信号汇集、控制和转发的功能。

1. 通用功能

（1）信息接入、显示及控制。

（2）数据存储与查询。

（3）权限管理。

（4）访问认证管理。

（5）文件处理、归档功能以及报表功能。

（6）网管功能。

（7）维修管理功能。

（8）培训功能。

2. 安防集成平台线路中心级功能

（1）为整个城市轨道交通公安安全防范的决策、指挥、控制和管理提供基础数据。

（2）预留与市公安局的数据接口，可将轨道交通视频监视图像以及各类报警信息实时上传。

（3）向相关系统提供重要警情报告信息和系统联动请求信息，并接收相关系统提供的轨道交通各类数据以及报警等信息。

（4）接收下一级安防集成平台上传的数据。

（5）向下一级安防集成平台下发相关控制命令等。

3. 安防集成平台站点级功能

（1）站内 CCTV 调取、安全检查及探测子系统、出入口控制子系统的现场信息汇集、监控和向上一级转发的功能。

（2）向车站轨道交通相关系统提供重要警情报告信息和系统联动请求信息，并接收相关系统提供的轨道交通各类数据以及故障、报警等信息。

（3）执行上一级安防集成平台下发的各种指令和要求。

（4）联动控制功能。安防集成平台通过硬件和软件平台，为各系统间自动、快速、可靠的联动提供保障。发生紧急事件后，经人工确认，启动相应的联动处置模式。

六、全自动运行综合监控系统新增功能

综合监控系统常规驾驶模式的接口能够满足全自动驾驶需求，所以不再新增接口，只对部分接口功能增强。

（一）新增及增强功能说明

全自动运行模式下，综合监控系统在完成原有系统功能的基础上，需强化与全自动驾驶相关的监控功能和联动功能。

强化与信号 ATS 的接口，接收 ATS 提供的信号系统信息。

强化与通信 CCTV、PA、PIS 等系统接口，增强与相关系统的联动。

强化与 PSD 的接口，ISCS 对车门的状态、车门与站台门的对位隔离状态实时监视。

强化自动开站、关站等联动功能，提高车站自动化水平。

综合监控系统考虑与车载信息系统通过 PIS 车地无线系统接口，收集列车实时状态和报警信息，为调度人员提供列车实时状态信息和列车报警信息，作为信号系统传输列车实时状态和报警信息的后备。

配合 FAS 系统确认的火灾信息[获取确认的车载 FAS 报警信息、区间火灾报警（非列车着火）信息]，控制中心环调通过综合监控系统人工启动区间消防模式。

（二）与常规驾驶模式的功能差异说明

与常规驾驶模式相比，在全自动驾驶模式下，列车不配备司机，需要加强控制中心远程监控功能，要能实时监测在线列车、车载设备等更多信息，对控制中心远程监控能力提出了新的要求。

控制中心集中监视全线车辆及车载子系统的运行状态，并对车辆空调、车辆照明、列车广播、列车视频监视等进行控制；完成对列车故障的处理。系统完成数据处理、存储、历史查询、数据统计等，对历史资料存档管理，为车辆设备维修和运营部门提供设备检修和辅助行车信息。

具体功能差异如下所示：

1. 新增监控功能

（1）控制中心操作员对车厢乘客的广播、视频监视以及列车对讲功能。

（2）列车照明、环控通风模式控制。

2. 增强监控功能

（1）增强车载 CCTV 视频监视功能。

（2）增强对车辆段无人区门禁系统监控功能。

（3）增强系统对车辆故障等信息采集量、车辆设备的广播、监控等功能。

3. 联动模式增加

（1）乘客启动车内报警信号联动。

（2）车辆发生火灾联动。

（三）智慧车站综合监控系统提升的新功能

1. 综合运管平台

智慧车站综合运管平台基于综合监控系统平台，来统一实现客运管理、设备运管，智慧车站综合运管平台需具备数据可视化的功能。

另外，综合运管平台能把采集到的数据和各类信息资源，包括信息点、视频、文本、报表、图片、运行图等，根据调度岗位预定的业务规则，调用一系列功能进行重新过滤、筛选、分类、组合和同步展示，以达到在有限的信息展示空间中，向用户提供针对性的展示服务。

1）综合看板功能

综合运管平台系统提供基于 B/S 或 C/S 的标准用户图形界面，用层次化、生动丰富的画面，诸如三维模型、多层次画面、告警消息框弹出、浮动框体系等，将系统和各子系统原理图、总貌图、流程图、趋势图等显示出来，形成综合看板。

综合运管平台对车站乘客、设备定位、运行状态、值班人员、车站环境等相关信息进行监视，同时监视各集成系统设备的工作状态，能够直观、快速显示系统设备的工作状态。

综合运管平台系统具有强大的报表管理、生成和打印功能。常用报表有车站管理用表、人员排班用表、设备报警报表、事件报表、数据统计报表、各种日志报表等，同时授权用户可以定制所需的报表及定制报表格式。

2）场景联动功能

综合运管平台针对不同级别的站控提供不同的场景预案。

值班站长可通过操作终端发起场景预案，系统自动执行预案步骤，并将需要人工确认的步骤反馈给值班站长，值班站长结合视频监控确认并完成预案流程的执行。在场景界面，值班站长除了能看到预案执行的进度外，也能了解到站内其他工作人员的任务和执行进度反馈，包含开站模式、关站模式、高峰、大客流模式、灾害模式、故障模式等场景。

2. 无线单兵系统

车站无线单兵系统，是采用高效联动、快速反应、创新执行方式将车站控制室建设成为有效解决执行难问题的车站中枢平台。

建成的无线单兵指挥系统将具备如下功能：

（1）车站工作人员在执行现场通过单兵设备对现场图像进行实时采集和本地化存储，当网络环境不佳时，现场实况可通过抓拍或者录像，将图片、音视频图像保存在本地无线单兵设备上，在本地无线单兵上可以进行图片浏览、音视频录像文件的回放。

（2）网络情况良好时，无线单兵设备采集的实时图像通过 3G/4G/Wi-Fi 网络传输到车站指挥平台，通过车站的指挥平台进行统一管理和集中备份存储。

（3）车站指挥人员可以通过固定坐席、手机 App、电视墙大屏多种方式浏览现场实时图像，并与前端人员进行实时沟通指挥。

（4）指挥后台可以对前端无线单兵设备进行统一的设备班组管理。

（5）利用无线单兵或手持台等硬设备中嵌入的蓝牙芯片，通过无线单兵系统的手机 App 软件和覆盖整个车站的无线网络接入系统，对车站内站务人员、保洁人员、维保人员等工作人员进行定位管理。

3. 客流预测功能

客流是轨道交通安全管控的重中之重，综合运管平台可对客流进行详细深入的剖析。

平台通过对乘客日常乘车行为分析，针对不同出入口典型的出站、入站客流流向，结合智能视频分析及大数据预测模型，采用热力图为主，趋势图为辅的表达方式对流向路径中存在的客流瓶颈区进行监测和展示，对当前客流热力图和瓶颈区的客流情况联合分析，可为站务人员提供瓶颈区客流疏散的建议。

任务二 综合监控系统控制及运营模式

一、主要监控对象

综合监控系统的监控对象由综合监控系统直接或间接进行监控，按照监控对象的所属监控执行系统进行划分，主要包括变电所综合自动化系统、环境与设备监控系统、火灾自动报警系统和站台门系统。

（一）变电所综合自动化系统

1. 主要控制范围

主变电站：110 kV 断路器、电动隔离开关、35 kV 断路器、调压开关。

牵引降压混合变电所：35 kV 断路器、1500 V 断路器、接触网电动隔离开关、0.4 kV 进线断路器、母联断路器、三级负荷开关、主要供电回路 0.4 kV 断路器。

降压变电所：35 kV 断路器、0.4 kV 进线断路器、母联断路器、三级负荷开关，主要供电回路 0.4 kV 断路器。

跟随式降压变电所：0.4 kV 进线断路器、母联断路器、三级负荷开关，主要供电回路 0.4 kV 断路器。

2. 主要监视范围

主变电站：开关位置、事故信号和预告信号、自动装置投入撤除信号、开关当地/远动操作位置信号、交直流装置信号等。

牵引降压混合变电所：0.4 kV 以上级所有设备（含所有 0.4 kV 断路器）运行信息、开关位置（含接触网开关位置）、事故信号和预告信号、自动装置投入撤除信号、开关当地/远动操作位置信号、交直流装置信号、制动能量消耗装置信号、轨电位限制装置信号等。

降压变电所：0.4 kV 以上级所有设备（含所有 0.4 kV 断路器）运行信息、开关位置、事故信号和预告信号、自动装置投入撤除信号、开关当地/远动操作位置信号、交直流装置信号、运行信息等。

跟随式降压变电所：0.4 kV 以上级所有设备（含所有 0.4 kV 断路器）运行信息、开关位置、事故信号和预告信号、自动装置投入撤除信号、开关当地/远动操作位置信号、交直流装置信号等。

3. 主要测量范围

主变电站：110 kV 进线电流，110 kV 母线电压，主变 110 kV 侧有功功率、无功功率、有功电度、无功电度（感性、容性），主变低压侧电流、有功功率、无功功率、有功电度、无功电度，主变电站谐波测量、35 kV 母线电压、35 kV 馈线电流、主变抽头位置、主变绕组温度及油温。

牵引降压混合所：35 kV 进线电流，35 kV 母线电压，整流机组电流、有功功率、有功电度，直流 1500 V 母线电压，直流 1500 V 馈线电流，35 kV/0.4 kV 变压器电流、有功功率、有功电度，直流屏直流母线电压，0.4 kV 进线电流、母线电压，变压器绕组温度。

降压变电所：35 kV 进线电流，35 kV 母线电压，35 kV/0.4 kV 变压器电流、有功功率、有功电度，直流屏直流母线电压，0.4 kV 进线电流、母线电压，变压器绕组温度。

（二）环境与设备监控系统

1. 隧道通风

隧道风机：启停控制、启停状态、故障、绕组温度超高、车控/环控、环控/现场。

车站排风机：启停控制、启停状态、故障、车控/环控、环控/现场。

射流风机：启停控制、启停状态、故障、车控/环控、环控/现场。

电动风阀：开关控制、开关状态、故障、车控/环控、环控/现场。

2. 车站环控

空调新风机：启停控制、启停状态、故障、车控/环控、环控/现场。

组合式空调机：启停控制、启停状态、故障、过滤网阻塞报警、车控/环控、环控/现场。

回排风机：启停控制、启停状态、故障、车控/环控、环控/现场。

排烟风机：启停控制、启停状态、故障、车控/环控、环控/现场。

电动风阀：开关控制、开关状态、故障、车控/环控、环控/现场。

送风机：启停控制、启停状态、故障、车控/环控、环控/现场。

排风机：启停控制、启停状态、故障、车控/环控、环控/现场。

冷冻水泵：启停状态、车控/环控、环控/现场、故障。

冷却水泵：启停状态、车控/环控、环控/现场、故障。

风管温湿度：温度、湿度。

公共区温湿度：温度、湿度。

房间温湿度：温度、湿度。

风管温度：温度。

房间温度：温度。

水管温度：温度。

水管压力：压力。

水管压差：压差。

流量：流量。

二通阀：开度。测量、开度控制。

3. 车站照明导向

节电照明：开关控制、开关状态。

公共区一般照明：开关控制、开关状态。

出入口照明：开关控制、开关状态。

广告照明：开关控制、开关状态。

管理房照明：开关控制、开关状态。

事故照明电源：交/直流电压信号、充放电时间、故障。

导向牌灯箱：开关控制、开关状态。

4. 给排水设备

排水泵：A 泵运行/停止、B 泵运行/停止、A 泵正常/故障、B 泵正常/故障、超高水位报警、超低水位报警、手动/自动。

污水泵：A 泵运行/停止、B 泵运行/停止、A 泵正常/故障、B 泵正常/故障、超高水位报警、超低水位报警、手动/自动。

废水泵：A 泵运行/停止、B 泵运行/停止、A 泵正常/故障、B 泵正常/故障、超高水位报警、超低水位报警、手动/自动。

区间水泵：A 泵运行/停止、B 泵运行/停止、C 泵运行/停止、A 泵正常/故障、B 泵正常/故障、C 泵正常/故障、超高水位报警、超低水位报警、手动/自动。

电动蝶阀：开关控制、开关状态、故障、现场/遥控。

5. 电扶梯

站内自动扶梯：上/下行状态、故障、左/右扶手带故障。

出入口自动扶梯：上/下行状态、故障、左/右扶手带故障、盖板防盗。

电梯：状态。

（三）火灾自动报警系统

火灾报警探测器故障：模块点故障、手动报警按钮故障、感温电缆控制器点故障、控制盘正常电源故障（电源失电）、控制盘功能卡件故障、控制盘接地故障、消防电话主机故障。

FAS 设备报警：感烟探测器报警、感温探测器报警、感温电缆报警、红紫外双鉴成像式线型光束感烟探测器、可燃气体探测器报警、红外火焰探测器报警、防爆感烟探测器报警、手报按钮/消火栓按钮报警、感温光纤报警。

FAS 监控设备的报警信息：气体控制盘预报警、气体控制盘确认报警、气体控制盘系统故障、气体控制盘手/自动转换、气体释放信号、警铃报警、警铃故障、防火阀开/关状态、火灾模式、AFC 手/自动转换开关位置、AFC 闸机释放信号、人防门状态。

（四）电气火灾监控系统

故障状态：探测器故障、主机故障、主机正常电源故障（电源失电）、主机功能卡件故障、主机接地故障。

报警信息：探测器报警。

模拟信息：探测器电流、温度检测。

（五）消防应急照明和疏散指示系统

故障状态：疏散箭头指示标志灯故障、主机故障、主机正常电源故障（电源失电）、主机功能卡件故障、主机接地故障。

报警信息：疏散箭头指示标志灯故障后主机声光报警、火灾模式

（六）站台门系统

故障信息：单个 ASD/EED 关门故障、单个 ASD/EED 开门故障、门处于手动/隔离报警（两个点）、主电源故障报警、UPS 驱动电源故障报警、UPS 控制电源故障报警、控制系统故障报警、现场总线故障报警、每个 PED 未锁紧报警、单侧站台 ASD/EED 互锁解除报警、每个 DCU 故障报警、每个电机故障报警、单侧站台应急门打开状态报警、单侧站台门状态指示灯故障报警、各门单元锁闭检测开关故障、各应急门检测开关故障、各端门检测开关故障、各门单元闸锁解锁故障。

状态信息：ASD/EED 开门状态、ASD/EED 关门状态、每个门单元的控制模式状态、PSL 操作允许、每侧站台的 PSL 开门命令触发、每侧站台的 PSL 关门命令触发。

（七）门禁系统

故障状态：控制器防拆开关报警、电磁锁破坏报警、机电一体锁破坏报警、电锁扣破坏报警。

状态信息：主控制器与服务器通信状态、就地控制器与主控制器通信状态、电磁锁接口模块通信状态、电磁锁门状态、电磁锁开门超时状态、机电一体锁接口模块通信状态、机电一体锁门状态、机电一体锁开门超时状态、电锁扣接口模块通信状态、电锁扣门状态、电锁扣开门超时状态、电锁扣破玻状态。

二、综合监控系统控制模式

综合监控系统的控制权限（模式）应该遵循手动控制高于自动控制，现地控制高于远程控制的基本原则。当为手动控制操作时，一切自动触发命令将失效；当为自动控制时，又应该按照被控设备的特点，分中央、车站级操作的优先权。自动控制的优先权应通过权限软件包设置确定，一经确定后，只能由单方实施控制，需要越级控制时，必须通过操作员设定方可生效。

正常情况下，所有供电设备和区间隧道通风空调设备应以中央级控制为主；紧急情况下，中央也可授权车站级完成相应的控制功能。

正常情况下，所有站内通风空调及其他一般机电设备应以车站控制为主；在紧急情况下，控制中心中央级也可通过权限设定来直接对所有车站的相关设备进行点动控制或模式控制。

主要监控系统控制模式如下：

变电所综合自动化系统：电力设备采取三级控制的原则。综合监控系统实现电力设备控制中心信息显示功能，变电所和设备本体由电力系统负责。

环境与设备监控系统：隧道通风设备、通风空调、给排水、照明导向、电/扶梯等状态、故障等信息的采集由环境与设备监控系统完成汇总上传至综合监控系统，在控制中心和车站进行显示；综合监控根据运营要求对环境、机电设备进行集中的控制，包括单台设备的点动控制、模式控制、其他相关系统的联动控制、依据运营进行的时间表控制等，环境与设备监控控制器接收并执行综合监控系统的各项命令；环境与设备监控系统实现底层联锁控制。

火灾自动报警系统：综合监控系统采集火灾报警系统的设备故障信息和报警信息，并将由火灾报警采集的设备故障和报警信息，在控制中心和车站进行显示，对火灾报警无控制信息。

电气火灾监控系统：综合监控系统采集电气火灾监控系统的设备故障信息和报警信息，并将采集的设备故障和报警信息在控制中心和车站进行显示，对电气火灾监控系统无控制信息。

消防应急照明和疏散指示系统：综合监控系统采集消防应急照明和疏散指示系统的运行状态、设备故障信息和报警信息，并将由消防应急照明和疏散指示系统的运行状态、设备故障和报警信息在控制中心和车站进行显示。

站台门系统：综合监控系统采集站台门故障和状态信息，在控制中心和车站进行显示，综合监控系统对站台门系统无控制信息。

三、综合监控系统运营模式

综合监控系统作为重要的设备监控设施，主要为地铁行车调度与指挥、设备维护管理提供操作和管理手段。它的直接服务对象为控制中心调度人员、车站值班工作人员、工班维修人员，间接服务对象为乘客、线网指挥调度人员等。

综合监控系统的运营模式分为在正常情况下的运营模式、紧急情况下的运营模式、故障情况下的运营模式以及维修情况下的运营模式。每一类模式下，系统可分为许多具体的联动措施。

（一）正常运营模式

正常情况下，综合监控系统进入正常工作模式，即综合监控系统的日常监控管理模式。整个系统处于中央控制状态。控制权限在控制中心中央级，中央级 ISCS 具有将控制权下放至车站和取回的权利。在该运营模式下，系统能正确监视其监控范围内所有设备的工作状态，为运营指挥提供信息支持，并能基于地铁系统的不同运行工况，正确处理各设备间的关系，并能及时正确地实现各种设备间的联动功能。控制中心监管着全线各车站、各有关系统的运作情况。车站控制室监管着本站范围内的各种相关专业系统。正常运营下的联动模式包括：早启动、晚停运、列车到站、列车离站、节日模式、节电模式、重大事件等。

（二）紧急运营模式

紧急运营模式指发生火灾、水灾、行车事故、突发恐怖事件及各类区间列车受阻等情况时的系统运营模式。该运营模式下整个 ISCS 围绕救人、救灾、快速疏散乘客等工作及时效地协调各子系统工作。

火灾情况下的具体系统运营模式为当车站、控制指挥中心的现场探测设备确认火灾报警信息后，综合监控系统自动启动相关灾害模式。此时，综合监控系统将综合现场报警信息、列车位置等有关信息，使各有关系统协调工作。火灾情况下的运营模式包括车站内火灾、隧道区火灾、高架区间火灾等。

阻塞情况下的具体系统运营模式为当列车在站台、隧道区间受阻时，综合监控系统自动进入阻塞模式，控制中心中央大屏幕显示进入阻塞模式的信息，报警体系在中央和各车站控制室提醒操作员进入阻塞模式，各有关系统也将协调互动。阻塞情况下的运营模式包括隧道区间阻塞、高架区间阻塞等。

紧急运营模式还包括下列情况下的联动：列车碰撞、恐怖威胁和破坏、隧道区间水灾、突发大客流、列车紧急疏散/清客、车站紧急疏散/封站等。

（三）故障运营模式

当主要系统设备出现重大故障，足以影响综合监控系统甚至轨道交通系统的正常运行或危及设备安全时，ISCS 进入故障运行模式，各系统也将协调互动，并快速启动维修支持系统，尽快排除故障，保证运营工作正常进行。故障运营模式包括但不限于如下故障情况：牵引供电故障、环控设备故障、主干网故障、中央 ISCS 设备故障、车站 ISCS 设备故障、列车故障、线路故障、信号系统故障、站台门门故障、BAS 设备故障、AFC 设备故障、FAS 设备故障、PA/PIS/站台 CCTV 等设备故障。

（四）维修运营模式

维修运营模式指实现对综合监控系统自身和其主要监控设备进行维修管理的系统运营模式。该运营模式下，综合监控系统自身和其主要监控设备的故障信息被统一汇集、显示，并可提供故障告警查询。通过对综合监控系统内部设备和接入系统设备的运行状态进行判定，在设备异常或故障时，向运营维护管理人员提供分类报警信息，协助故障判定等帮助，从而帮助运营维修人员更方便、更高效率地完成护管理工作。

复习思考题

1. 综合监控系统集成了哪些系统功能？
2. 简述综合监控系统的体系结构。
3. 综合监控系统与其他专业系统的接口有哪些？
4. 简述综合监控系统的控制模式。

项目六　认识信号系统

任务一　信号系统总体认知

一、概　述

（一）城市轨道交通信号系统组成

城市轨道交通信号系统由正线列车自动控制（ATC）系统和车辆段信号系统组成。

信号系统须采用完整的基于无线通信的移动闭塞列车自动控制系统（ATC），包括列车自动监控子系统（ATS）、列车自动防护子系统（ATP）、列车自动运行子系统（ATO）、计算机联锁子系统（CI）、数据通信子系统（DCS）、智能维护监测子系统（MSS）以及电源、计轴、轨道电路、转辙机、信号机等其他设备。CI 子系统可与 ATP 子系统集成设置。

信号系统其结构如图 6.1 所示。按所处地域划分包括控制中心、地面、车载设备和车辆基地设备。

（二）信号系统的特点

（1）技术先进，即信号系统设备应采用先进的技术、工艺、部件等以保证更好地实现系统的功能，达到系统的各项指标要求，并更有利于操作、自诊断、维护及功能扩展。

（2）符合国内外城市轨道交通信号技术的发展方向。

（3）具有良好的工程应用业绩。

（4）安全、稳定、可靠。

（5）具有较高的性能价格比。

（6）符合国产化政策的规定，满足国产化率要求。

（7）系统单点故障时不得影响 FAM 模式下列车正常运营。

二、全自动运行线路信号系统的主要设计原则

（1）作为行车指挥和安全保障设备，信号系统的设计首先考虑系统的安全性和可靠性，在确保安全性、可靠性、可用性的前提下，以提高运行效率、降低工作人员劳动强度为目的。

（2）信号系统具有高可靠性、高可用性。涉及行车安全的系统、设备及电路应符合故障-安全原则。ATP、ATO、ATS、CI、DCS 等子系统和电源设备应具有完备的冗余机制，提高系统可用性，单一板卡、网络设备、车载测速及定位设备等单点故障应不导致列车降级运行。

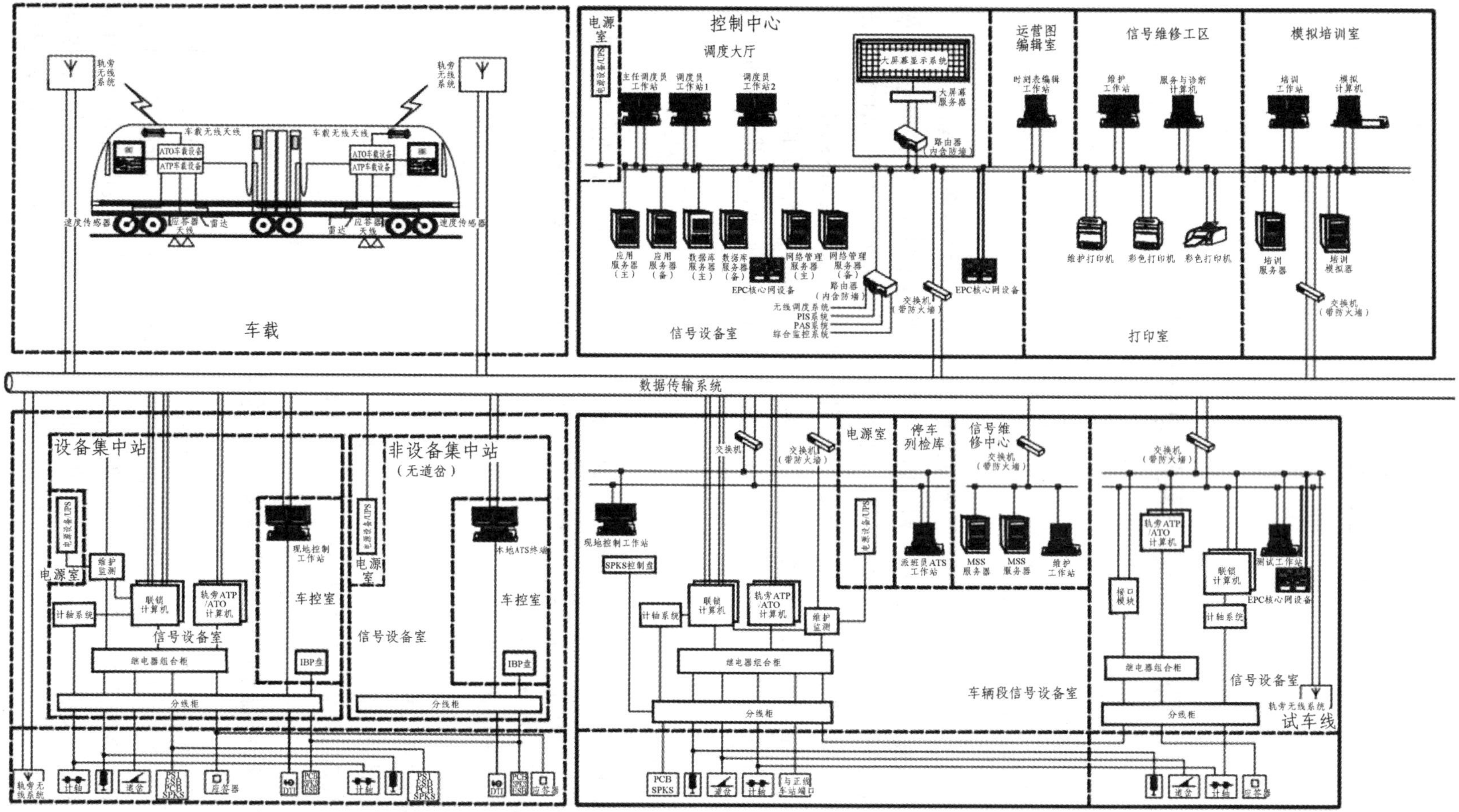

图例：IBP盘：综合按钮盘，由综合监控系统提供
ESB：紧急关闭按钮
PSD：站台门
DTI：发车指示器
：信号机
PCB：站台关门按钮
SPKS：人员防护开关
EPC：LTE核心网

图6.1　信号系统结构

（3）全自动运行系统正线及车辆基地纳入 ATC 控制区域，ATC 控制区域应为全封闭区域。应通过设置 SPKS、门禁等措施防护 ATC 控制区域的人工作业。

（4）所有运营列车均装配信号全自动驾驶车载设备，车载设备应满足安全性、可靠性和可用性要求，其他车辆暂不装配信号车载设备。

（5）正线采用双线双方向运行设计，正常运行时线路按双线单方向右侧行车，特殊情况下，能组织反方向行车，反向运行应具有 CBTC 控制级的 ATP 防护功能。折返线、出入段线及试车线均按照双方向运行设计。

（6）信号系统应具有安全、可靠的降级运营控制模式，当中央设备发生故障时，能够具有备用控制中心级控制能力；当车辆网络故障，系统支持蠕动模式，并适时退出运营，以减小对行车安全和运营效率的影响。

（7）信号系统须满足与车辆、供电、综合监控、通信、站台门等系统的可靠接口，共同实现全自动运行的要求。

（8）每列运营列车均配置车载 ATP/ATO 设备，列车两端司机室装配人机接口设备。车载 ATP 设备采用三取二或二乘二取二的硬件安全冗余结构，信号车载 ATO 设备应采用冗余配置，车载信号设备增加与车辆的输入/输出接口，用于实现全自动运行的控制要求。

（9）信号机原则上设置于列车运行方向的右侧。正线除道岔区段、降级运行时的列车进路始终端、区间通过信号机、联络线和其他须防护的特殊位置设防护信号机及车站设出站信号机外，其余均不设地面信号机。车辆段内的非全自动区域调车作业按地面信号显示运行。

（10）信号车地通信数据传输系统（DCS）必须符合相关无线网络的协议标准和安全标准。无线传输技术必须具备保障通信的安全性、防范非法侵入，具备网络加密、识别和防火墙等安全防护的功能。

三、全自动运行线路信号系统的要求

信号系统配置和功能及信号与车辆、综合监控系统、站台门系统的接口满足全自动运行的运营需求。具备全自动运行功能的信号系统相较于现有信号 CBTC 系统，具备以下技术特点和要求：

（1）正线和车辆段自动控制区域具备全自动运行功能，包括休眠、唤醒、自动进出段、自动进站停车、自动开关门、自动发车、自动折返、自动洗车和自动调车作业等。

（2）车辆段内的信号系统配置需要满足全自动运行和有人驾驶的作业需要。

（3）正线和车辆段应具备全自动运行和人工驾驶的转换，并提供防护。

（4）当停站误差超过规定的精度时，信号系统需与车辆配合实现自动对位调整，从而替代司机人工驾驶的对位调整操作。

（5）与车辆配合，实现车辆及其他车载设备的发车前测试、运行工况控制等功能。

（6）可通过信号车载 VOBC 将车辆各系统重要的自检及运行状态、故障情况实时传送至控制中心，以使行车控制人员及时掌握列车运行情况，对列车运行实施有效控制。

（7）信号与综合监控、车辆等专业配合实现正常运营及故障处置情况下的相关联动控制。控制中心应具备远程控制列车运行及故障处置的手段，必要时远程对列车运行实施干预。

（8）设置备用控制中心时，宜增强备用控制中心的配置级别，备用控制中心和控制中心服务器宜热备冗余，当控制中心发生故障时，由备用控制中心实现运营指挥。

（9）为轨旁维护线路工作人员提供可靠的安全防护。

（10）试车线设备配置需满足全自动运行动/静态测试的需要。

（11）应提高系统冗余设计，ATO、ATS 的安全完整性等级应满足 SIL2 级要求。

（12）需增强系统维护监测功能，信号车载设备的状态需实时上传维护支持系统。

四、全自动运行系统运营主要需求

（一）全自动运行范围

列车全自动运行范围包括正线和车辆基地的全自动区域，具备全区域列车自动唤醒启动和休眠、自动出入车库、自动洗车、自动调车、区间自动运行、自动开关车门、自动折返、简单故障自动恢复等功能。

（二）主备控制中心设置

考虑到全自动运行的系统性降级故障场景，有必要设置主、备控制中心，同时保留车站级控制功能。当主控制中心发生事故、灾害、故障等情况下，自动切换至备用控制中心，仍可维持全自动运行 UTO，不降低服务水平和运营质量。

主/备控制中心应具有以下特性：

（1）主、备控制中心应设置在不同地点。

（2）应采用灾备模式。

（3）应采用全系统（ATS、ISCS 等）、全功能的备用方式。

（4）主、备控制中心应具备自动切换功能。

（5）备用控制中心调度大厅的设备布局、配置及席位设置可适当简化。

（三）系统降级运行模式

若中央系统故障，应降级至备用控制中心中控模式下的 UTO。若备用控制中心也失效，则降级为各集中站分别控制的车站控制模式。列车应避免在站控模式下采用全自动运行模式。

（四）区间应急疏散

区间应急疏散分故障工况及火灾工况。故障工况下，故障区间的疏散一般不得影响邻线区间的正常运行。火灾工况下，应视火灾位置、现场及火势情况综合评判。

（五）无人区的准入设置和安全要求

（1）根据 UTO 运营模式列车运行安全的需要，站台门端门的状态可以纳入站台门安全系统的安全回路（或者单独设置检修通道），并同时设置门禁装置，作为工作检修人员以及司机进入区间开展工作的许可凭证。

（2）全自动运行线路条件下应重视存车线司机的登乘安全。

（3）车辆段无人区作业应考虑设置安全防护分区及措施且标识明晰，安全防护分区的划分应体现安全与效率兼顾的原则。在无人区内，司机的上下车作业，应设置独立的通道和安全防护措施。

（六）驾驶等级相关说明

自动驾驶的两种运行方式UTO、DTO的主要区别在于列车是否配置值守人员。UTO模式下，不配置值守人员；DTO模式下，值守人员仅在故障和应急情况下介入列车运行，有人操作的事项都将达到自动化的要求。通过表6.1的对比分析可以看出UTO比DTO增加的功能主要在三个方面：停车场管理，开关门控制，人员监督、疏散。

表6.1 DTO与UTO功能差异

项目	运输管理基本功能	GoA3	GoA4
列车安全运行	安全进路	S	S
	列车间隔控制	S	S
	速度监控	S	S
列车驾驶	加速和减速	S	S
轨道监测	障碍物监测	S	S
	避免与轨道上的人员碰撞	S	S
乘客换乘	乘客门控	X	S
乘客换乘	乘客跌落车厢间或跌落轨道上	X	S
	列车安全启动条件	X	S
其他	列车进入、退出运营	X	S
	监测列车状态	X	S

注：X——人工保证实现；S——系统保证实现。

任务二 信号系统设备组成

信号系统是一个完整、可靠、高效的列车自动控制系统。各子系统通过信息网络构成闭环系统，之间相互渗透相互结合，从而实现地面控制与车上控制相结合、现地控制与中央控制相结合，并以此保证行车安全，缩短行车间隔，提高运行效率和服务质量，促进管理现代化。

一、控制中心设备

控制中心设备是信号系统监控的核心部分，设备主要包括 ATS 中心设备、LTE 中心设备、培训设备、维护设备、电源设备等。控制中心中央控制大厅及信号设备室布置如图 6.2 和 6.3 所示。控制中心信号系统主要设备配置如下。

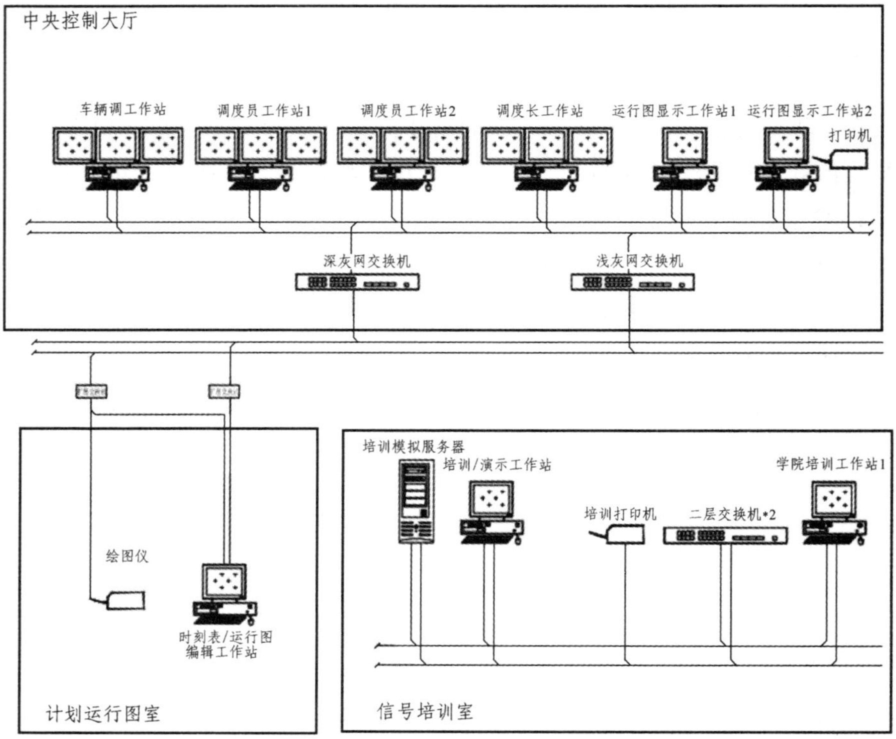

图 6.2　控制中心中央控制大厅布置

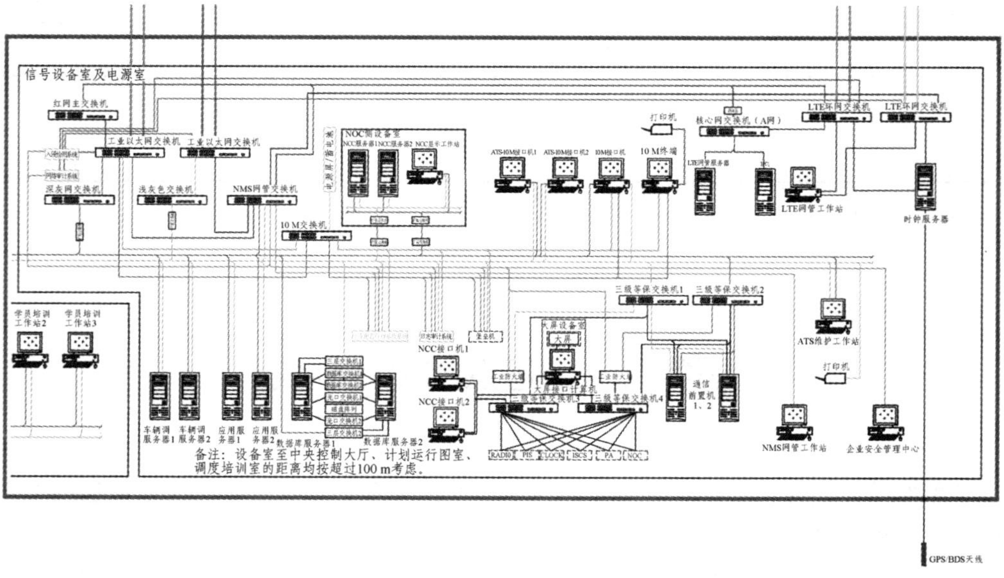

图 6.3　控制中心信号设备室布置

（一）应用服务器

应用服务器是 ATS 子系统的数据处理中枢，它获得全线车站、车辆基地以及外部系统的数据后，将站场图显示、告警、列车状态等各种信息发往各 ATS 工作站和大屏幕显示。应用服务器满足中心自动控制、调度员人工控制以及车站控制的要求；满足地铁行车指挥及运营管理的需要；系统处理能力及处理方式满足可靠性、实时性和可维护性的要求；系统能力具有可扩展性，可与其他自动化控制系统（如综 合监控系统）接口。服务器为双机热备设计，备机实时从主机获得同步的各种数据，可以实现无扰切换。

（二）数据库服务器和磁盘阵列

控制中心的两台数据库服务器为双机热备冗余，在数据库服务器上运行并行数据库例程，数据库例程接受数据库访问。数据库数据如计划数据、列车运行数据、列车编组信息等存放在磁盘阵列上，以便系统调用和查看。

（三）大屏接口计算机

大屏接口计算机用于实现信号系统与大屏幕显示系统的接口，实现在大屏幕上显示全线线路配线情况、列车位置和车次号、列车进路、轨道区段、道岔和信号机的状态，信号系统设备的工作状态等信息。

（四）调度员及调度长工作站

设置调度员工作站和 1 台调度长工作站，通过操作口令调度员工作站可分台工作也可并台工作。各个调度工作站在硬件和软件上具有相同的结构，根据登录用户角色和控制区域的不同来完成不同的功能。如果一台调度员工作站故障，另一台调度员工作站可以接管其控制区域。目前，在全自动运行线路上按功能分主要设置行调工作中站、车辆调工作站、乘客调工作站等不同用途的工作站。

（五）时刻表/运行图工作站

时刻表/运行图工作站用于运行计划人员编制及修改列车运行图和时刻表。系统通过人机对话可以实现对运行图、时刻表的编辑、修改及管理。运行图显示工作站主要用于显示计划运行图和实际运行图，提供与运行图相关的操作，如运行图修改、打印等。

（六）维护工作站（含 ATS 维护工作站）

维护工作站，主要用于 ATS 维护、ATC 系统故障报警处理和车站、车辆基地信号设备的监测；用于显示全线站场图、系统设备状态、故障报警、重要事件等，并进行数据存储管理、ATS 系统管理和网络管理等。

（七）网管工作站

网管工作站与位于维修中心的网管服务器接口，为网管服务器的用户终端设备。运营维护维修人员可以通过网管工作站配置有线、无线网络，并进行统一管理。

（八）通信前置机

通信前置机作为控制中心 ATS 子系统的通信枢纽，负责为控制中心的外部系统（无线、广播、PIS、时钟、综合监控等系统）提供接入 ATS 的接口。

（九）网管服务器

网管服务器负责对全网有线、无线数据通信设备统一配置、管理、监控和故障排除，采用双机热备配置。

（十）数据通信设备

控制中心设置有线网络骨干网传输设备、接入网传输设备。

（十一）打印机

控制中心配备打印机，用于输出运行图及各种报表。

（十二）电源设备

在主、备控制中心各配备一套智能电源屏及双套 UPS 设备，全线电源系统工作状态及故障报警信息纳入信号维护监测子系统统一管理。

（十三）培训/模拟工作站

培训/模拟工作站仅设置在主用控制中心，包括模拟服务器和培训工作站，内配有各种系统编辑、装配、连接和系统构成工具以及列车运行仿真的软件，并可与调度员工作站具有相同的显示内容和相同的控制内容，但不参与在线列车的控制。该工作站还能仿真列车在线运行及各种异常情况，实习操作员可通过此台模拟实际操作。

（十四）培训服务器、培训模拟器

培训服务器及模拟器仅设置在主用控制中心，存储培训所需的相关数据，包括车站、车辆基地以及外部系统的相关数据，将站场图显示、列车状态等各种信息发往培训工作站用于培训。

（十五）其他 ATS 监视工作站

在主控制中心乘务部应急指挥中心、乘务部生产调度室设置 ATS 监视工作站。设计联络阶段可根据运营意见调整以上终端设置位置。

二、正线车站及轨旁设备

信号系统的正线车站及轨旁设备主要包括 ATS 车站设备、ATP/ATO 设备、计算机联锁设备、数据通信设备、维护监测设备、计轴设备、相关按钮、应答器设备、信号机、转辙机及电源设备等，如图 6.4 所示。

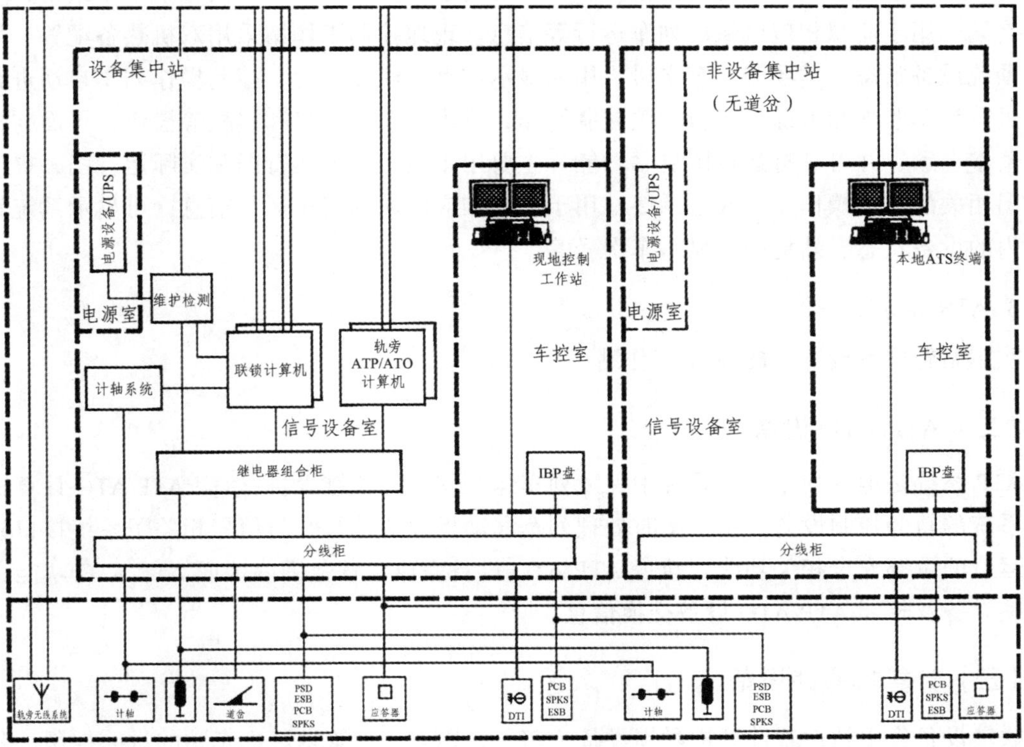

BIP 盘—综合按钮盘，由综合监控系统提供；PCB—站台关门按钮；ESB—紧急关闭按钮；

SPKS—人员防护开关；PSD—站台们；EPC—LTE 核心网；DTI—发车指示器；

—信号机。

图 6.4　正线及轨旁设备布置

信号系统采用区域控制方案，室内控制设备集中设置在信号设备集中站。

（一）ATS 车站设备

1. ATS 分机

在信号设备集中站设置车站 ATS 分机，用于采集车站的各种表示信息、传送中心的控制命令及存储由中心下载的时刻表或根据列车识别号和目的地号进行控制，并实现车站进路自动控制的功能。ATS 分机与控制中心、车站联锁系统之间进行数据传输，能根据运行图或目的地自动触发列车进路，当列车到达站台后，ATS 分机将正确驱动发车时间倒计时显示在车载界面上。ATS 分机采用双机热备结构，备机实时从主机获得同步的各种数据，可实现无扰切换。

2. 车站现地控制工作站及 ATS 显示终端

在信号设备集中站的 ATS 控制与表示设备及现地控制工作站（与联锁的控制和表示设备合二为一），设置于车站综合控制室内。根据运营使用的需要，在非设备集中车站设置 ATS 显示终端，用于监视相应区域的列车运行等信息。现地控制工作站采用双机热备配置，用于显示系统设备状态、站场图、车次号，用来显示和操作联锁单元，控制操作列车自动进路排列，进行列车监视和追踪，进行相关控制操作；可进行职责交接和授权等操作，界面与控制中心基本一致；并可具有运行图显示功能，主要用于显示计划运行图和实际运行图，提供与运行图相关的查询操作。ATS 显示终端用于监视相应区域的列车运行信息，可显示系统管辖区域内的设备状态、站场图、显示车次号等。

3. ATS 显示工作站

在车站轮乘室设置 ATS 显示工作站。

（二）ATP/ATO 设备

ATP 系统是地铁列车控制系统中保障列车运行安全的关键设备，轨旁 ATP/ATO 计算机是 ATP 系统的轨旁控制设备，用于实时处理列车移动授权的计算、与信号相关子系统接口控制列车运行的重要安全相关功能。轨旁 ATP/ATO 设备完成管辖范围内地面 ATP/ATO 功能，并与联锁设备及相邻 ATP/ATO 设备交换信息。

（三）计算机联锁设备

联锁设备集中站设置计算机联锁设备（CI），用以实现管辖区内车站的进路控制。联锁设备应能接受车站值班员和 ATS 子系统的控制，并与 ATP/ATO 车站计算机接口。控制与表示采用彩色显示器、键盘及鼠标器或其他方式，设置于车站控制室内。彩色显示器可显示联锁范围内的站型及区间线路。

（四）数据通信设备

数据通信子系统（DCS）属于 ATP/ATO 的子系统，主要实现地面线路信息、列车目标速度、目标距离、进路状况、列车号、目的地号、司机号、列车位置信息、ATP/ATO 车载设备的状态信息、车门开关状态信息、列车停稳信息、车站通过信息、列车运行调整信息（ATO 运行等级信息）的车载 ATO 与地面 ATS/ATO 的信息传输功能。

数据传输子系统主要由轨旁数据接入网络、骨干传输网络、车载数据网络和车地通信网构成。

（五）计轴设备

在设备集中站集中设置计轴室内设备，在轨旁设置计轴室外设备，实现 ATP/ATO 无法正常工作时降级系统的列车位置检测功能。

（六）站台紧急关闭按钮

在车站的上下行站台的适当位置和车站综合控制室内，分别设置站台紧急关闭按钮。在紧急情况下，乘客按压该侧站台处或车站值班员按压综控室的紧急关闭按钮，使进入或驶出该站台的列车紧急停车，并可通过 IBP 盘上的紧急关闭取消按钮进行取消。

（七）人员防护开关

在正线各站车站控制室 IBP 盘上和进入无人区的出入口处设置人员防护开关（SPKS）及相应表示灯，原则上在车站站台每个区间进入点设置 1 个 SPKS，现地工作站具有 SPKS 相应表示。

（八）清客确认按钮

站台上设置清客确认按钮（QKQR），用于取消清客指令。

（九）开/关门按钮

为了实现站台人工开关闭车门功能，信号系统在车站站台和车站控制室 IBP 盘上设置站台开/关门按钮（POB/PCB）。在车站上下行站台（公共内）分别设置站台门开/关门按钮；在车站控制室 IBP 盘上下行站台分别设置站台门开/关门按钮。

（十）IBP 盘

在正线各车站综合控制室内由综合监控专业设置 IBP 盘。信号专业采集 IBP 盘上的相关按钮状态，车站值班员通过操作盘上按钮，可实现站台紧急关闭及紧急关闭解除功能；ATS 扣车与扣车解除等功能；提前发车功能；计轴预复位功能（仅设备集中站具备该功能，该功能也可选择在现地控制工作站实现）；区间人员防护功能；站台开/关门功能。

（十一）应答器

正线应答器按照用途共分为三种：固定应答器、预告应答器和主信号应答器。其中，固定应答器属于无源应答器，预告应答器和主信号应答器属于有源应答器。固定应答器用于存储地理位置信息，同时消除列车测距误差，减少列车安全位置的不确定性。另外，为满足全自动运行要求下正线停车线停车需求，在正线停车线及折返线设置用于休眠、唤醒的应答器设备。

（十二）正线地面信号机

信号机原则上设置于列车运行方向的右侧。正线采用 LED 信号机，应根据各信号系统的制式和特点来设置，原则上正线信号机的设置如下：

（1）道岔防护信号机。

（2）在每个车站出站方向设出站信号机，若出站外方设有道岔，则出站信号机兼作道岔防护信号机。

（3）长区间降级模式下为满足必要的追踪间隔设置区间信号机。

（4）折返阻挡信号机。

（5）出段（入正线）信号机。

（6）联络线防护信号机。

（7）线路尽头、折返进路终端设置阻挡信号机。

（十三）转辙机

正线、试车线采用弹性可弯曲线尖轨的 60 kg/m 钢轨 9 号道岔，分动设计，尖轨设两个牵引点，采用配套的外锁闭装置、三相交流转辙机牵引。

三、车载设备

在每列列车的头、尾车各设一套车载设备，包括 ATP/ATO 计算机、操作和显示单元、车载无线设备（包括 TAU、交换机及天线）、测速装置和应答器天线等。另外，为保证列车折返功能和驾驶模式建立的连续性，需要车辆提供一定数量的列车头尾通信控制线缆，以满足车载 ATP 相关信息的传输。

具体的信号设备包括车载控制器 CC、司机显示单元 DMI、应答器天线、编码里程计等，这些设备接入冗余的信号网络，如图 6.5 所示。

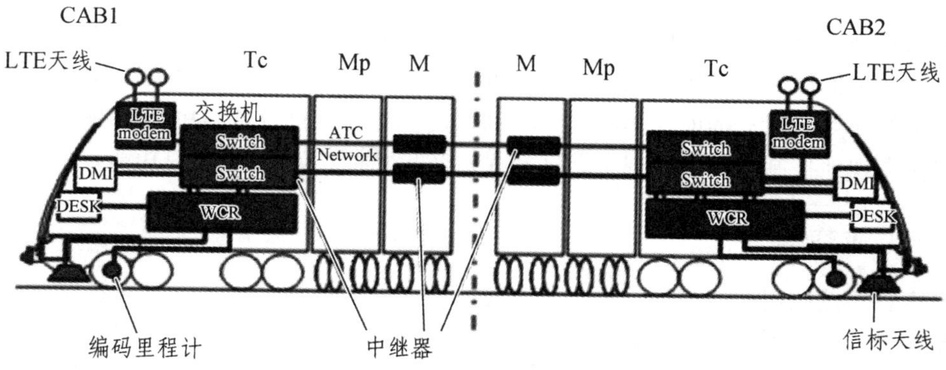

图 6.5　车载信号系统布置

四、车辆基地设备

车辆基地设备包括 ATS 设备、ATP/ATO 设备、计算机联锁设备、车地无线通信设备、信号集中监测设备、道岔缺口监测设备、应答器、信号机、转辙机、计轴、电源设备、日检设备等，如图 6.6 和 6.7 所示。

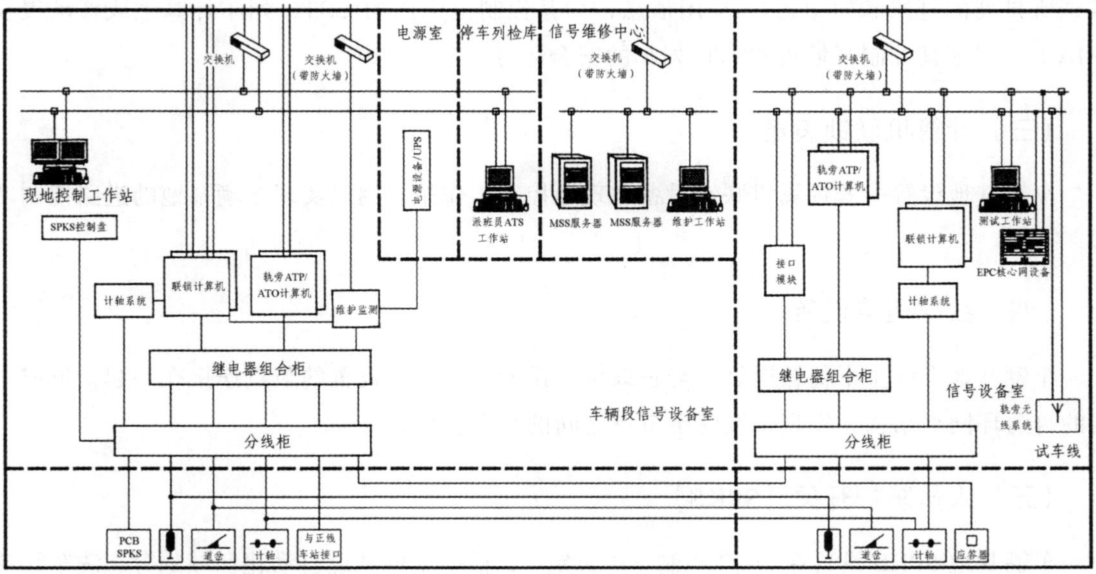

图 6.6　车辆段信号设备示意图

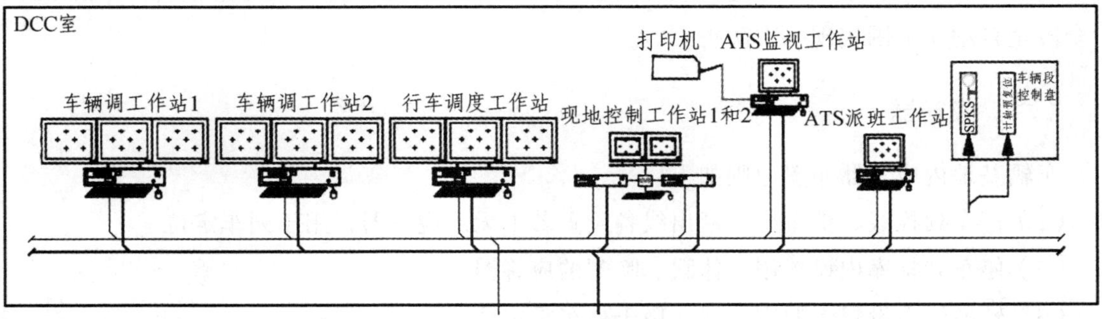

图 6.7　DCC 室示意图

（一）ATS 设备

车辆基地纳入 ATS 监控，在车辆基地信号设备室设置 ATS 分机，用于采集车辆基地内列车运行占用信息、进/出车辆基地的列车信号机的状态信息等，实现车辆基地内列车车组号的跟踪。调度员工作站及控制中心显示屏上可以显示进/出段线（转换轨）占用、进/出段的列车信号机状态及车辆基地轨道占用等详细显示信息。同时，在车辆基地车控室设 1 套车辆管理调度工作站和 1 套行车调度工作站，用于实现车辆基地对车辆的相关监视、控制及调度功能。车辆基地乘务派班室和 DCC 控制室各设 1 台 ATS 复示终端，与车辆基地 ATS 分机相连。

（二）ATP/ATO 设备

车辆基地设置一套与正线一致的 ATP/ATO 设备，负责根据 CBTC 列车的位置信息以及联锁所排列的进路和轨道占用/空闲信息，为其控制范围内的 CBTC 列车计算生成移动授权（MA），保证其控制区域内 CBTC 列车的安全运行。

（三）计算机联锁设备

车辆基地设置一套计算机联锁设备和现地控制工作站，用以实现车辆基地的进路控制功能。

（四）数据通信设备

车辆基地有线主干传输网络，与正线统一设置，与正线设置的节点连接在一起，形成全线的自愈环网络结构，实现全线骨干节点之间的数据传输。

（五）人员防护开关（SPKS）

车辆基地 SPKS 设置在 DCC 控制室（暂定），根据车辆基地自动化区域划分，洗车线单独设置一个，停车列检库库内区域每个独立分区（两条停车列检线）设置 1 个；库前信号机至车辆基地出入口（咽喉区）设置一个；转换轨处设置一个。同时，可以考虑设置一个总 SPKS 对全段全自动化范围实现一次防护。

（六）应答器

车辆基地内应答器布置原则如下：

（1）停车列检线、洗车线、牵出线各设置若干无源应答器，用于列车定位。

（2）停车列检库内设置用于休眠、唤醒的应答器。

（3）转换轨上设置无源应答器，用于列车重定位。

（4）转换轨内方设置无源轮径校正应答器，用于列车轮径校正。

（5）根据需要设置若干无源应答器，用于列车位置校正。

（七）信号机

车辆基地内地面信号机为 LED 光源组合式信号机，信号机设置及显示原则与既有线保持一致，具体如下：

（1）信号机原则上设置于列车运行方向的右侧。

（2）车辆基地入口处设黄、绿、红三显示（绿灯封闭）进段列车信号机和黄、绿、红三显示（绿灯封闭）出段列车信号机，红灯定位显示。

（3）为提高出入段能力，设置线束出发、入库列车兼调车信号机，黄、红、月白三显示，红灯定位显示。

（4）停车列检库、周月检库前设置出库列车兼调车信号机，黄、红、月白三显示，红灯定位显示。

（5）两列位停车列检库，第一列位停车位置前方设置绿、红、月白三显示（绿灯封闭）调车兼列车阻挡信号机，红灯定位显示。

（6）一列位车库列车进路终端设绿、红二显示（绿灯封闭）列车阻挡信号机，红灯定位显示。

（7）车辆基地内其他地点根据需要设矮型蓝、月白二显示调车信号机，蓝灯定位显示。

（八）电动转辙机

根据道岔类型配备相应的交流电动转辙设备。车辆段除试车线道岔外均采用 50 kg/m 钢轨 7 号道岔，采用内锁闭、单点牵引，采用配套的 ZD6 直流电动转辙设备。

（九）列车占用检测设备

车辆段采用计轴设备，作为列车占用、空闲检测设备。

（十）日检设备

在车辆基地的停车列检库内设置车载信号设备的日检设备，停车列检库内设置无线通信室内外设备。对每天投入运行列车的车载 ATP/ATO 设备进行全功能静态测试，并将测试检查的数据及结果传至维修中心及控制中心。

五、试车线设备

车辆段内设试车线，主要用于在车载设备维修、更换后或必要时，对正线 ATP/ATO 车载系统进行功能测试和试验。同时，试车线信号设备也可用来对信号维修人员进行 ATP/ATO 培训，在试车线可以对正线除 ATS 子系统以外的所有功能进行模拟和测试。试车线装设与正线相同的 ATP、ATO 室内设备、轨旁设备以及相应的测试设备，如图 6.8 所示。

试车线信号设备其主要功能如下：

（1）各种速度等级下的 ATP 功能测试。

（2）ATO 自动驾驶测试。

（3）紧急停车试验。

（4）站台精确停车试验。

（5）自动折返测试。

（6）车门及站台门的监控测试。

（7）车地通信测试。

（8）驾驶模式间转换测试等。

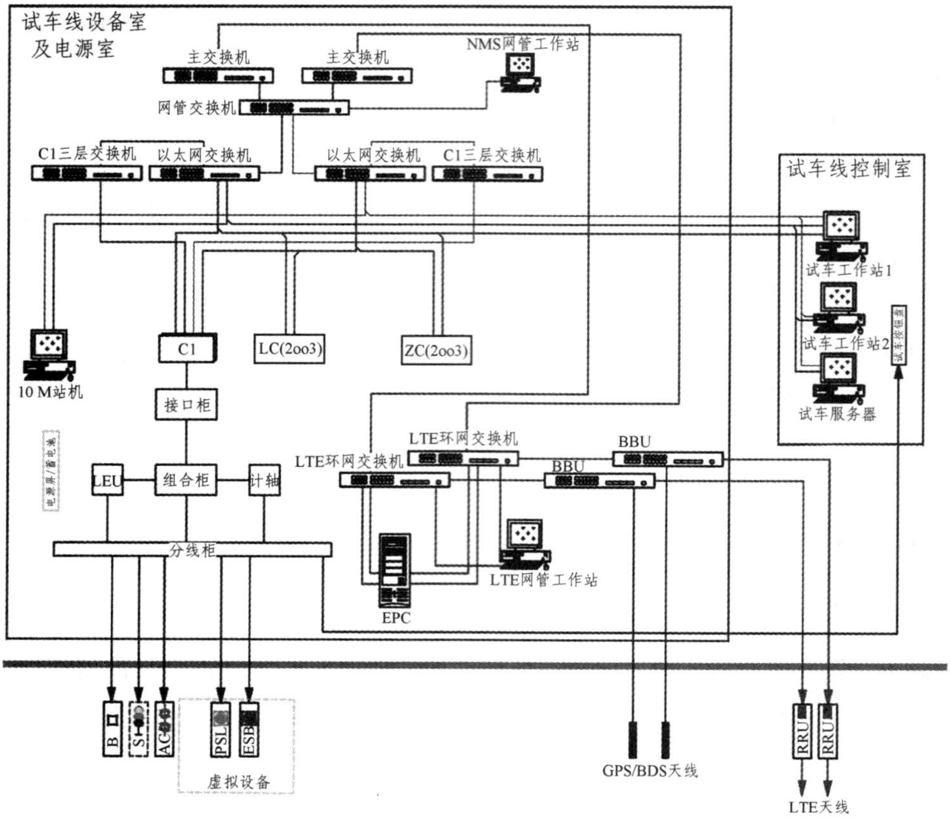

图 6.8　试车线信号设备布置

六、综合维护监测子系统

信号系统设置统一的综合维护监测子系统，作为信号系统的设备状态监测和维护辅助工具，主要用于维护信息的采集，帮助维修调度人员对故障设备进行定位，管理维修作业。

信号维护监测子系统设备包括维修中心设备、集中站和车辆段计算机监测设备、各维修工作站及维修网络等，利用计算机、网络和通信技术，完成对信号系统设备的状态集中监视和报警，实时监测信号设备的使用情况，定位故障地点，分析故障原因，统计故障时间，为实现信号系统设备“状态修”创造条件。同时与综合监控系统接口，实现维护系统的中心调度功能。其系统布置如图 6.9 所示。

维护监测子系统主要有以下功能。

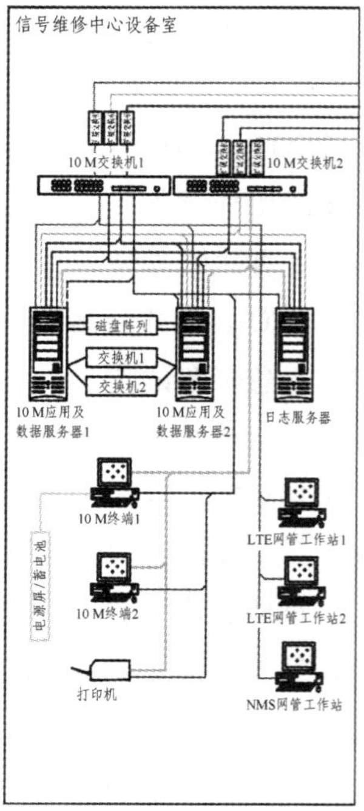

图 6.9　综合维护监测系统布置

（1）ATS、CI、轨旁及车载 ATP/ATO、DCS 设备的状态监测、故障报警，报警定位到板卡级。

（2）基础信号设备的状态监测报警、预警功能，主要包括：

① 外电网电压、电流、功率、频率、相位监测；

② 电源屏电压、电流、功率、频率、相位监测、漏流检测；

③ UPS 输入及输出三相相电压、电流、频率，电池电压、温度；

④ 计轴状态监测，故障定位到室内外板卡、室外磁头；

⑤ 道岔表示、缺口、密贴、启动电流及功率曲线；

⑥ 信号机点灯电流等状态监测，故障报警定位到灯位；

⑦ 电缆对地绝缘；

⑧ 信号系统设备监测报警信息的处理功能；

⑨ 所有信号设备的状态档案数据的存储与管理；

⑩ 车辆设备状态监测及维护管理功能；

⑪ 对各设备的维护统计和分析，辅助设备的维护管理等；

（3）系统配置。

（4）维护数据的存储、回放和统计分析。

七、培训子系统设备

在控制中心设置 ATS 子系统的培训/模拟设备，包括培训工作站、培训服务器及模拟器、打印机等。在车辆段培训中心设置与正线一级设备集中站相同的 ATP/ATO 子系统和计算机联锁等培训设备，它将面向信号技术人员，全面理解 ATC 系统地面设备、车载设备系统原理和模块配置以及运营维护的基本知识。培训设备应有完整的 ATC 模拟系统软件，要求应能实现与正线站场情况一致的培训模拟，能对 ATC 系统进行功能演示，用于培训在日常和紧急情况下如何操作系统，培训信号维修人员熟悉并掌握 ATP/ATO 子系统及联锁子系统的功能，发现和处理故障的能力，考核维修人员的技术水平；对车站级值班员及列车驾驶员也起一定培训的作用。

八、全自动运行线路信号系统新增设备

为实现全自动运行的相关要求，全自动运行下的信号系统相较于 GoA2 等级信号系统在设备配置方面有所增强，具体如下：

（一）车站及轨旁设备

人员防护开关（SPKS），在列车全自动运行时，为工作人员提供可靠的安全防护，防止进入人工作业区域或者在人工作业区域启动。信号系统在车控室 IBP 盘或站台区设置人员防护开关及相应表示灯，工作站具有 SPKS 相关表示，SPKS 的具体位置可根据运营需求进行设置。工作人员进入区间时需转动 SPKS，建立相应封锁区域。封锁区域外的列车不进入该区

间。封锁区域内的列车制动停车或保持静止状态不发生移动。

站台关门按钮，为了实现站台人工关闭车门功能，信号系统在车站站台上设置站台关门按钮。站台值班员人工进行清客确认后或需要关闭车门时，按压站台关门按钮，关闭车门和站台门。

根据需要，在正线折返线、存车线增加用于休眠/唤醒和列车定位的应答器设备。

（二）车载设备

车载信号设备需设置辅助驾驶设备用于实现休眠和唤醒等相关控制功能（或通过其他车载设备实现此功能）。

为了提高车载设备可靠性和可用性，信号车载 ATO 设备应采用冗余配置，车载信号设备增加与车辆的输入/输出接口，用于实现列车全自动运行的控制要求。

（三）车辆段设备

同传统的人工驾驶车辆段方案相比，车辆段内需要增加轨旁 ATP/ATO 计算机设备，在车辆段咽喉区、洗车库、自动控制区域/非自动控制区域的转换轨、停车列检库内增加相应的应答器设备。

同 CBTC（ATP/ATO）车辆段方案相比（已配置轨旁 ATP/ATO 计算机设备），车辆段内需要在洗车库、自动区域/非自动区域的转换轨、停车列检库内增加相应的应答器设备。

在车辆段停车列检库运转值班室或停车列检库内设置人员防护开关（SPKS）及相应表示灯的控制盘，ATS 相关工作站具有 SPKS 相关表示。原则上车辆段自动控制区被划分成若干 SPKS 防护分区，停车列检库库内区域每一条停车列检线（2 个列位）设置 1 个 SPKS；洗车库区域设置 1 个 SPKS；车辆段咽喉区自动控制区域（停车列检库和洗车库区域除外）设置 1 个 SPKS。SPKS 的具体设置位置应可根据运营需求进行调整。

（四）控制中心设备

控制中心需要增设车辆管理调度工作站和乘客调度工作站，用于实现车辆和乘客的相关监视、控制及调度功能。

（五）备用控制中心设备（若有）

备用控制中心能与控制中心实现冗余热备和无缝切换，其核心设备的冗余配置程度宜与控制中心一致。

（六）试车线设备

新增用于全自动运行功能测试的信号设备及相关应答器等。

（七）培训中心设备

新增用于全自动运行功能培训的人员防护开关、站台关门按钮等设备。

任务三　信号系统功能及运营模式

信号系统是城市轨道交通的行车指挥和安全保障系统。为满足全自动运行系统高安全性、可靠性和可用性的需要，核心的信号系统在 CBTC 系统的基础上需要增加（强）相关功能，与车辆、站台门等其他系统接口，使信号系统能够控制列车，实现唤醒、自检、出段、区间运行、精确停车、开关车门/站台门、折返、回段和休眠等功能，同时保证列车运行安全、有序、快速和舒适。正线列车控制系统包括 ATS 子系统、ATP 子系统、ATO 子系统和 CI 子系统；车辆段信号设备包括计算机联锁设备、ATS、ATP/ATO 设备、试车线设备、维修和培训中心设备等。

一、ATP 子系统

（一）ATP 系统主要功能

ATP 子系统主要用于保证列车运行安全，由车载设备和地面设备组成，该子系统符合故障-安全的原则，并具有自检和自诊断能力。

ATP 子系统主要功能如下：

（1）列车测速与定位。

（2）列车间隔防护。

（3）列车超速防护。

（4）列车退行、后溜防护。

（5）紧急制动。

（6）临时限速控制。

（7）人员防护开关。

（8）车门/站台门的防护。

（9）停车列检库及洗车库防护。

（10）运行方向和退行防护。

（11）无意识移动防护。

（12）区域防护功能。

（13）停稳监督。

（14）列车完整性监督。

（15）轮径校准。

（16）列车紧急控制。

（17）车载人机界面。

（18）维护功能。

（19）接口功能等。

（二）ATP 防护原理

列车防护基于下列原则：

（1）每列车由一个基于列车位置（通信列车）或轨道占用（非通信列车）的自动防护进行防护。

（2）两列车之间的最小距离由前面一辆列车的自动防护和安全余量确定。

（3）计算每列车的紧急制动曲线以确保列车可遵循安全停车点的限制。

下面描述了 3 种主要的情况：

防护前面的一辆列车（见图 6.10）。

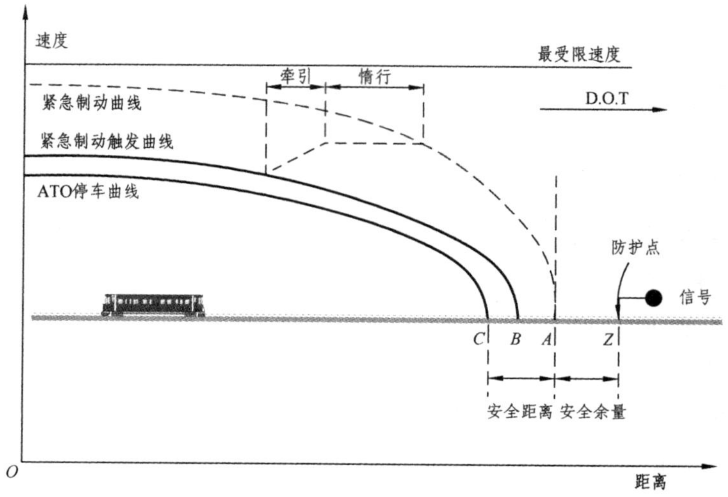

图 6.10　防护前方列车

限制信号机的列车防护（见图 6.11）。

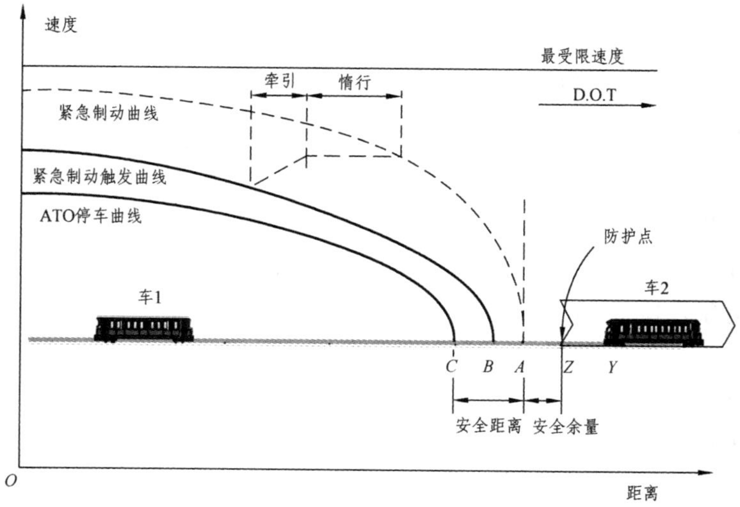

图 6.11　信号机防护

对有安全防护区段的限制信号机的列车防护（见图 6.12）。

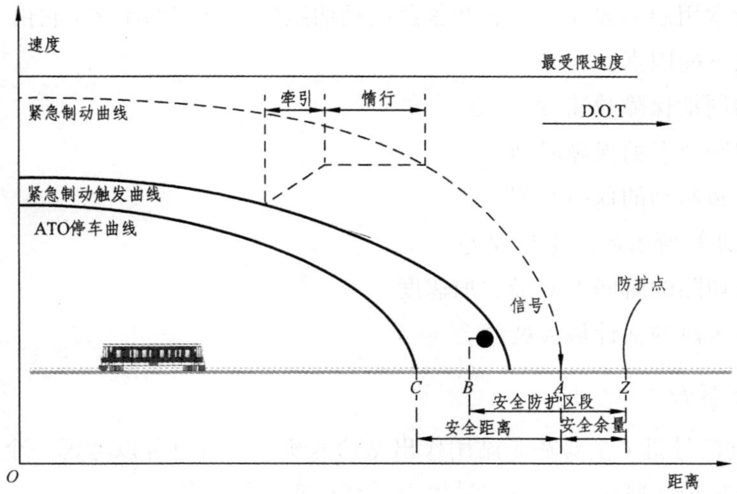

图 6.12　带安全防护区段的信号机防护

1. 列车自动防护

列车始终由自动防护安全地管理。自动防护表示为一列车占用的区域。如果列车驶出其自身的自动防护范围之外，ATP 将实施紧急制动。

自动防护由 ZC 管理，是由列车定位的两端定义的：

对于具备通信的列车（CBTC），司机室被激活的一端被认为是车头，另一端是车尾。此两端之间的区域被定义为列车占用区域。

对于不具备通信的列车（非 CBTC 模式），或未装备信号设备的列车，自动防护为所占用的辅助列车检测区域。

自动防护与预先定义的地理位置无关（其位置末端可能连续地变化）。

列车的自动防护计算考虑如下因素：

（1）最大车头位置。

（2）最大车尾位置。

（3）CC 与 ZC 间的无线通信所引起的时延已在最大车头位置与最大车尾位置中考虑。

2. 防护点

防护点是线路上列车不能越过的、ATP 需考虑的位置点，否则可能造成安全事故。防护点的位置通过实际的事件（前面的列车、限制信号机或安全防护区段末端）来计算。

CC 管理的紧急制动曲线由防护点来计算。

3. 紧急制动曲线和紧急制动触发曲线

紧急制动曲线由车载 ATP 监控，以确保列车在任何时候都遵守防护点。它反映了车辆可以保证的限制行为。它的计算考虑了车辆方提供最大制动保障力、列车位置和防护点的位置。

紧急制动触发曲线保证在最不利情况下，在列车实施紧急制动过后，仍低于紧急制动曲线。

4. 安全距离

安全距离为常用制动曲线停车点和紧急制动曲线停车点间的距离。它由 ATP 常用制动曲线监控，考虑以下的因素：

（1）车辆的制动保障减速度。

（2）车辆切断牵引的保障时间。

（3）车辆实施制动的保障时间。

（4）由 CC 计算所引起的定位误差。

（5）在牵引切除的时间内的最大加速度。

（6）在考虑区段的估计最大坡度。

5. 安全防护区段

在进路/通过信号机（主要在车站用作出站信号机）之后也可以考虑一个距离：安全防护区段。设置安全防护区段可以在停车过程中提高行车间隔性能。

6. 安全余量

安全余量是防护点（ATP 所考虑的限制约束点）和线路上实际需保护的点（前车尾部，限制信号机或安全防护区段末端）间需考虑的距离。

安全余量的计算基于：

（1）坡度所引起的计算误差。

（2）系统允许的列车最大倒退距离。

7. 速度防护

任何情况下，列车速度均不可超过最受限速度。

最大受限速度是以下速度中的最低速度：

（1）列车的最大速度依赖于列车的类型和驾驶模式。如果在完全 ATP 防护的模式（ATP 或 ATO 或 FAM 模式）下，最大速度是授权的。如果在 ATP 防护下的限制模式（RMF 模式），列车速度将被限制为 25 km/h。

（2）列车运行在线路的永久限速（PSR）区域。这些限速是由于曲线、道岔、车站及桥梁等产生的。

（3）列车通过车站时的速度限制。

（4）列车运行在线路的临时限速（TSR）区域。这些临时限速通常是由于线路作业产生的。

（三）ATO 控制原理

ATO 控制需考虑车辆、线路以及内部的相关信息，以达到对列车的精确控制，其驾驶原理如图 6.13 所示。

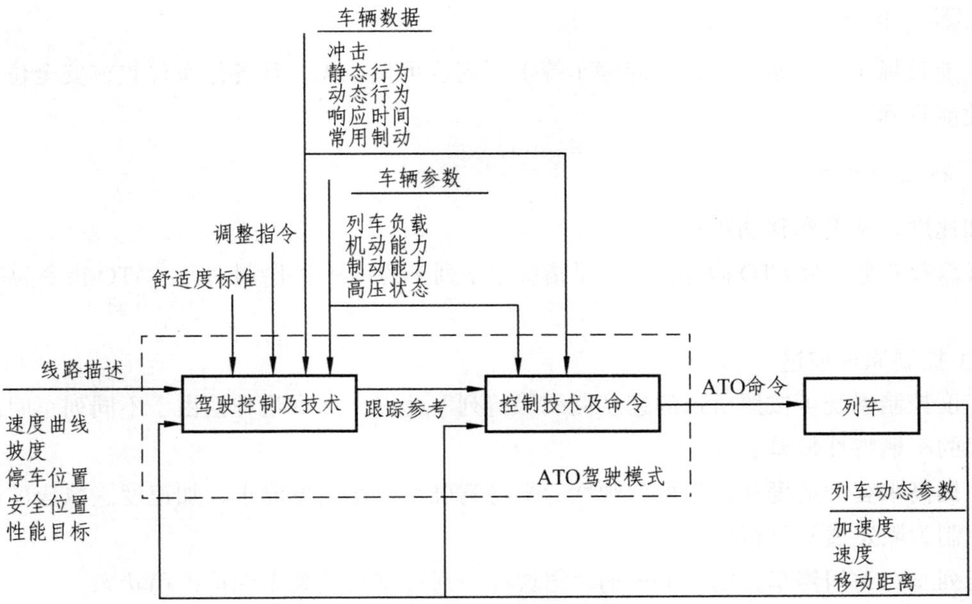

图 6.13　ATO 驾驶原理

1. 车辆数据

（1）冲击为车辆的最大的加速度变化率；

（2）静态行为是各作用力值（PWM）与牵引及制动加速度值的对应关系。例如一个 50% PWM 信号，对应的制动加速度为 $-0.6\ m/s^2$。

（3）动态行为是达到各相关 PWM 值的时延。

（4）反应时间是车辆自 ATO 发出牵引/制动指令至其响应的反应时间。

（5）常用制动为常用制动性能。

2. 车辆参数

（1）列车负载为列车的重量。

（2）牵引能力为可用牵引的百分比，即如果列车配备 10 个牵引电机且 1 个电机故障时，牵引能力为 90%。

（3）制动能力是可用制动的百分比。须在电制动和液压（或气压）制动之间进行区别。

（4）高压状态是列车供电的电压状态。

（5）调整命令包含自 ATS 的指令，此指令对列车驾驶有影响（如下一站到站时间）。

（6）舒适标准是根据坡度而得的加速度限制。

3. 线路描述

（1）速度曲线描述了前方线路的概况，如参考点的速度限制及常用停车点的位置。

（2）坡度即线路坡度。

（3）停车位置是运营停车点位置。

（4）安全位置是轨旁设备可能的位置点。

4. 性能目标

性能目标（如车站停车、区间停车等）可高、可低或无，且各停车位置或安全位置均需考虑性能目标。

5. 列车动态参数

加速度、速度和移动距离。

跟踪参考是一个 ATO 内部指令，是指应用于列车的目标牵引/制动力。ATO 指令为制动/牵引指令。

1）控制原理描述

速度控制系统可按照所选的速度曲线保持列车速度，并尽量补偿由于不同列车间的差异所引起的车辆特性偏差。

为提高乘客舒适度并达到可驾驶性、平稳驾驶和停车精度要求，加速度、减速度和冲击都被控制为限定值和可行值。

若列车在站间停车，则根据现场轨道坡度，通过制动使列车保持停稳状态。

列车在常用制动变加速度时的纵向冲击率（jerk 值），冲击率不超过 0.75 m/s^3，以满足舒适度的要求。

2）运营调整

在正线的任何位置，ATO 系统通过连续的车地传输系统接收到 ATS 系统发送过来的调整指令，如至下一个控制点的期望到达时间、站台停车点、调车进路终点等。

二、CI 子系统的主要功能

CI 子系统是实现道岔、信号机、轨道区段间联锁关系及进路控制的安全设备，必须符合故障-安全原则。其主要功能如下：

（1）按正确的联锁关系、运行计划及列车位置自动设定、建立、解锁列车进路，有一定的自动排列进路功能。

（2）对列车进路、敌对进路及超限区段进行防护。

（3）对控制范围内的道岔实行单独操纵、单独锁闭及对列车开放引导信号，对道岔、信号机、轨道区段等信号控制元素实施封锁。

（4）向 ATP 子系统提供信号设备的状态、列车进路设置情况、保护区段的建立及区间运行方向等条件。

（5）与 ATS 系统结合，实现车站和中央两级控制，根据运营要求实现自动和人工控制两种模式办理进路。

（6）与站台门系统配合完成站台门安全控制功能。

（7）与 ATS 系统结合，实现站台紧急关闭与取消的功能。

（8）具备完善的自诊断功能，并具有与维护监测子系统接口的功能。

（9）与车辆段联锁系统接口，保证列车出入车辆段作业的安全。

三、ATO 子系统的主要功能

列车自动运行（ATO）子系统是自动控制列车运行的设备。ATO 子系统在 ATP 子系统的安全防护条件下使用，根据 ATS 的指令实现列车的自动驾驶，负责列车车速的调整和列车运行的控制，完成列车启动、牵引、巡航、惰行和制动的操作。实现列车的站间运行、车站的定点停车、折返控制等。ATO 子系统有利于行车效率的提升、列车节能、提高乘客乘坐的舒适度和减轻司机的劳动强度。ATO 子系统控制的要点是列车运行的正点控制、舒适度控制和精确度的控制，确保达到设计行车间隔及旅行速度。其主要功能如下：

（1）列车休眠。

（2）列车唤醒。

（3）自动驾驶。

（4）车门和站台门管理。

（5）精确停车。

（6）停准调整。

（7）自动启动与车站发车。

（8）区间运行。

（9）自动折返。

（10）提前发车。

（11）扣车。

（12）跳停。

（13）自动洗车。

（14）列车工况及车辆相关功能。

（15）维护诊断功能。

（16）接口功能等。

四、ATS 子系统的主要功能

ATS 子系统为 ATC 系统的上层环节，负责管理、监督、协调、控制列车的运行。ATS 子系统除具有原有功能外，还具备各系统间的联动功能，具体功能如下：

（1）线路及设备监控功能：包括信号机监控、道岔监控、区段监控、进路监控、扣车/取消扣车、提前发车、跳停/取消跳停、发车计时器、临时限速、清客、设置停站时间、设置/取消区间列车运行数量等。

（2）列车监控功能：包括列车控制与管理（如休眠、唤醒、待命、清扫、清客确认、自动洗车、正线服务、停止正线服务等）、列车识别号跟踪和显示功能、列车位置跟踪、列车信息显示、远程控制功能等。

（3）列车运行控制及调整。

（4）时刻表/运行图管理。

（5）车辆段 ATS 功能。

（6）联动控制功能。
（7）报警和状态监视。
（8）列车运用计划及车辆管理。
（9）运营记录及回放。
（10）调度员培训和模拟演示功能。
（11）系统管理。
（12）接口功能。
（13）主、备控制中心控制权转换功能。
（14）车辆及车站远程控制功能等。
（15）操作和数据的记录、回放。

五、车辆段信号系统的主要功能

为保证全自动运行的安全可靠，车辆段被划分为自动控制区域和非自动控制区域。车辆段采用与正线一致的 ATC 信号设备，对自动控制区域进行控制。自动控制区域的列车进路采用自动控制，系统对其进行监控；非自动控制区域的列车进路采用人工控制，系统对其仅监视不控制。

车辆段的联锁设备根据 ATS 用车计划完成列车出入段的列车进路控制和段内调车作业，保证段内列车作业和调车作业的安全。

车辆段值班员办理列车、调车进路，联锁设备控制段内的道岔和信号机，实现进路的建立、进路锁闭、开放信号、进路解锁、故障解锁等基本联锁功能。

车辆段采用与正线一致的 ATC 系统，除具备正线 ATC 系统的功能外，根据车辆段作业性质和作业特点，还具有以下功能：

（1）实现段内停车列检库休眠/唤醒功能。
（2）实现段内自动控制区域内的全自动运行功能。
（3）实现段内停车列检库和洗车库精确停车及对位自动调整功能。
（4）实现段内自动控制区域和非自动控制区域转换（转换轨应设置在自动控制区域）。
（5）实现列车出入段作业和调车作业进路控制。
（6）实现段内区域封锁功能。
（7）实现段内动车自动鸣笛功能。
（8）实现段内全自动洗车功能。
（9）实现段内全自动调车功能。
（10）与正线联锁设备接口，实现列车出入段的安全控制。
（11）与试车线联锁设备接口，实现列车出入试车线的安全控制。
（12）基础信号设备如信号机、道岔、轨道区段、电源的状态监测报警功能。
（13）对各设备的维护统计和分析，辅助设备的维护管理等。

六、系统运营模式

（一）正常情况下的运营模式

全自动运行系统是一种将列车驾驶员执行的工作完全由自动化的、高度集中的控制系统和调度人员所替代的列车运行模式，如图 6.14 所示。

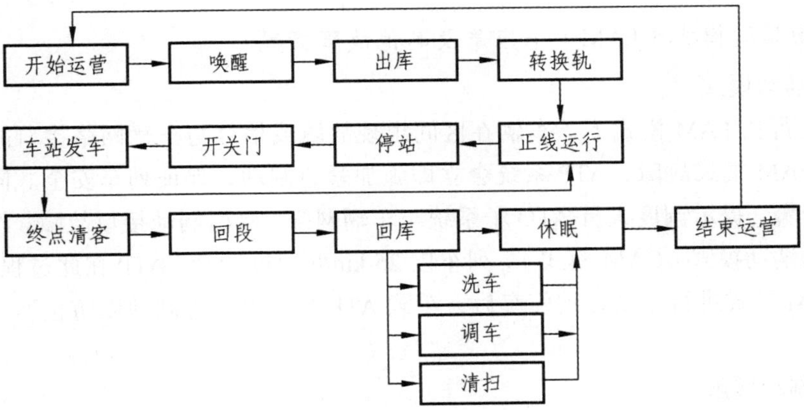

图 6.14　全自动驾驶系统正常运营场景示意图

（二）故障情况下运营模式

城市轨道交通列车自动控制（ATC）系统是保证列车和乘客安全，实现列车运行高效、指挥管理有序的自动控制系统，其应具有较高的安全性和可靠性，凡涉及行车安全的设备按故障-安全的原则设计。为提高可用性，系统设计还需考虑系统发生局部故障等情况下列车的安全运行和线路的不中断运营。同时，还需考虑为救援列车、工程车等非车载装备车以及非运营时段调车、运送物品、维修等作业的行车提供一定的设备级安全保障。

1. ATS 系统故障的降级运行模式

正常情况下，控制中心 ATS 根据列车运行时刻表对全线列车进行集中监控。授权的行调人员可在控制中心相应的 ATS 调度工作站上实施行车监控。当控制中心 ATS 设备故障时，可自动切换至备用控制中心设备延续全自动运行；当控制中心人机界面故障，可人工切换至备用控制中心完成监控在线列车运行的功能。当两个中心的 ATS 系统均发生故障，可转为车站控制。

2. ATP/ATO 子系统故障的降级运行模式

轨旁 ATP/ATO 计算机故障，将导致系统失去车地间双向通信，故障区域内的列车因得不到移动授权将不能以 ATO 和 ATP 驾驶模式按移动闭塞方式运行。此时系统将降级使用，在降级运行模式下系统按固定闭塞方式进行间隔控制，列车运行以地面信号显示为行车凭证，可采用信号机至信号机的进路行车控制方式，该运行模式主要为联锁级的运行方式。

车载 ATO 设备发生故障，列车应按 ATP 模式运行；车载 ATP 设备发生故障，列车应按非限制人工驾驶模式，根据地面信号机显示和行调人员的指挥行车。故障列车应尽快退出运营，回段检修。

3. CI 子系统故障下的控制方式

计算机联锁采用多重冗余结构，可靠性高。一台联锁设备故障，不影响系统的正常运行；多台设备故障，其控制范围将丧失进路办理、联锁、ATP/ATO 功能实现，此时列车运行安全完全由人工负责。

4. 全自动驾驶模式（FAM）下应急及其他故障情况

1）进入蠕动模式

当列车运行在 FAM 模式下，车辆在区间出现故障或信号与车辆网络接口故障的时候，HMI 上提示 FAM 模式故障，ATP 系统会立即施加紧急制动，保证列车安全。同时向中心调度员工作站告警，提示调度人员 ATO 子系统与车辆网络、牵引制动接口故障，经调度人员确认后人工启动蠕动模式（CAM 模式），列车以 25 km/h 速度行驶，ATP 在此过程中实施防护。当列车以 CAM 模式进行车站自动停车后，车载 ATP 会施加紧急制动以防止列车移动，等待人工处理。

2）紧急制动缓解

信号车载设备对紧急制动的处理原则如下：

当信号车载设备输出紧急或车辆自行实施紧急时，车载设备向中心 ATS 汇报当前实施紧急制动的原因。

车载设备满足条件时可自动缓解紧急制动，在导致紧急制动的条件自动恢复后，不需要人工或远程参与，即可缓解。

车载设备在收到中心 ATS 远程紧急制动指令紧急后，可接收远程紧急制动缓解指令缓解该紧急制动。

紧急制动的具体原因及缓解处理方式将在设备招标后结合设备系统特点进行细化。

3）紧急情况的处置

全自动驾驶运行时，当列车紧急制动手柄拉下、运行中车门打开、车上发生火灾、车站火灾、车上检测到障碍物/脱轨、车辆制动力丢失等紧急情况下，列车综合监控系统可启动相应的联动控制，自动或人工采取相应措施。信号 ATP/ATO 设备对于列车运行过程中的不同紧急情况采取相应的处置措施：

（1）控制列车紧急制动。

（2）控制列车至相邻安全位置停车（站台或设定的区间疏散平台）。

（3）控制列车常用制动停车。

（4）切除牵引，不实施制动。

（三）列车驾驶模式

列车驾驶模式分为以下几种：

（1）全自动驾驶模式——FAM 模式。

（2）蠕动模式——CAM 模式。

（3）远程限制驾驶模式——RRM 模式。

（4）有人监督的自动驾驶模式——AM 模式。
（5）列车自动防护下的人工驾驶模式——CM 模式。
（6）限制人工驾驶模式——RM 模式。
（7）非限制人工驾驶模式——EUM 模式。

其中 FAM、CAM、RRM 为全自动运行系统新增加的驾驶模式。

正线、车辆段的自动控制区域内列车可采用上述 FAM、CAM、RRM、AM、CM、RM、EUM 模式；车辆段非自动控制区域内列车只具备 RM 模式或 EUM 模式。

1. 全自动驾驶模式（FAM）

全自动驾驶模式（FAM）为在连续式通信控制级别下由 ATP 监控的列车全自动运行模式。在该模式下，ATP 子系统保证列车的运行安全，ATO 子系统实现在正线、车辆段自动控制区域内的列车全自动无人驾驶运行。在 FAM 模式下具备自动进/出站、自动开/关门、自动唤醒/休眠等功能。

2. 蠕动模式（CAM）

蠕动驾驶模式（CAM）为车辆网络出现故障，或车辆与车载信号设备通信故障时的应急模式。需由中心人工确认后，信号系统启动蠕动模式。列车以蠕动模式运行时，ATP 监控列车以不超过 25 km/h 的速度全自动运行。当列车以蠕动模式进站自动停车后，应施加紧急制动以防止列车移动，等待人工处理。

3. 远程限制驾驶模式（RRM）

当列车处于 FAM 模式下列车失去定位将触发紧急制动，在控制中心调度员工作站上有报警提示，OCC 调度员可以通过远程限制驾驶模式（RRM）使列车运行一定距离，重新读取信标获得定位后，系统可以自动恢复 FAM 模式运行。

4. 有人监督的自动驾驶模式（AM）

有人监督的自动驾驶模式（AM）是指 ATO 子系统在车载 ATP 的监控下，控制列车的启动、加速、巡航、惰行、制动、精确停车的模式。一旦进入 ATO 驾驶模式，系统设备正常，没有人为干预，此驾驶模式维持不变。ATO 在站台区停准后能够完成自动开关门功能。在 AM 模式下，具备以下三种开关门模式：
（1）自动开车门，人工关闭车门。
（2）人工开车门，人工关闭车门。
（3）自动开、关车门。

5. ATP 防护下的人工驾驶模式（CM）

ATP 防护下的人工驾驶模式（CM）是指车载 ATP 对列车实行全功能监控，车载 ATP 计算允许列车运行的最大速度，司机驾驶列车在 ATP 保护的速度曲线下运行，ATP 子系统实现列车自动防护的全部功能。在该模式下，列车的安全由 ATP 负责，监控的信息处理列车速度之外还包括列车定位是否正确、是否超出移动授权范围、车门状态、倒溜和退行、列车完整性等。在站台区，车载 ATP 完成车门、站台门联动功能。

6. 限制人工驾驶模式（RM）

限制人工驾驶模式（RM）是指：车载 ATP 限制列车在某一固定的低速（如 25 km/h）之下运行，司机根据调度命令和地面信号显示驾驶列车的模式。该模式要求 ATP 采集到钥匙节点信息。在该模式下，车载 ATP 监控固定限速，列车速度超过该固定限速时，车载 ATP 设备对列车实施紧急制动，强迫列车停车。RM 模式下车载 ATP 监督的信息还包括车门状态、倒溜、退行、列车完整性。

7. 非限制人工驾驶模式（EUM）

EUM 模式为完全人工驾驶模式，在该模式下车载 ATP 仅监控切除开关信息，除切除开关外，车载 ATP 不响应任何输入，也无任何输出。司机根据调度命令和地面信号的显示驾驶列车。列车运行的安全由联锁设备、调度人员、司机共同保证。站台停车以及车门和站台门的开关均由司机人工控制。

七、自动化场段运行模式

车辆段/停车场分为全自动控制区域及非全自动控制区域，要求列车在全自动运行区域内具备全自动运行、休眠、唤醒、自动洗车等功能。全自动控制区域与非全自动控制区域设置转换区域，进行驾驶模式的转换。

车辆段/停车场提供 CM、AM、FAM 驾驶模式。

在正常运营模式下，装配车载 ATP 系统的列车在自动化车辆段/停车场区域内以 CM、AM、FAM 模式进行操作。

（一）列车出车辆段/停车场

列车在车辆段/停车场的停车列检库开机后具备对车载 ATP 设备在出车前完整的静态全功能自检功能（包括车载软硬件、系统内部接口、车—地通信设备等），能将诊断结果的显示在列车的人机界面上，并能将测试检查的数据及结果传至维修中心及控制中心。减少因车载设备工作不良而造成列车延误出车辆段/停车场的现象。列车出库前，司机可输入司机号。

列车以 CM 或 AM 驾驶模式出段/场：列车在离开停车库线前，通过车载设备的自检和自诊断功能确认车载设备工作正常，列车于出停车库线前完成定位、初始化，车载设备自动或人工转换为 CM 或 AM 驾驶模式，运行至转换轨停车或不停车，进行车次信息的初始化。

列车以 FAM 驾驶模式出段/场：ATS 系统会根据时刻表及行车计划向指定列车下达唤醒命令，收到唤醒命令后，触发信号系统及车辆各系统启动并自检。车载列车唤醒成功后，并经人工确认，根据派班计划及移动授权，鸣笛启动，全自动驾驶列车自动运行至转换轨停车或不停车进行车次信息的初始化后，进入正线运行。列车进入转换轨后向车辆发送“正线运行”工况。

（二）列车入车辆段/停车场

列车以 CM 或 AM 驾驶模式入段/场：列车以 CM 或 AM 驾驶模式运行至转换轨，停车或不停车办理“消号”手续后，运行至相应停车库线。

列车以 FAM 驾驶模式入段/场：全自动运行模式下，列车运行至转换轨停车或不停车办理“消号”手续，向车辆发送“退出正线服务”工况。列车根据回库计划及移动授权，全自动驾驶运行至段/场内相应停车库线，进行休眠。

（三）降级场景

对于没有配置车载 ATP 系统列车，车载 ATP 系统故障或切除列车，非 ATP 控制区域内列车操作，进出 ATP 控制区域，以及轨旁 ATP 设备故障情况下，系统将降级到联锁后备模式运营，需人工保证车辆段/停车场内作业安全。

在系统降级的情况下，司机可采用 RM 或 ATP 切除的 EUM 驾驶模式进行操作，此时，安全应由人工保证。

列车以 RM 驾驶模式出段/场：列车于出车辆段/停车场的“转换轨”处停车或不停车进行列车精确位置、车次信息等的初始化后，车载设备自动或人工转换为 CM 或 AM 驾驶模式。

列车以 RM 驾驶模式入段/场：在入车辆段/停车场信号机开放后，列车进入车辆段/停车场，在列车进入“转换轨”后，停车或不停车办理“消号”手续，并自动或人工转换为限制人工驾驶模式。

八、全自动运行线路信号系统新增功能

信号系统作为列车运行的控制中枢，应新增实现列车全自动运行所需的自动控制功能，信号各子系统新增功能如下。

（一）ATS/TIAS-ATS 子系统

1. 线路监控

具有显示线路中的自动控制区域、非自动控制区域功能。具有提供人员防护开关的状态、洗车机状态、停车列检库和洗车库库门状态的显示功能。具备针对线路区域设置允许/禁止全自动运行授权的功能。

2. 列车监控

具备对列车休眠、唤醒、段内运行、正线服务、停止正线服务、待命、清扫、清客等状态的管理和控制功能。

新增车门状态、驾驶模式和工况（FAM、CAM、休眠、唤醒、退出正线服务、洗车、清扫、清客、段内运行、待命）、报警状态（紧急制动、乘客呼叫、车辆火灾、车辆设备报警、无线通信、紧急手柄等）的显示功能。

具备针对单列车和全线列车的允许全自动运行授权功能。当 FAM 列车因故障停在区间时，中心调度员可以设置允许列车为蠕动模式。

列车全自动运行时，ATS 应根据时刻表，向列车下发换端指令。同时，具备调度员人工

下发换端指令的功能。

具备对车辆的远程控制功能，包括远程紧急制动/缓解、远程车门控制、列车空调/电热参数设置、火灾确认、车辆故障复位及远程旁路、列车照明控制和远程清客确认等。

3. 车辆段监控

中心可实现对车辆段整个站场情况的监视，车辆段可由中心或车辆段自动或人工控制，并可实现控制权的转换。在中控及站控模式下，ATS 根据计划，具备段内自动触发进路功能。

4. 联动控制功能

ATS 新增列车全自动运行所需的联动控制功能，具体包括上电、唤醒、列车火灾、紧急呼叫、紧急手柄拉下、车门状态丢失、休眠、清客、车辆运行工况等。

5. 维护监测功能

接收列车牵引、制动、辅助电源、空压机、蓄电池、车门、广播、视频摄像、空调等各系统的状态、故障及报警信息。

（二）ATP/ATO 子系统

1. 列车休眠

ATP/ATO 设备具备控制列车在预定义的休眠窗口进行休眠的功能。列车运行到预定义的休眠窗停车后，车载信号设备收到中心的休眠命令，完成自身休眠准备工作和车辆休眠交互后，车载信号设备向车辆发送该休眠指令，车辆两端车载设备同时断电，完成休眠。

2. 列车唤醒

ATP/ATO 设备具备控制休眠列车进行唤醒的功能。ATS 根据计划，提前一定时间向停车列检库库线/正线存车线上的休眠列车发出唤醒指令，信号收到唤醒命令后，向车辆发出唤醒指令，车辆可实现对全列车的上电。全列车上电后，车载信号设备及车辆设备执行必要的自检、测试。测试成功后，车载设备处于激活可用状态，具备进入全自动运行模式的条件。

3. 自动洗车

洗车作业由 ATO 系统控制全自动完成。列车在全自动运行模式下，接收到 CI 发来的洗车请求确认信息后，ATO 向车辆发送洗车模式及牵引命令。车辆收到该模式命令后，控制列车恒速 3 km/h（根据工程要求配置）运行。ATP 提供的超速防护，到达指定位置后停车，发出制动指令。洗车过程中信号系统需对洗车库库门状态进行防护。

4. 自动驾驶和精确停车

列车在正线、车辆段自动控制区域内运行具备 ATP 防护，可在 ATO 控制下以全自动运行模式自动运行。在考虑与安全有关的各种限制和规定条件下，自动控制列车的加速、巡航、制动等工况，实施列车运行的自动调整功能，自动控制列车正线运行。列车在车站自动停车、发车及自动折返。

正线和车辆段特定地点（洗车库、用于休眠/唤醒的存车线）应具备定点停车功能，停车精度在±0.5 m（根据工程要求配置），停在停车窗内概率与站台停车保持一致。

5. 关门控制

在信号系统自动控制列车关门时，车门因故未关闭情况下，ATO可执行中心人工远程关门命令或站台关门按钮的关门命令，再次发出关门命令。

列车全自动运行时，需要清客确认的车站未清客完成期间，车载信号设备保持车门打开。在站台值班员人工进行清客确认后，按压站台关门按钮，或收到远程清客确认指令后ATO才能关闭车门和站台门。此外，清客亦可采用联动本站自动扣车（扣车状态下车门保持开启状态）实现，人工确认清客完毕后，解除扣车，自动发车。具体实现方式可根据运营需求设定。

6. 紧急制动

当车载ATP触发紧急制动后，列车停稳前紧急制动不得缓解。系统可根据紧急制动原因采取不同的紧急制动缓解方式，包括自动缓解、远程人工确认缓解、司机人工缓解。当列车产生紧急制动及紧急制动缓解后，车载ATP均向控制中心发送报警信息。

7. 对位调整

全自动运行模式下，如列车在进站停车过程中未到或超出了停车精度，ATO将自动启动对位调整功能。

8. 对位隔离

ATO系统具备车门/站台门故障隔离的功能。当个别车站站台门故障隔离时，车载设备接收站台门故障信息，车载设备将此信息转发至车辆。列车进站停稳后，ATO自动打开车门及站台门，故障站台门及对应的车门不打开。

当个别车门故障隔离时，车载设备接收车门故障信息，信号系统将此信息转发至站台门。列车进站停稳后，ATO自动打开车门及站台门，故障车门及对应的站台门不打开。

车载设备将车门故障报警信息和车门隔离信息发送给中心。

9. 停车列检库及洗车库库门防护

ATP对停车列检库及洗车库库门进行防护，其移动授权应考虑库门状态。

10. 建立防护区

人员防护开关建立封锁区时，ATP控制列车不移动或停车。

11. 列车工况管理

车载设备根据ATS的指令和列车运行位置管理列车工况，列车工况包括段内运行、正线服务、停止正线服务、待命、清扫。车载设备应将列车工况状态发送给中心。

12. 车辆鸣笛

信号通过车辆TCMS控制列车在库内动车、入库时进行鸣笛。

13. 车辆紧急状态处置

信号设备对于列车运行过程中的不同紧急情况（车上紧急手柄被拉下、车门状态丢失、车上发生火灾、车辆制动力丢失等）采取的处置措施，需要根据运营需求设置。具体处置措施包括控制列车紧急制动，控制列车至相邻安全位置停车，控制列车常用制动停车，切除牵引、不实施制动。

14. 新增运行模式

系统新增列车运行模式为全自动运行模式（FAM 模式）和蠕动模式（CAM 模式）。

正线、车辆段的自动控制区域内列车可采用 FAM、CAM、AM、CM、RM、EUM 驾驶模式；车辆段非自动控制区域内列车只具备 RM 模式或 EUM 模式。

15. 新增折返模式

系统新增全自动运行折返模式。处于 FAM 模式下运行的列车，当列车在折返站规定的停车时间结束及乘客下车完毕，车门和站台门自动关闭后，列车根据移动授权及运行指令，从到达站台自动运行进入和折出折返线，最后进入发车站台自动打开车门和站台门。

16. 远程功能

车载信号设备具备收到来自中心的立即停车命令后，采取紧急制动停车的功能。信号或车辆触发的紧急制动条件恢复后，车载信号设备收到中心的远程紧急制动缓解指令缓解该紧急制动。

车载信号设备具备根据中心的远程人工换端指令，完成车载设备换端功能。

车载信号设备具备根据中心的远程开关门指令，进行开关门作业。

车载和轨旁 ATP 设备具备响应中心针对线路区域和列车设置的允许/取消 FAM 运行授权的功能。

车载信号设备响应中心发送远程复位和远程旁路指令，车载信号设备将该指令转发车辆。

停站未完成清客期间，车载信号设备保持车门及站台门打开，在收到远程清客确认指令后车载信号关闭车门和站台门。

车载信号设备能够响应中心远程设置车辆相关指令（空调/电热参数设置、客室照明等），转发车辆进行控制。

17. 维修监测功能

车载信号设备接收车辆发送的车辆故障信息、状态信息、位置信息和里程信息，将车辆信息及车载信号设备自身的状态、故障信息发送给 ATS 和维护支持系统。

（三）CI 子系统

1. 作业封锁区防护

联锁采集正线及车辆段内设置的人员防护开关（SPKS），当 SPKS 插入特殊的钥匙并旋转一定的角度后，应封锁相应轨道区域。作业区域封锁后，经过作业区列车及调车进路立即关闭，联锁不允许办理经由作业封锁区的所有列车及调车进路，同时将区域封锁的信息发送至 ATP 设备。

2. 站台关门按钮状态

联锁采集站台关闭车门按钮按下信息并转发给信号车载设备。

3. 控显功能

CI 应能够向 ATS 提供人员防护开关的状态、洗车机状态、停车列检库和洗车库库门状态。

4. 维修监测功能

联锁增加人员防护开关、洗车机、停车列检库及洗车库库门的状态监测。

5. 与外部系统接口功能

联锁与站台门新增信息接口，用于故障的站台门和车门信息的传递。

联锁采集停车列检库及洗车库库门完全开启的状态，纳入联锁检查条件。

联锁与自动洗车机采用硬线接口，互传相关控制和状态信息。

（四）维护监测子系统

维护监测子系统具备对信号车载设备、新增信号设备状态维护和管理功能。

复习思考题

1. 信号系统的相关子系统包括哪些？
2. 全自动运行系统的驾驶模式包括哪些？
3. ATS 系统的主要功能有哪些？
4. 什么是安全防护区段？
5. 什么情况下进入蠕动模式？

项目七 认识通信系统

任务一 全自动运行线路通信系统认知

城市轨道交通系统中的通信系统是轨道交通的中枢神经，是为运营和管理服务的，是保障行车安全、提高运营效率、实现现代化管理不可缺少的组成部分。

城市轨道交通通信系统是地铁运营指挥、企业管理、服务乘客和传递各种信息的网络平台，它是一个可靠、易扩充、组网灵活，并能传递语言、文字、数据、图像等各种信息的综合业务数字通信网。通信系统在正常情况下应保证列车安全高效运营，为乘客提供高质量的出行服务；异常情况下能迅速转变为供防灾救援和事故处理的指挥通信系统。

通信系统由专用通信（含乘客信息）和公安通信系统两个部分组成，本书只介绍前一部分。

一、专用通信系统组成

专用通信系统是轨道交通指挥列车运行、组织运输生产、提高运营管理效率和服务质量的重要手段，应建立一个安全可靠、有效的通信系统来保证城市轨道交通线路的正常运营，并在轨道交通运营出现异常情况时，能迅速转为供防灾救援和事故处理的指挥通信使用。

专用通信系统由以下几个子系统组成：

（1）传输系统。

（2）无线通信系统。

（3）公务电话系统。

（4）专用电话系统。

（5）专用视频监视系统。

（6）广播系统。

（7）时钟系统。

（8）办公自动化系统。

（9）集中告警系统。

（10）通信电源系统及接地。

（11）车辆段安防系统。

（12）视频会议系统。

二、专用通信系统主要功能

（一）传输系统

传输系统作为轨道交通各信息、控制系统的基础网络，是轨道交通专用通信系统中最重要、最基础的部分。

为保证城市轨道交通能安全、高效运营，传输系统应为专用通信系统各子系统及信号、火灾自动报警系统（FAS）、自动售检票（AFC）、综合监控系统（ISCS）等专业提供可靠的、冗余的、可重构的、灵活的信道，成为保证轨道交通运行所必需的信息的传输媒体，同时预留一定的通道。

传输子系统的通信网络可实现 2 Mb/s 以上大颗粒业务接入、调度、传输与交换，实现与其他网络的互联互通。

传输系统应提供以下功能：

（1）能够承载系统所需信息内容并满足其传输容量要求，且预留一定扩展余量。

（2）综合考虑轨道交通传输网所要承载的信息类型，采用合理的传输制式解决不同业务的承载需求，最大程度利用带宽资源和提高传输效率。

（3）由传输系统传输各类信息（包括信号、AFC、ISCS 等其他专业的信息），应根据使用的性质及要求提供主、备用通道。

（4）传输系统可提供点对点式、一点对多点及总线式等通道形式，以及符合相关标准和建议的接口。

（5）系统应具有自诊断功能，可进行故障管理、性能监视、系统管理、配置管理，并具有集中告警维护、统一管理的网络管理功能。

（6）为提高系统可靠性，对网内传输的各种信息进行环路保护。

（二）无线通信系统

专用无线通信系统为固定工作人员（调度员、车站及车辆段值班员）与相关流动作业人员（车站及段勤务人员、维修人员、环控人员等），以及车厢内乘客之间提供话音和数据通信服务。它对行车安全、提高运输效率和管理水平、改善服务质量、应付突发事件提供了重要保证。

根据地铁运营作业需求，无线通信系统可分为正线无线调度通信通话组和车辆段无线调度通信通话组。其中，正线无线调度通信子系统含行车无线调度通信通话组、环控（防灾）无线调度通信通话组和维修无线调度通信通话组，以及车辆调度、乘客调度等。

无线通信系统的设置原则应是安全、可靠，可传输话音数据等多种业务，具有一定的技术先进性，同时还应考虑与既有系统的互联互通和易于扩展。

系统应具有以下主要功能：

1. 呼叫功能

无线用户根据需要可设置不同类型的呼叫方式，主要包括选呼、组呼、群呼及紧急呼叫等。

2. 通话功能

能实现无线用户（含调度员、车站值班员等）之间及无线用户与有线电话之间的通话。

3. 优先级功能

网络管理终端能对所有无线终端设置个人优先级和通话组优先级。

4. 数传功能

可在控制信道上传送短数据，也可在语音信道上传 IP 数据。

5. 广播功能

控制中心调度员可通过调度台直接对全部或部分列车进行广播。

6. 网络管理

支持故障管理、故障显示、配置管理、计时管理、资源分配管理、统计报告及遥毙/复活等功能。

7. 录音功能

能够记录调度员的所有通话信息。

8. 故障弱化功能

支持多话音信道、备用控制信道、中心控制器容错、基站集群、直通模式功能。

9. 全自动运行场景下新增功能

为控制中心与列车乘客之间的紧急对讲，以及控制中心对列车广播提供语音通道。

（三）公务电话系统

公务电话系统用于轨道交通内部的一般公务通信和轨道交通内部用户与公用电话网用户的电话联络。在轨道交通专用电话系统（如调度电话系统）出现重大故障时，公务电话系统可以作为专用通信的应急通信手段。

公务电话系统提供电话业务和部分非话业务，应具备下列功能要求：

（1）公务电话交换机功能。

交换功能：内部呼叫及出入局呼叫；对市话局的呼入、呼出；国内、国际长途人工、自动呼入、呼出；与无线移动交换机的受控呼入、呼出以及话费立即通知功能。

能将“119”（火警）、“110”（匪警）、“120”（救护）等特种业务呼叫自动转移至市话局的“119”“110”和“120”上。

（2）有识别用户数据、用户传真等非话业务的能力，并能保证这类业务的接续不被其他呼叫插入或中断。

（3）具有多方会议电话能力。

（4）移动通信接入功能，授权的数字集群电话用户可以与有关的公务通信用户通话。

（5）集中计费功能。公务通信交换机应当具有集中计费功能，能对所有用户自动计费并打印相应的计费信息。

（6）统一的维护管理功能。

维护管理：在控制中心能对网内各交换机进行集中维护和管理，包括用户数据（号码、等级）和局数据（路由计划、电路数）的更改。

对故障进行诊断、告警显示和记录，确定故障范围和性质并打印相应的信息。

性能测试：能对网内各交换机进行性能测试、话务统计，能自动记录并打印相应的信息。

（7）具有下列各种新业务功能：缩位拨号、热线服务、出局呼叫限制、免打扰、转移呼叫、三方通话、叫醒服务、缺席用户服务、遇忙回叫、恶意呼叫追查、呼叫等待、会议电话呼叫、优先分机插入、强插防止等功能。

（8）具有自动录音功能。

（9）具有视频通话功能。

（四）专用电话系统

专用电话系统由调度电话、站内电话、站间电话及轨旁电话组成，各种专用电话的功能如下：

1. 调度电话

调度电话是为列车运营、电力供应、日常维修、防灾救护提供指挥手段的专用通信系统，要求迅速、直达，不允许与运营无关的其他用户接入该系统。调度电话分为行车调度电话、电力调度电话、车辆调度电话、乘客调度电话、环控调度电话、维修调度电话和值班调度（总调）电话。各调度员可对本系统的用户进行单呼、组呼、全呼、紧急呼叫，可对全线有关行车通话进行录音。

2. 站内电话

站内电话主要完成车站值班员、车辆段信号楼值班员和与本站有直接生产指挥隶属关系的工作人员之间的通话功能。车站值班员或车辆段值班员与站（段）内有关人员、相邻车站值班员、联锁站值班员的通话可以进行单呼、组呼或全呼方式。

3. 站间行车电话

站间行车电话提供相邻车站值班员或车辆段值班员之间可靠的通话热线，以辅助列车运营指挥和在特殊情况下进行紧急通信。

4. 轨旁电话

轨道交通有关作业人员在线路区间，通过轨旁电话能与相邻车站值班员或其他相关部门联系通话。

（五）视频监视系统

视频监视系统是提高轨道交通运营管理现代化水平的重要手段，为控制中心调度员、车站值班员、车辆段值班员提供实时监视车站客流、列车出入站及旅客上下车和车辆段等视频图像，以提高轨道交通运营组织管理效率，保证列车安全、正点地运送旅客。

1. 视频监视系统的组成

视频监视系统由控制中心监控子系统和车站监控子系统构成。系统可实现控制中心、车站和司机（降级模式）三级监视、两级控制功能。

2. 一般监控功能

根据轨道交通运营、管理特点，视频监视系统从使用上应满足行车管理人员，包括中心级行车调度员、乘客调度员、车辆调度员、环控调度员、总调度员等和车站行车值班员（兼防灾值班员）、列车司机对相应的管辖区域进行监视。监视范围应覆盖站厅、站台、设备区、重要的出入口通道、自动梯、直升梯、票务室（票亭）、点钞室等区域。轨行区人防门、防淹门、联络通道防火门具有视频监视系统对其开闭状态的监视功能。

3. 操作控制台功能

视频监视系统车站级和中心级操作控制台功能建议由综合监控系统的车站和中心控制台实现。

4. 字符叠加功能

视频监视终端显示的图像，可同时显示相应的车站站名、摄像机的区域编号、日期和时间等字符，支持中英文显示。

5. 录像及回放功能

控制中心调度员、维护人员或车站值班员可以根据权限，选定某个时段、某个车站、某台摄像机录制图像的远程回放。在回放的同时并不影响正常录像。

6. 视频管理维护功能

中心网管终端能够对系统相关参数进行设置、记录、备份，并监测各车站级和中心级设备的运行状态信息，可完成自动检测、遥控检测、故障定位、故障报警和远端维护等，故障时中心网管终端能够发出声光报警信号。

7. 优先级设定功能

系统具有优先级设置功能，可根据需要按照部门、级别、操控类型等方面进行优先级设置，同时具有屏蔽、锁定、抢占等功能。

8. 车载监视功能

控制中心调度员可利用系统提供的车载视频控制及显示设备接收、切换 PIS 系统下传的车载网络视频图像，对车厢内的旅客活动及驾驶室内、列车前后方的情况进行实时监视。

9 .票务监视功能

系统能对车站票务室及票亭内人员所有活动进行 24 小时实时监控,能清晰分辨出工作过程中进行的作业内容。

10. 定时开关机及远程控制功能

为延长摄像机、监视器的使用寿命，系统具有对这些设备设置定时开关机的功能。

11. 全自动运行场景下的联动功能

在全自动运行场景下，系统对车载视频监视具有与列车紧急呼叫、紧急拉锁、烟感等设施联动（画面推送）功能。该功能需配合车载视频监视系统实现。

（六）广播系统

广播系统由运营线广播、车辆段广播两个独立系统组成，其中运营线广播系统又分为车站广播和列车广播。列车广播系统由车辆专业进行系统设计，并由车辆供应商提供。广播系统主要功能如下：

1. 车站广播系统

车站广播系统采用车站和控制指挥中心两级控制方式，平时以车站广播为主，控制指挥中心可以插入，但在事故抢险、组织指挥、疏导乘客安全撤离时，则以控制中心防灾广播为主。

2. 车辆段广播系统

车辆段广播系统为一套独立的区域广播系统，主要用于车辆段运转室值班员向运用车库内工作人员播放有关作业命令和通告，现场工作人员插播对讲。运转值班员的播音控制台应具备对其播音区的监听功能。全自动场景下，广播系统可通过与信号系统的接口，实现列车自检前对库内进行语音广播，进行人员疏散。

（七）时钟系统

时钟系统作为轨道交通通信系统的一个部分，在轨道交通运营过程中为工作人员、乘客及全线自动化系统[通信系统、综合监控（含 FAS/BAS/SCADA）、信号、门禁、AFC 等]提供统一的标准时间，使全线各自动化系统的定时设备与时钟系统同步，从而实现轨道交通全线统一的时间标准，以提高运营效率和质量。它具有以下基本功能。

1. 同步校对

中心一级母钟设备接收外部 GPS/北斗/BITS 标准时间信号进行自动校时。一级母钟周期地送出统一的同步脉冲和标准时间信号给其他系统，并通过传输网络向二级母钟传送，统一校准二级母钟。系统具有降级使用功能。当一级母钟在失去 GPS/北斗/BITS 时标时应能独立正常工作；二级母钟在传输通道中断的情况下，应能独立正常工作，产生各子钟的驱动信息，使各子钟能够进行正常的时间显示。

2. 日期、时间显示

中心一级母钟能产生全时标信息，格式为年、月、日、星期、时、分、秒、毫秒，并能在设备上显示。

中心一级母钟和二级母钟均按“时：分：秒”格式显示时间，具备 12 和 24 小时两种显示方式的转换功能；数字子钟为“时：分：秒”显示（或可选用带日期显示），模拟子钟为“时：分”显示。

3. 为其他系统提供标准时间信号

中心一级母钟设备设有多路标准时间码输出接口，能够在整秒时刻给其他各相关系统提供标准时间信号。

4. 设备冗余

一级母钟、二级母钟均由主、备工作钟组成，具有热备份功能。母钟采用高稳晶振工作钟主、备冗余配置，具有热备份功能，主工作钟出现故障立即自动切换到备工作钟，备工作钟全面代替主钟工作。主钟恢复正常后，备钟立即切换回主钟。

5. 系统扩容

系统采用分布式结构方式，可方便地进行扩容。节点设备扩容时无须增加控制模块，只需增加适当的接口板便可实现系统功能。

6. 走时精度

一级母钟脱离卫星信号、二级母钟脱离一级母钟、子钟脱离母钟时应具备自走时功能，一级母钟的稳定度应在 10^{-7} 以上；二级母钟稳定度应在 10^{-6} 以上。

7. 系统监控功能

系统可对时钟的工作状态、故障状态进行显示，并对全系统时钟进行点对点的控制。主要监控及显示的内容包括各种主要设备及通道的工作状态；全系统子钟的控制（加快、减速复位、校对、追时等）；故障记录能显示处于故障状态下标准时间信号接收单元、各级母钟和子钟的位置及故障内容，并自动发出声光报警并输出。同时故障信息能够传输到集中监控终端，以便向轨道交通综合网络管理系统传输告警信息，实施集中管理。

（八）办公自动化系统

办公自动化系统，是采用计算机技术、通信技术、多媒体技术等先进技术，通过企业应用集成软件，实现企业部分办公自动化及人力资源管理等系统现代化，以建立一个开放、弹性、兼容、灵活的信息管理系统，为轨道交通的经营管理提供重要的支撑和手段。办公自动化系统使轨道交通尽可能地充分利用信息资源，提高企业生产效率和服务质量，实现企业经营、管理与决策的信息化、数字化、规范化，为轨道交通经营目标的实现，创造重要的战略价值，并提升轨道交通的核心竞争力。

（1）实施有效的设备维护管理、人力资源管理、加强备件采购管理、库存管理以及财务管理等，达到控制成本，提高维护效率的目的。

（2）强化人力资源分析、战略决策规划、员工敬业激励等方面的管理，进而发现企业的积极因素，提高企业的核心竞争力，为企业的生存和发展及经营目标实现，创造良好的条件。

（3）降低数据收集、整理、分析等成本，提高数据的准确性及权威性，提高数据积累和分析能力，为管理决策提供准确、科学的依据。

（4）消除轨道集团公司内部信息不畅的格局，实现信息高度集成和资源共享，加强各部门的协同工作能力、提高办公效率和管理水平，提高公司内部的协调、组织能力。

（5）建立知识管理平台，有利于知识的不断积累和更新，提高企业的发展能力与创新能力。

（6）加强客户关系管理，提高对客户和市场的把握能力，增加销售收入。

（九）集中告警系统

集中告警系统利用计算机网络技术和计算机本身的数据处理能力，对通信系统中的各子系统进行集中管理，将各系统的运行状态集中反映到某一管理终端设备上，使通信维护人员能及时、准确地了解整个通信系统设备的运行状况和故障信息，便于处理。系统能够对各子系统的主要状态信息（包括告警）进行汇总、显示、确认及报告，能进行故障定位，达到集中监视、管理的目的。系统应具备故障管理、配置管理、性能管理、安全管理等基本功能。

集中告警系统完整的功能应能实现对各子系统的设备、资源、性能、告警的统一管理，实现对跨子网的故障相关性处理。其具体功能包括：

1. 拓扑显示

系统以图形方式显示线路及站点设备情况，站点及设备的图标颜色标识出相关设备的运行状态。

2. 告警采集

实时采集告警信息，告警信息包括网元告警、性能门限告警、网管系统自身告警。

3. 告警过滤

提供告警过滤功能，对一些不重要或不关心的告警信息进行过滤，使运维人员能够集中精力对网络中重要的告警信息进行监视和处理，提高工作效率。过滤的告警信息将被存储，运维人员仍然可以查看。

4. 告警显示

网管系统提供告警显示功能，系统除了提供告警列表显示外，还提供系统拓扑图显示，即当告警产生时，网络拓扑中的相关站点、设备的图标颜色发生变化，图表的颜色根据告警级别而不同。

5. 告警提示

当产生告警时，可以通过声音报警器发出声音，引起管理员注意，同时也可以将告警信息以邮件或短信的方式，发送给管理员。

6. 告警处理

网管系统提供告警查询与统计、告警确认与清除、告警信息同步、告警存储与备份、告警打印输出等功能。

7. 故障相关性分析

有些网络故障是相互关联的，如传输系统出现故障会使利用其传输的所有通信系统产生告警，同时产生大量的严重警告，使管理人员不易发现故障的根本原因，贻误故障定位和处理的时机。故障相关性分析功能通过对采集到的告警信息按规则进行相应的告警相关性分析，推测出一组告警中的决定性警告，定位故障的真正原因和产生点，使管理人员可以进行及时的故障定位和处理，并获知故障所影响的业务情况和设备、链路信息，并形成故障信息记录。

8. 系统安全管理

系统安全管理包括系统用户管理、用户组管理、用户权限分配、用户行为检测和系统日志管理等功能。

9. 资源管理

及时了解、掌握全网的各种资源的使用、分配情况，提高资源的利用率，支持对光传输通道、无线信道、交换信道使用情况的查询。对通道中所承载的业务信号亦能够提供查询。

10. 性能管理、故障管理功能

实时监测各子系统设备各项性能指标，当系统出现故障时，可以及时做出故障定位、故障等级划分、确定与业务的关联程度，并能及时恢复业务。

（十）车辆段安防系统

车辆段安防系统主要用于车辆段的人身财产安全和生产基地、防破坏监控管理，通过该系统设备的设置，以实现车辆基地的智能化、多方位、全天候的现代化先进管理，以确保轨道交通车辆基地正常、有序地作业生产，从而保障轨道交通运营的正常进行。

车辆段安防系统主要由以下子系统组成：周界报警系统、视频监视系统、电子巡查系统。

1. 监视功能

车辆段内值班员可通过监控工作站选择车辆段内任一摄像机的图像在监控工作站上显示，可以进行循环显示或手动选择，利用控制软件可以调看实时图像和点播历史图像。

2 .字符叠加功能

系统应能将摄像机所在位置、地点、摄像日期和时间等信息与图像进行叠加，以便在监视器上显示。

3. 录像功能

车辆段设置视频监控设备，可对重点区域摄像机摄取的视频信号进行实时不间断录像，存储时间不小于 90 天（24 小时/天）。

车辆段内值班员可根据时间、地点等信息对系统任何一路图像信号进行检索及查询调看，并可对所观看图像进行本地录像，录像资料应便于日后检索及查询。

4. 周界报警功能

当出现最为恶劣的雨雾天气，导致视频监视系统无法正常工作，或视频监视系统出现故障时，周界报警系统应能准确地监测是否有人非法越界进入车辆段内。

在发生异常情况时，周界报警系统应能与视频监视系统联动，使该防区的监控图像在监控工作站上自动弹出并锁定，同时发出声光报警。

5. 网管功能

设置网管设备，可对该系统所有设备的运行状态进行综合的监视与管理，在必要时对系统数据及配置作及时的修改。

6. 电子巡查功能

（1）在确定巡更线路设定合理的检测点安装感应式巡更点信号器（即巡更点），以手持式巡更棒作为巡更牌，由巡更工作站软件编排巡更班次、时间间隔、线路走向，有效地管理巡更员巡视活动，增强保安防范措施。

（2）软件设定巡更时间要求、线路要求、次数要求，通过发行巡更点（位置信息）、巡更棒（记录巡更员身份、编号，并授予有效巡更活动权限），巡更点信号器。

（3）巡更员带巡更牌按规定时间及线路要求巡视，将巡更棒在巡更点前晃动，并按动记录按钮，便可记录巡更员到达日期、时间、地点及相关信息。若不按正常程序巡视，则记录无效，查对核实后，即视作失职。管理中心可随时查询整理备份相关信息，对失盗失职行为进行有效分析。

（4）可随时或者定时提取各巡更员的巡更记录。

（5）计算机对采集回来的数据进行整理、存档，自动生成分类记录、报表并打印。管理人员根据需要随时在计算机中实时、非实时查询安保人员巡逻情况。

（十一）通信电源系统及接地

1. 通信电源

通信系统的电源包括交流配电屏、不间断电源系统（UPS）及蓄电池组，是整个轨道交通通信设备的重要组成部分。通信电源系统主要为控制中心、车站、车辆段通信设备提供高质量、高可靠的电源，满足通信设备的用电需求，保证在市电故障或发生超限时，通信设备仍能在规定的时间内正常工作，等待主电源恢复正常。系统应具有以下功能：

（1）符合通信系统一级负荷供电要求。

（2）能为通信设备不间断、无瞬变地供电。

（3）电源设备（UPS 部分）本身还具有旁路功能，当电源设备的整流、逆变单元出现故障时，可手/自动进行旁路，由外供（220 /380 V）电源直接进行供电。

（4）电源设备（UPS 部分）本身具有输出短路保护功能，当负载端发生过载（短路）时，电源设备切换至旁路供电并等待下线开关跳闸，当相应的开关跳闸后，过载消失，电源设备会在一定时间后由旁路切换回逆变器运行状态。

（5）在蓄电池供电情况下，可根据需要对不同负载进行定时供电，系统能监测蓄电池的容量，确保蓄电池不过放电。

（6）系统能对交直流电源、蓄电池等设备的各种工作状态进行本地和远端监视，发现故障及时告警。

2. 接地系统

接地系统应保证通信设备不受强电的危险影响和电磁干扰，保证通信系统及人身安全，提高通信系统的服务质量。设备接地电阻应小于 1 Ω。系统应具有以下功能：

（1）通信设备的电路零电位参考点，金属外壳和电缆金属护套及隔离线的接地，能减少电磁感应和杂音干扰。

（2）将电源设备和通信设备的金属外壳接地，可防止设备故障时发生维护人员触电事故，保证人身安全。

（3）设置电源线和通信线的防雷保护接地，可防止因雷击的过电压危及人身安全和击毁设备。

（十二）视频会议系统

视频会议系统的作用主要是为无法聚集到同一个地方进行会议的时候，提供一种高科技的通信、协作和决策的一种现代化手段和解决方案。

1. 系统整体功能

MCU 视频终端应符合 ITU-T 国际电联的 H.323 通信协议的标准，具有良好的兼容性。

以中心机房 MCU 为中心，召开视频会议，实现远程会议功能。中心 MCU 既可以召开所有会场视频会议，也可以根据需要，任意选择部分会场召开会议。

召开视频会议时，主会场可浏览各分会场情况，各分会场同步接收主会场音、视频信号，实时参与会议。会议中，可根据需要，指定某分会场作为主会场进行会议发言，主会场及其他分会场作为接收会场显示同一发言会场画面。

2. 控制中心主会场功能

（1）主会场主要实现对整个视频会议系统的组织、控制、管理等功能。

（2）语音激励控制方式：在一个多点会议中，当同时有多个会场要求发言时，MCU 能够实时对多点输入的语音电平进行比较，可选择音量最强的发言者的图像、声音信号传送到其他会场。为了避免不必要的干扰引起的画面盲目切换，MCU 具备声音切换时间间隔设置，并给出时间间隔可设置范围。

（3）演讲者方式：发言人能看到听众的多分屏画面，而听众只看到发言人的全屏画面。

（4）轮巡方式：MCU 具备轮巡功能，可以在中心会场以轮巡方式切换与会者会场的画面。会场轮巡的时间间隔可调。并给出时间间隔可设置的范围。

（5）导演控制方式：当选择导演控制时，导演能随意切换主播画面，开启、关闭各个终端的声音，调节某一会场的混音音量，并可以连接断开任意会场；可指定发言会场发言，切换其图像作为全网的广播者；可调整视频信号接收带宽；任意切换各分会场接收画面；可连接电子白板并与分会场共享。

（6）具有多分屏显示模式：具备多分屏显示模式，支持四分屏。在不中断会议情况下，允许在会议进行中随意切换分屏显示模式和改变任一分屏中显示画面的内容。在不中断会议情况下，允许设置任一分屏中显示画面的内容为固定某个会场、语音激活某个会场，或者轮巡所有其他会场，并且允许在会议进行中修改配置模式。支持会议加锁功能，防止误操作及恶意攻击。支持远端摄像机控制功能。支持自动重播和断点重邀功能。能够与桌面会议系统互联。

3. 分会场功能

（1）支持响应主会场的各项组织、控制、管理会议的要求。

（2）可调整视频信号接收带宽。

（3）支持自动重复请求功能。

（4）可以提供多种会议发布模式：手动发布、立即发布、定时发布等。根据会议需求，可以灵活选择会议发布的模式及时间等。

（5）支持与桌面会议系统互联。

任务二　全自动运行线路通信系统新增设备及功能

根据全自动运行需求，通信系统需为调度人员提供运行车辆现场图像、故障信息以及相关联动调度指令下发的传输通道，涉及视频监视、车地无线通信网（数据）以及无线通信（语音）三个系统。

一、新增设备配置要求

（一）列车司机室及客室摄像机设置

全自动运行模式，增加车载视频主机（含高清解码及存储）和车载视频监视网络交换设备的处理能力，以及增加或增强与相关系统的接口外，原则上在每个司机室增设 2 套高清数字摄像机（含高清编码），每个客室内增设 3 套高清数字摄像机（含高清编码）。

（二）区间线路视频监视

全自动运行线路可结合周界防护在高架线路区间每隔一定距离设置摄像机，用于中心、车站监视线路情况，每个摄像机设置视频分析功能，报警时可自动弹出画面，并可将信息送至行车综合自动化（或其他）系统进行驾驶条件的综合判断。

（三）紧急对讲设置

利用无线通信语音通道，实现列车乘客与控制中心的紧急通话。紧急对讲电话安装于客室内车门一侧，乘客操作后，可与控制中心乘客调度电话联系，同时触发 VMS 实现联动，应急电话所在车门附近的视频上传到控制中心行调和车辆调度台上。

（四）车地无线通信网方案

宜采用 LTE-M 技术构建专用车-地无线通信网络，采用基于 IP 的扁平化网络结构，由核心网子系统 EPC、无线子系统 eNB、网管子系统及终端设备组成，其中，eNB 包含 BBU 和 RRU 设备。

（五）乘客调、车辆调通信设备配置

专用电话系统在控制中心增加乘客服务调度台 1 台、车辆调度台 1 台，并在各相关位置相应增加调度分机。

视频监视系统在主、备控制中心增加乘客服务控制终端及监视器各 1 套、增加车辆调度控制终端及监视器各 1 套。

二、新增功能要求

（1）实现乘客与控制中心的紧急通话功能。

（2）增加乘客服务调度及车辆检修调度功能。

（3）增加远程车载广播，增强声音采集、故障检测记录的功能；增加中心对车辆内广播的控制，用于异常或紧急情况下对乘客进行远程指导。

（4）车载通信设备自检功能。车载通信设备（包括车载广播、车载无线、车载视频监视以及显示器等设备）在车辆唤醒模式下进行加电自检并发送自检状态，在车辆休眠模式下进行休眠自检并发送自检状态。

（5）增强视频监视功能。增强对车站、车辆段/停车场及行车沿线的视频监视功能，以及区间火灾、障碍物脱轨检测异常情况下联动（根据工程情况配置）。

通过增加司机室摄像机，实现列车前后方视频监视功能，中心可远程调取车载 VMS 信息。

增强对车载 VMS、PIS 进行监控，便于中心调度监视车上乘客动态。

（6）车载乘客信息系统与车辆 TCMS 联动功能。

车载设备具备自检功能，并可将自检信息发送给车辆 TCMS 系统。此外，客室摄像机与车辆配合，具备以下视频联动功能：

①客室紧急呼叫联动功能：当接到车辆相关系统发送的客室紧急呼叫触发指令后，列车视频监视系统可将该画面推送至控制中心，可通过与线路视频监视系统的接口，供线路视频监视系统查看，或转发给相关使用系统查看。当接到车辆相关系统发送的客室紧急呼叫解除指令后，列车视频监视系统负责恢复正常模式。

②紧急手柄联动功能：由车辆相关系统提供紧急手柄触发信息（含位置信息），列车视频监视系统负责将紧急手柄触发区域的画面，通过车-地无线网络推送给线路视频监视系统，由其转发或直接推送给相关使用系统。当接到车辆相关系统发送的紧急手柄恢复信息后，列车视频监视系统负责恢复正常模式。

③列车火灾报警联动功能：由车辆火灾报警系统提供确认后的列车火灾报警信息，列车

视频监视系统负责将火灾报警区域的画面，通过车-地无线网络推送给线路视频监视系统，由其转发或直接推送给相关使用系统。当接到车辆火灾报警系统发送的火灾报警解除信息后，列车视频监视系统负责恢复正常模式。

④门解锁探测装置联动功能：由车辆相关系统提供门解锁探测装置开门触发信息（含位置信息），列车视频监视系统负责将门解锁探测装置触发区域的画面，通过车-地无线网络推送给线路视频监视系统，由其转发或直接推送给相关使用系统。当接到车辆相关系统发送的门解锁探测装置关门触发信息后，列车视频监视系统负责恢复正常模式。

任务三　传输系统结构及功能

一、传输系统概述

根据地铁工程运营、管理的要求，新开通线路传输网络除了应满足本线本身通信需求外，还要根据该市地铁的总体建设规划和运营发展，考虑与其他地铁线路通信系统实现互联、互通，并为其他线通信系统的建设预留一定的接入条件。因此，传输系统要能迅速、准确、可靠地传送各种公务电话、专用电话、无线电话、视频监视、乘客信息显示（PIS）、广播、时钟、办公自动化（OA）等信息，以及其他运营管理所需信息，构成传送语音、文本、数据和图像等各种信息的综合业务传输网。

二、传输系统结构

（一）信道类型结构

传输信道类型包括①点对点直通式；②一点对多点式；③总线式；④共享环式。

（二）系统构成

根据传输系统的使用性质及要求，一般来说，地铁通信工程传输系统在主用控制中心、备用控制中心、各车站、车辆段节点设置光纤数字传输设备，各个节点设备分别使用上下行区间光缆中的光纤，采用隔站跳接方式连接，构成具有自愈环结构的传输系统，如图 7.1 所示。

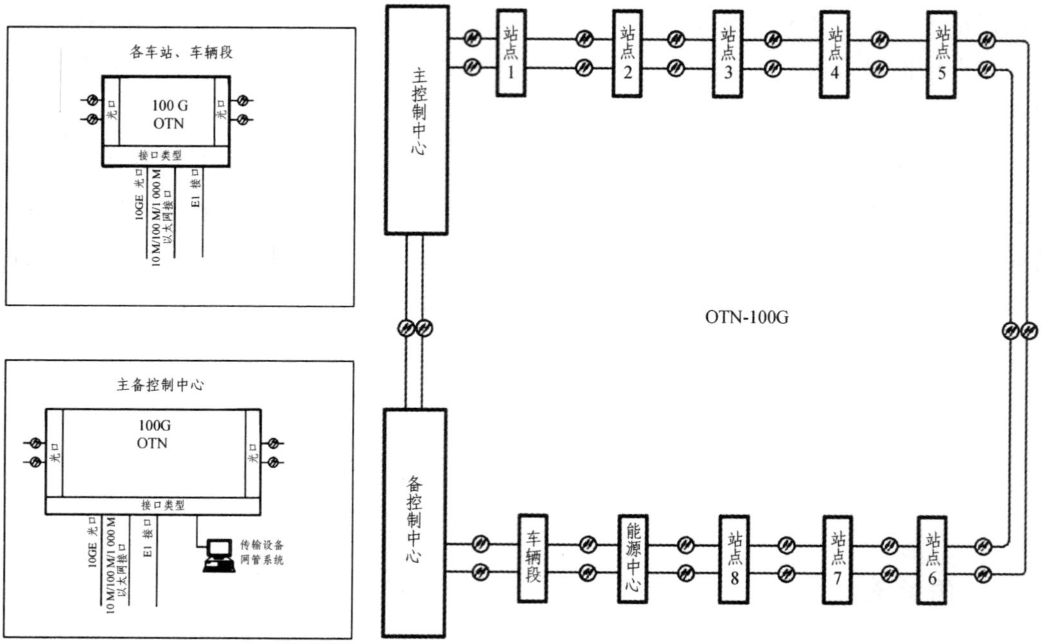

图 7.1　传输系统构成示意

注：1. 图中 OTN 设备提供的以太网接口用于公务电话、无线通信、视频监视、乘客信息、ATS、AFC 等系统传输；

2.图中 OTN 设备提供的 EI 接口用于专用电话等系统传输使用。

地铁通信工程传输系统在主用控制中心、备用控制中心、各车站和车辆段分别设置一端传输节点设备，上下行区间光缆中的光纤，组成自愈环网。且传输系统容量需按全线设计，各节点传输设备应满足本线传输业务需求，并具备带宽长期平滑演进的能力。控制中心节点设备应考虑后期延伸线的接入，并预留业务槽位。建设方需要注意在后期延伸线需要接入时，无条件配合相关系统供货商进行接口协调、配合，确保延伸线传输系统能够顺利接入。最后，传输系统都应具有网络自愈、集中网管、自动诊断、故障检测等功能。同时，建设单位还应根据自己采用的系统设备的特点，采用性能最好的组网结构，确保系统的传输性能、同步性能、保护性能及视频传输端到端时延（≤250 ms）的要求。传输网络的光纤环路应具有双环路功能。当主用环路出现故障时，能够自动切换到备用环路上，保证传输网络不中断，切换时不应影响正常使用。当主、备用光纤环路的线路在某一点同时出现故障时，两端的网络设备应自动形成一条链状的网络。

三、传输系统功能

（一）系统功能概要

传输系统应能准确、迅速、可靠地传输下列各类系统的语音、数据及图像信息：

（1）无线通信系统。

（2）专用视频监视系统。

（3）乘客信息系统。

（4）广播系统。

（5）时钟系统。

（6）信号系统。

（7）综合监控系统。

（二）系统具有集中维护管理功能

采用简明、直观的图形化维护管理界面和系统安全机制，传输系统通过本地管理接口或控制中心维护管理终端可方便地对传输节点设备、传输通道进行配置和管理，监视每个传输节点设备主要模块和用户接口模块的工作状态，可提供声光报警功能和告警信号数据输出。系统的配置和修改应方便灵活，保证接入前期既有工程时，设备割接（安装、调试和系统调整等方面）工作不影响已开通系统的正常运营。

（三）系统保护

传输网络的光纤环路应具有双环路功能。当主用环路出现故障时，能够自动切换到备用环路上，保证传输网络不中断，切换时不应影响正常使用。当主、备用光纤环路的线路在某一点同时出现故障时，两端的网络设备应自动形成一条链状的网络。当某个网络节点设备出现故障时，除受故障影响的节点设备外，其他网络节点设备应能保持正常工作。为确保系统可靠性，同一环网光纤线路接口须由不同的线路板卡分别提供。

传输系统应采用光纤自愈环保护技术，具备自愈保护倒换功能，采用上下行光缆中的各两纤构成双纤自愈环网结构。支持复用段共享保护环、SNCP、ODUK SNCP、MRPS 或其他类似的光纤自愈环网保护方式。当系统检测到信号丢失（LOS）、帧丢失（LOF）、告警指示信号（AIS）、超过门限的误码缺陷及指针丢失时，系统应进行自动倒换，保护倒换时间应不大于 50 ms，且不会影响系统的正常使用。

（四）主要接口技术要求

1. 线路光接口

线路光接口的参数规范应不劣于 ITU-T 建议 G.957 的要求，建设方需提供的接口应能根据项目以及工程的实际需要进行调整（1 ~ 40 km）。

2. 中继段长度计算

在表 7.1 所示的光缆传输特性条件下，建设方应说明传输网络设备能达到的最大中继段长度（按照最坏值算法情况下）。

表 7.1　光缆传输特性

序号	项　　目	单位	要求标准
1	光纤衰耗：λ=1 310 nm	dB/km	≤0.36
2	光纤衰耗：λ=1 550 nm	dB/km	≤0.22
3	光纤接头衰耗	dB/个	0.1
4	光纤活动连接器衰耗	dB/个	0.5
5	光设备质量劣化余量	dB	3
6	光缆维修余量	dB	4

（五）网络管理功能

传输系统管理设备应具有自诊断功能，可进行故障管理、性能管理、配置管理、安全管理，并且能与集中告警系统相连，实现各系统故障、集中告警。

1. 故障管理

（1）能有效地进行设备（含配套电源单元，包括系统所需的 AC 220 V 转 DC 48 V 的开关电源）故障的检测，监测网络运行状态并能输出故障报警信息。

（2）能识别故障，并能进行故障定位（可将故障定位到板，并能提供故障修复建议信息）。

（3）能报告所有告警信号及记录其细节（能保存历史告警 2 个月）。

（4）具有告警过滤和遮蔽功能。

（5）能够设置故障严重等级。

（6）能够实时打印告警信息。

2. 性能管理

（1）能够设置及显示性能监控门限。

（2）对误码性能参数进行自动采集和分析并能传给外部存储设备或打印。

（3）能同时对所有终端进行性能监视。

（4）能够同时对性能监视门限进行设置。

（5）能存储和报告 15 min 和 24 h 两类性能事件数据。

（6）能报告“当前”和“近期”两种性能监视数据。

（7）能支持近端或远端环回测试功能。

（8）各种性能数据可传给外部存储设备或打印。

3. 配置管理

（1）配置管理及设备的工作状态查询，提供友好的图形化人机界面。

（2）网元的初始化设置。

（3）通道的交叉连接和配置。

（4）定时源优先级的选择。

（5）NE 状态和控制。

（6）单向和双向环的配置管理。

（7）可以设置、存储、检索和改变保护倒换参数。

（8）路径保护及路径恢复功能。

（9）网同步功能。

（10）应能按请求以图形方式在网管系统屏幕上完成实际网络的配置。

（11）能实现端到端业务配置，可对本地、远端网络单元、接入设备以及配套的电源设备进行配置管理、参数管理、设备管理、状态及查询管理。能在不中断业务的情况下实现程序的远程装载、改变配置。

任务四　无线通信系统结构及功能

一、无线通信系统概述

地铁无线通信系统系统是为了保证地铁安全、高密度、高效运营而建设的语音、数据无线通信系统，它为地铁运营的固定用户（控制中心及车辆段调度员、车站值班员等）和移动用户（列车司机、防灾人员、维修人员）之间的语音和数据信息交换提供可靠的通信手段，它对行车安全、提高运输效率和管理水平、改善服务质量提供了重要保证。同时，在地铁运营出现异常情况和有线通信出现故障时，也能迅速提供防灾救援和事故处理等指挥所需要的通信手段，并提供与列车乘客紧急电话的通话功能。

二、无线通信系统结构

（一）总体结构

现行地铁工程无线通信系统多采用 TETRA 数字集群通信系统，该系统是由多基站的集群系统形成一个有线、无线相结合的网络，每个基站覆盖区根据地铁运行特点进行划分。正常运行时各基站由设置在控制中心的中心控制器控制，当基站与中心控制器通信中断时，它以单站集群方式支持单站系统的正常运行。车辆段及控制中心分别独立设置一个基站覆盖区。总体结构如图 7.2 所示。

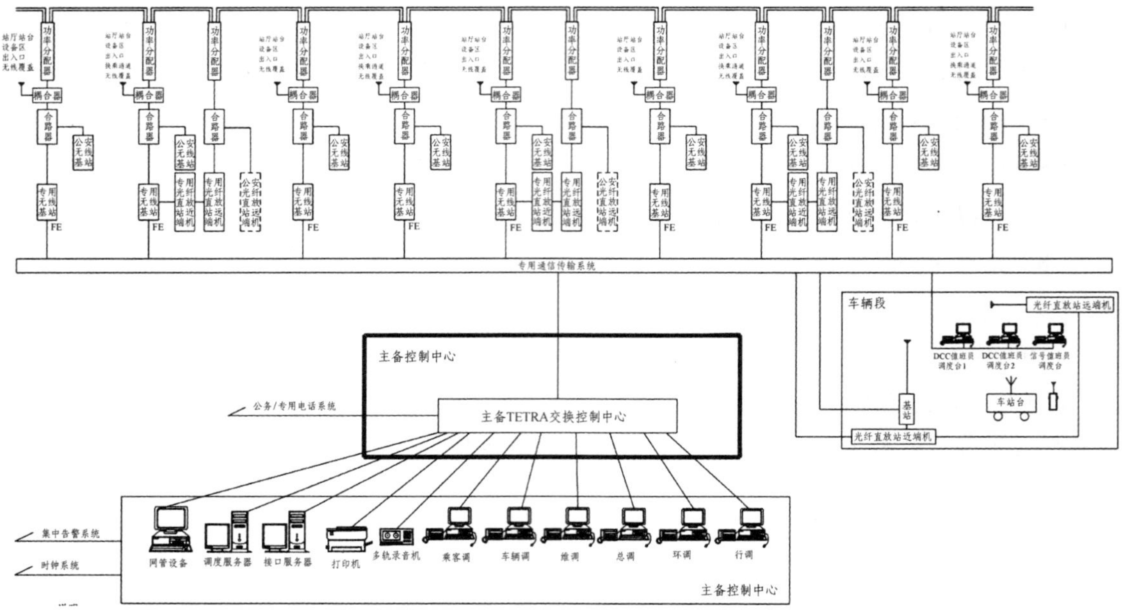

图 7.2　通信系统结构

本系统主要由主、备中心交换控制设备、调度服务器、调度台、维护终端、基站、车站固定台、车载台、手持台、录音设备、直放站、漏泄同轴电缆和天馈系统等组成。主、备中心交换控制设备分别设置在主、备控制中心，并分别与各车站、车辆段基站设备通过传输提供的以太网通道相连。主、备控制中心的中心调度台、车辆段远端调度台应分别与主、备中心交换控制设备相连，正常情况下所有调度台接收主用控制中心交换控制设备控制，在故障情况下，可切换至备用控制中心交换控制设备控制。主、备中心交换控制设备及录音设备具备故障情况下热备倒换的功能，不得影响正常运营工作。

主、备控制中心分别设置中心交换控制设备（1+1 热备）、调度服务器（1+1 热备）、录音服务器（1+1 热备）、调度台、计算机维护终端（含打印机）等。每个车站分别设置两载频基站和车站固定台，并配备集群手持台。列车驾驶室设置车载台。车辆段、控制中心设置三载频基站、调度台以及配备集群手持台。

每个车站站厅及站台区主要采用天线方式进行覆盖。在区间采用漏泄同轴电缆覆盖方式进行覆盖，正线上下行线路的外侧各敷设一条漏泄同轴电缆，在地下隧道区间漏缆敷设于隧道壁上，距轨面不低于 3.5 m。

车辆段主要采用天线方式进行覆盖，室内弱场区必须采用相应室内覆盖系统进行补强。直放站主要是用于基站场强的延伸，用在需要特殊控制场强覆盖处。

（二）系统覆盖范围要求

（1）行车调度无线通信子系统：场强覆盖范围是正线区间、辅助线（包括折返线、渡线、联络线、停车线、出入段线、安全线等）、各车站以及进出车辆段的转换区段。

（2）维修/防灾调度无线通信子系统：场强覆盖范围是正线区间、区间风机房、各车站站厅、车站设备区（包括且不限于站厅层、站台层、夹层各设备区）、站台、换乘通道、各类通道区（包括且不限于设备区通道、应急疏散通道、换乘通道）、车辆段、主变电所整个维修检测区域。

（3）乘客调度无线通信子系统：场强覆盖范围是正线区间、辅助线（包括折返线、渡线、联络线、停车线、出入段线、安全线等）、各车站区域。

（4）车站无线通信子系统：场强覆盖范围是各车站站厅（含本期开通的出入口，并做好后期开通出入口的功率及天馈预留）、车站设备区（包括且不限于站厅层、站台层、夹层各设备区）、站台、各类通道区（包括且不限于设备区通道、应急疏散通道、换乘通道、物业区通道）。

（5）车辆段无线通信子系统：场强覆盖范围是本车辆段内所有停车列修库、联合检修库、咽喉区、出入口区域、进出车辆段转换轨区域、试车线、主要车库楼宇及设备/办公区。

（6）控制中心无线通信子系统：场强覆盖范围是本控制中心所有楼层走廊、车库及设备区。

（7）列车状态信息：场强覆盖范围是地铁运行线路和地铁沿线各车站及车辆段地面（含联合检修库）整个区域。

（三）系统配置的设置

1. 中心无线设备机柜

中心无线设备机柜包括中心控制器（主机）、移动交换机、监控设备、电源、接口等设备，安装在控制中心的通信设备用房内，可完成系统各种功能的组织和管理工作。

中心机架上配备有以下接口：

（1）与各无线基站设备的数据和语音接口（100 M 以太网接口）。

（2）与时钟子系统的通信接口（暂定 RS 422）一个。

（3）提供系统总工作状态声光报警接口一个。

（4）与信号系统接口（暂定 2 个 RS 422 接口，信号专业通过 ATS 系统输出，具体协议待设计联络阶段与信号专业协商确定），主要提供以下的信息：

①列车进出车辆段和列车上下行等信息。

②列车的车次号、司机号与车组号的对应关系信息。

③列车在运行线路上的位置信息（车站范围）。

（5）集中告警系统接口一个（具体协议待设计联络阶段确定）。

（6）应在主、备控制中心各设一个数据传输控制台，以便控制列车状态信息的数据传输与交换。

2. 调度台

地铁通信工程在主、备 OCC 一般共配置调度台 10 余台，分别位于行车调度、环控调度、维修调度、乘客调、车辆调度、总调操作台，用于各调度员完成各种操作和显示功能。车辆段设调度台 3 台，分别位于车辆段值班员、运转值班员的操作台上。线网中心配置调度操作控制台 1 台。

车辆段远端调度台可能距离车辆段传输设备较远，须增加光端机设备完成远端调度台的传输要求，本系统在车辆段配置一套光端机设备。光端机设备的配置数量根据自身系统特点和现场情况确定，须满足调度台接入传输系统的要求。

控制中心各调度台、车辆段各调度台与专用电话系统设有相应的音频接口进行数字录音。

3. 系统网络管理终端

集群系统配置一套完整的网络管理终端，含打印机，设于主、备 OCC 的通信网管室内。

4. 集群基站设备机柜

集群基站设备机柜（含相应的收发信机、控制设备、天线混合器、电源单元、音频线路单元、接口等）设于相应车站、车辆段、控制中心通信设备用房内。连接有地面天线或线缆的基站必须配置避雷设备。机架上配备有以下的接口：

（1）与控制中心设备的数据和语音接口（100 M 以太网接口）。

（2）与天线及区间漏泄同轴电缆连接的射频接口。

5. 车站固定台

车站固定台（含电台主机、天线、控制盒、电源单元、二次开发设备和安装架等）设在沿线各车站控制室的值班员工作桌上。

其中，车站固定台天线设置在车站控制室外，采用顶棚或墙壁固定方式。

车辆段固定台设在车辆段运转值班员工作桌上，天线安装位置及安装方式设计联络阶段确定。

6. 车载台

车载台（含电台主机、天线、控制盒、电源单元、二次开发设备和安装架等）设在司机驾驶室内，应防撞击、耐振动。每列车的每个驾驶室内应有两个车载台，一个用于调度员与乘客的通信以及列车广播系统，另一个用于传递车辆状态信息。车载台应通过与车载广播系统的接口，实现车载广播和乘客紧急电话功能。

7. 天　线

天线用于覆盖车站站厅、站台、控制中心和车辆段区域，其中控制中心、车站站厅、站台全向天线采用吸顶方式固定；车辆段室外天线采用支架架设方式，室内全向天线采用吸顶方式固定，局部特殊区域采用定向天线进行覆盖。天线数量根据自身系统特点和现场情况确定，并须满足相关覆盖指标的要求。

室内天线辐射值不得违反我国的《环境电磁场卫生标准》的规定。

8. 中心至车站、车辆段的传输通道

控制中心、车辆段至车站之间的传输通道由有线通信传输网提供。

（四）频率配置

1. 工作频段

通信频段一般工作在 806 ~ 821 MHz（移动台发、基站收），851 ~ 866 MHz（基站发、移动台收），双工间隔 45 MHz。

2. 频道间隔

频道间隔为 25 kHz

3. 工作方式

工作方式分为单工、半双工、双工。

三、无线通信系统功能

（一）总体要求

（1）系统操作应简单和维护方便，应提供完整的系统软件和专用软件，主要的控制及监测功能的实现均可通过编程进行灵活的编辑、修改。

（2）系统应适应地铁使用环境，具有电气化防护、抗干扰、防雷击的能力和措施。

（3）系统应采用符合无线数字调度通信发展方向的新技术，具有强大的扩展功能，扩展时要求不影响既有设备的使用、增加的设备较少、软件基本不变，能满足延伸线的要求，并构成地铁统一的无线专用通信网。

（4）系统应保证在换乘站内用户能实现通话漫游功能。

（二）服务对象

根据系统使用要求，无线通信系统应包含以下无线通信子系统：

（1）行车调度无线通信子系统。

（2）环控和防灾调度无线通信子系统。

（3）维修调度无线通信子系统。

（4）乘客调度无线通信子系统。

（5）车辆段无线通信子系统。

（三）通话功能

在地铁无线通信系统中有多种不同种类的用户，根据不同种类用户的性质、功能，可组成相互独立的通话组。无线用户应具有以下通话功能：

（1）调度台与车载台之间的通话：包括控制中心调度台与运行在正线线路上的列车司机（车载台）、车载乘客紧急电话（车辆设置）之间的通话，以及车辆段调度台与在车辆段范围内的列车车载台之间的通话。

（2）调度台与车站台和手持台之间的通话：包括控制中心调度台与沿线车站值班员（车站台和手持台）之间的通话，以及车辆段调度台与在车辆段范围内的手持台之间的通话。

（3）车载台与车载台之间的通话。

（4）调度台与无线用户（车载台、车站电台、手持台）之间以及无线用户之间的通话，采用控制中心交换机自动转接的方式。

（5）无线用户（车载台、车站电台、手持台）之间的通话，连接一般采用移动交换机自动转接的方式，对部分用户也可设置为调度员转接的方式

（6）无线用户（车载台、车站电台、手持台）与有线用户（公务电话）的连接采用人工转接和自动转接两种方式，对于有权限的用户，采用自动转接。

（7）行车调度员与车载司机台之间的通信应是最高级别的，具有强插和强拆功能，要求通信连续，应尽可能避免产生任何中断，要求具有高可靠性。

（四）编组功能

系统可根据地铁不同的部门和不同的业务编成多个通话组，将相互之间需要通话的用户编成不同的通话小组，每个用户可同时编入多个通话组，通话组可按大组、中组、小组等形式编制。需要组成的小组如下：

1. 行车调度通话组

（1）行车调度员与正线车辆通话组：正线车辆组成全呼组，正线车辆分成上行组和下行组进行组呼，对单个列车组进行组呼。

（2）行车调度员与各车站值班通话组：所有车站台编成一个组进行组呼，每个联锁区的车站台编成一个组进行组呼。

（3）各车站值班与本站站务员通话组：车站台与本站站务员、本站手持台用户编一个组；针对单基站工作状况应单独编一个组，这个组包括本基站覆盖范围内的所有车站台、手持台和车载台。

2. 车辆段通话组

（1）车辆段调度员与车辆段车辆通话组。

（2）车辆段调度员、调车员与车辆段车辆通话组。

（3）车辆段调度员与调车员通话组。

（4）车辆段调度员与车辆段范围内的手持台通话组。

（5）车辆段调度员与车辆段检修调度员通话组。

（6）乘务通话组。

（7）维修工程部通话组。

（8）另外增加一个特别通话组。

3. 维修通话组

（1）维修调度员与所有维修人员通话组。

（2）维修调度员与各维修小组通话组，包括但不限于：维修调度员与车辆维修小组通话组；维修调度员与通号维修小组通话组；维修调度员与机电维修小组通话组；维修调度员与工建维修小组通话组；维修调度员与供电维修小组通话组。

（3）维修调度员与生产管理组通话组。

（4）另外增加一个特别通话组。

4. 环控和防灾通话组

（1）环控调度员与所有环控人员通话组。

（2）环控和防灾调度员与各环控小组通话组。

5. 乘客调度通话组

（1）乘客调度员与正线车辆通话组；正线车辆组成全呼组；正线车辆分成上行组和下行组进行组呼；对单个列车组进行组呼。

（2）乘客调度员与各车站值班通话组；所有车站固定台编成一个组进行组呼；每个联锁区的车站固定台编成一个组进行组呼。

（五）呼叫功能

用户台之间可根据使用要求，实现组呼、选呼、紧急呼叫等形式的呼叫连接方式，其中，组呼可按大组、中组、小组等编制进行。在紧急情况下，移动台只允许对相应调度台发出紧急呼叫；授权调度台可以对所有列车车载台或所有无线终端发起紧急呼叫。

（1）用户台识别号。

系统的每一个用户都应分配有相应不同的身份识别码（ID 号）。其中，对于每个车载台，要求可分配多个功能号，如车载台除了本身电台的身份 ID 号外，还应具有司机、车次、车组等功能号，功能号与身份 ID 号是相对应的。ID 号的编制应便于将来区分各线路的设备。

列车台的身份 ID 号与功能号的对应方式，应可根据信号系统（ATS）的信息，进行实时的、自动的跟踪编制。

（2）用户台组识别号。

系统可为每个用户台分配组识别号（组 ID 号）。每个用户台根据使用的要求，应可编写多个组 ID 号。

（3）调度台呼叫。

调度台可将相应组内用户的识别号和组的识别号显示在调度台的显示屏上，对于车载台应显示相对应的功能号。调度员可通过鼠标直接进行各种呼叫。可显示调度组内的呼叫类型（接收紧急呼叫应有明显的声光显示）。

呼叫请求颜色提示功能：行调通话过程中收到的其他呼叫请求应有特殊颜色提示。

（4）各用户对相应的调度台可采用呼叫请求和紧急呼叫。

（5）用户台之间的组呼可采用选择组号呼叫，选呼可采用拨号呼叫，在同一组内的用户选呼的拨号号码应尽量地短。

（6）用户台应具有可选择的组扫描功能。当某个用户台正在参与组呼时，应能收到紧急呼叫。

（7）具有多级优先功能：优先的顺序为紧急呼叫、列调（含车辆段调度员、值班员）、环调、维调。调度可强插、强拆正在通话的一般用户。

（六）存储功能

当用户发出呼叫时，位于中心控制的设备能存储呼叫类型、呼叫状态、被呼和主呼的移动台标识码和位置（以车站站名表示）、通话起止时间等有关信息，必要时可由打印机输出。

组呼时，应能存储组号及加入通信的用户号。

（七）录音功能

全网录音系统能对所有通过交换机的通话组进行录音，既能实现调度台全部通话录音和监听，又能对个呼、无线调度台参与的组呼通信、紧急呼叫等进行录音及监听，并可按通话组、时间、主被叫号码等方式，进行各种分类搜索回放和查询录音，对通话信息进行记录、存储、回放、本地下载，可同时处理不小于 120 路呼叫，录音时长不少于 30×24 小时。

主备交换机侧配置同等的录音接口模块及录音服务器，通过全网录音系统能够实现将主、备交换机的所有通话进行录音。

车载电台、车站固定台内应具有录音功能模块，可以对通话信息进行记录、存储、回放、本地下载，并可拷贝至外部计算机查看、播放（格式支持常规免费软件播放，且单个录音文件大小合理）；录音时长不少于 7×24 小时，其容量不小于 16 GB，若录音存储容量已满具备自动覆盖旧数据功能，保证录音功能不中断。

任务五　专用视频监视系统结构及功能

一、专用视频监视系统概述

专用视频监控系统应满足地铁运营、公安部门的需求，是地铁运营、管理现代化的配套设备；是供运营、管理人员实时监视车站客流、列车出入站及旅客上下车情况，以加强运行组织管理，提高效率，确保安全正点地运送旅客的重要手段；是地方公安部门监控线路正常运营管理秩序的重要手段；是为各级公安人员实时监视、提高地铁治安水平，保证地铁列车安全正点运送旅客的有效工具，公安人员可通过设置在现场的摄像机对地铁各车站重要区域旅客流动及治安情况进行实时监控，以便及时发现、震慑和打击违法犯罪行为，为查缉破案提供录像取证。

视频监视系统运营部分由车站（含主变电所）、车载、控制中心、车辆段视频监视系统组成。其中，车载视频监视系统由 PIS 系统负责提供，本系统通过在控制中心与 PIS 系统接口将各运行列车内监视图像整合到视频监控系统，实现统一监视及调度（包括提供给综合监控）。

车辆段视频监控系统应负责整个自动驾驶区域的视频监视（运用库、洗车库、试车线、咽喉区、出入段线等），围墙周界、大门、场内道路、各单体建筑出入口等区域由车辆段安防系统实施，系统应预留车辆段安防视频监视接入条件。

视频监视系统公安部分由车站视频监视系统、车载视频监视系统、派出所视频监视系统、分局视频监视系统组成。其中车载视频监视系统由PIS系统负责提供，其余系统均纳入运营视频监视系统统一设置。

视频监视系统采用全高清组网，分辨率至少达到1 080 p，编码格式采用国际标准的H.265，要求系统须从图像的采集、传送、存储、显示全部达到全高清，符合HDTV标准的分辨率1 080 p全实时图像画质。

视频监视系统为车站值班员对车站的站厅（公共区及设备区）、站台（公共区及设备区）、出入口、电扶梯（含直升电梯）、重要设备机房、站台门端头等主要区域进行监视；为运营人员对相应站台旅客上下车等情况进行监视以及对本列车上乘客的情况进行监视；为车辆段有关值班员对该段内的重要区域进行监视；为运营控制中心调度员对各车站（主变电所）、车辆段及列车相关区域进行监视；为车站警务室公安值班员对本站主要区域，如车站出入口、站厅层和站台层等进行监视；为派出所公安值班员对本辖区各站的视频进行监视及控制；为地铁公安分局公安值班员对本线路的公共区域进行视频监视及控制。

二、专用视频监视系统构成

视频监视系统由各车站、车辆段、车载（由PIS提供）、控制中心、派出所、公安分局视频监视系统组成，通过传输系统提供的网络通道组成一个完整的视频监视系统。

（一）行车调度电话设备

（1）控制中心视频监视系统以列车、车站、车辆段的视频监视系统为基础，并与列车、车站、车辆段的视频监视系统构成一个完整的视频监视系统。

（2）系统主要由以太网交换机、高清编/解码器组、存储设备、视频服务器（1+1冗余热备）、网管服务器、大屏幕显示器（ISCS配置）、视频监视终端、防火墙、各种软件及调度员监控终端（ISCS配置）等设备组成。

（3）调度大厅监视器的设置。

在OCC调度大厅内的大屏幕上设置监视器（由ISCS配置），以供各调度员对全线列车、各车站及车辆段的监视。视频监视器的大小、位置由ISCS专业统筹设计。大屏监视器通过大屏幕控制器/多屏处理器（由ISCS配置）采用高清视频接口与控制中心视频监视系统联网，实现在大屏上显示列车、车站及车辆段的视频图像。

（4）冗余服务器。

控制中心视频服务器应采用1+1冗余热备方式配置，同时，系统视频服务器具备集群功能，即车站、车辆段、控制中心按组划分集群，集群内单台或多台设备故障时，故障设备上的业务自动迁移到其他正常运行的业务设备上，保证业务不中断，图像不丢失。

（5）车载监视图像调用的设置。

根据地铁运营管理模式，地铁控制中心调度人员、地铁分局公安人员能对在线运行列车实时监视。为确保接口方式的统一，所有车载图像均由地铁运营PIS（乘客信息系统）提供的传输通道传递给本系统统一处理（包括视频图像可能的二次编解码、控制协议转换等）后，再分发给相关系统和相关人员监控调看。通信运营视频监视系统利用 PIS 系统提供的在线运营列车车次号（车体号），并根据对应摄像机编号列表，制定相应人机界面，对车载图像进行选择调看。当从 PIS 系统获取车次号（或车组号），或者对应摄像机编号列表信息失效后，能手动输入在线运营列车车次号或车组号信息，进行车载监视。同时，在地铁控制中心配置一套协议转化服务器，通过协议转换实现不同系统之间的车载图像控制命令（监视模式设置、调用命令等）协议转换及调用。

（6）视频监视终端。

在控制中心通信设备网络管理室配置 1 台视频监视终端，通过该终端应能实现实时图像的监视功能、录像回放功能及录像视频转存功能等。

（7）网络管理终端。

在控制中心通信设备网络管理室设置本系统的网络管理终端设备，负责对本系统进行集中维护管理。

（8）其他设备。

其他设备包含视频存储设备、以太网交换机、视频服务器、网管服务器、电源分配单元、接口设备等，这些设备应置于标准机柜中，安装在控制中心通信设备用房内。解码器根据需要，临近大屏大屏幕控制器/多屏处理器设置，安装在标准机柜内（独立设置）。

（二）车站视频监视系统

1. 系统构成

车站视频监视系统设备包括高清网络摄像机、站台监视器、视频监视终端、监视器组、高清编/解码器组、以太网交换机、视频存储设备、视频服务器、后备操作台、防火墙及各种软件以及 ISCS 监控终端等设备。

车站视频监视系统主要完成对本车站管辖范围内的视频信号的监视和录像，在各车站组建一个视频监视局域网络，数字摄像机输出的数字视频信号（H.265 编码格式）接入局域网，各种视频监视终端及服务器、存储等设备通过网络获取数字视频进行实时监视及录制。车站运营和警务室值班员实时监视本站视频图像，以及调看本站存储的历史图像。同时，车站视频图像在控制中心、派出所及分局中心指令的控制下，能实时上传到控制中心、派出所及地铁分局中心，供有权限人员选择调看。当控制中心、派出所、分局与车站监视调看相同图像内容时，应采用组播方式实现。

2. 监视区的划分

典型站（单岛式或双侧式站台车站）监视区暂按上行站台、下行站台、站厅、电扶梯、设备区 5 个区域进行设置。

3. 摄像机的设置

摄像机应布设在车站地面出入口及通道、进出闸机、自动售检票机、安检机、无障碍电梯出口、售票亭、设备机房通道、银行 ATM 取款机、自动扶梯上下口、站台上下乘客区域及通道等位置。在工程实施时，建设方对摄像机的布设不仅要满足车站无盲区覆盖要求，对于事件多发地段的关键点，如进出闸机、通道等处，应结合现场安装条件，通过对摄像机的安装高度、位置、角度的调整，要求做到精确监视，以便能准确捕捉到人的清晰面部特征，方便后期的人像比对及事件追查。

4. 摄像机安装方式

建设方应充分考虑车站装修美观，摄像机应根据各车站装修情况结合车站导向、龙门架、立柱、墙面等，采用不同的摄像机安装方式，建设方负责提供的摄像机支架、吊杆、安装底座等所有的摄像机安装固定装置及配件的形式及颜色等应根据现场情况制作。

室外立柱（含避雷设施）由本系统施工标段提供（视频及电源防雷保护器由建设方提供），建设方应与施工标段人员密切配合，确保立柱与建设方提供的吊杆、底座匹配。

（三）车辆段视频监视系统

1. 系统构成

车辆段视频监视系统设备包括高清网络摄像机、站台监视器、视频监视终端、视频编/解码器、以太网交换机、视频服务器、视频存储设备、操作台等设备，如图 7.3 所示。建设方也可采用管理存储转发一体化设备。

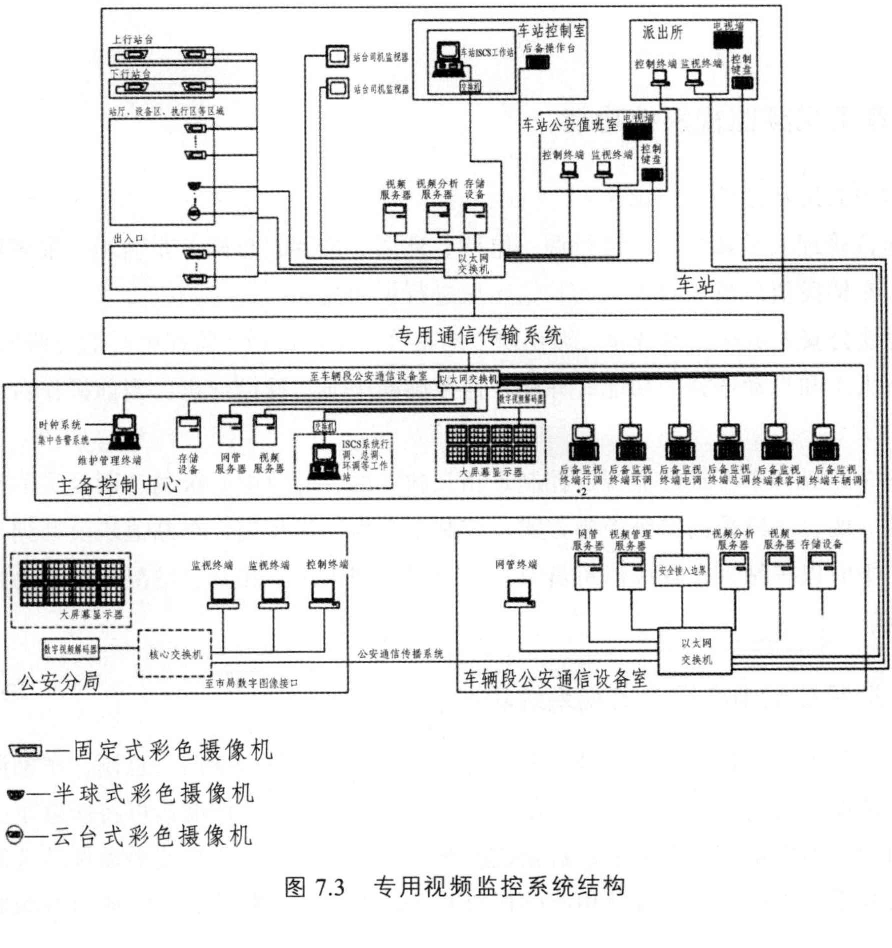

—固定式彩色摄像机

—半球式彩色摄像机

—云台式彩色摄像机

图 7.3　专用视频监控系统结构

车辆段视频监视系统主要完成对本段管辖范围内的视频信号的监视和录像，组建一个视频监视局域网络，数字摄像机输出的数字视频信号（H.265 编码格式）接入局域网，各种视频监视终端及服务器、存储等设备通过网络获取数字视频进行实时监视及录制。值班员实时监视本站视频图像，以及调看本段存储的历史图像。

2. 监视区的划分

车辆段视频监视主要包括生产监视和安防监视两部分。

生产监视主要对车辆段出入段线洞口内 200 m、道岔咽喉区、运用库、联合厂房、调机/工程车库、轮对检测棚、DCC 室、相关设备室等生产区域进行实时监视，不但可以实时了解生产情况，而且在事故后可进行事故分析。安防监视由车辆段安防系统实施。

3. 摄像机安装方式

运用库、联合厂房、调机/工程车库、洗车库、轮对检测棚等处的摄像机均采用吊挂或侧墙安装方式，吊杆的长度暂按 2.0 m 配置，建设方应承诺根据现场实际测量情况随时调整。

转换轨、咽喉区等处的摄像机采用立柱方式安装。所有室外摄像机必须安装在摄像机防护罩内，同时加装视频防雷保护器。防雷保护器应在摄像机视频和电源设备终端处和机房端同时安装。

三、专用视频监视系统功能

视频监视系统从使用上应满足：

（1）运营管理人员如中心一级行调、电调、环调、维调、总调、车辆调、乘客调和车站一级车站、车辆段值班员等对相应的管辖区域进行视频监视。

（2）地铁公安人员车站警务室、派出所、地铁公安（含市局）监控中心的三级监视需求。系统应具有人工和自动选择的功能，并能在监控画面中显示操控球机的当前操作台编号等相关信息。

该系统车站级和中心级的监视及控制是相互独立的，同时中心级的各调度员的操作控制也是相互独立的。系统采用二级控制方式，控制中心为一级控制，车站值班员及列车司机为二级控制，平时以车站、车辆段值班员及列车司机控制为主，在紧急情况下转换为控制中心调度员控制。

（一）运营控制中心视频监视系统功能

主、备控制中心综合监控系统分别配置行调、电调、环调、维调、总调、车辆调、乘客调提供中心调度员的电视监控功能。控制中心行车调度员、防灾调度员可将任意车站的任意摄像机画面切换到指定的监视器上，对全线各车站进行时序循环监视或手动选站选区固定监视。视频监视系统供应商应开放其相应的接口并无偿配合综合监控系统完成对视频监视系统的软件集成工作。

视频监视系统在主、备控制中心的行车调度员、电力调度员、环控调度员、维调、总调、车辆调、乘客调工作台上各设置 1 套 OCC 后备监视操作台。这些 OCC 后备监视操作台具有中心综合监控系统各控制台相同的电视监控功能。各调度员可通过 OCC 后备监视操作台对全线运营摄像进行调看及控制。同时，本系统负责给综合监控系统大屏幕提供图像信号的传送。

（二）运营车站视频监视系统功能

车站系统与车站 ISCS 联网，在车站控制室，车站值班员通过 ISCS 系统控制台实现对本车站的视频监视功能。

1. 车站综合监控系统控制台功能

车站综合监控系统在车站值班员控制室，设置一套车站综合监控系统控制台，车站值班员通过该控制台实现对本车站的视频监视功能。具体功能如下：

（1）对设置在车控室本控制台上显示器的显示图像，编程设置自动循环监视模式（可对全部及已设置的固定组合监视区域进行自动循环监视。其中，自动循环监视暂按四种状态，即车站内全部图像、车站站台图像、车站站厅的图像、预先设置的组合图像等，具体在设计联络阶段确定）；编程设置人工监视模式（可对设定的监视区域进行人工选择监视）。

（2）通过电子地图功能对车站内任意摄像机进行选择和确认并进行人工单选监视。

（3）可实现对设置在车站站厅的任意球形摄像机进行 PTZ 遥控，PTZ 控制权限规则同上，具体在设计联络阶段确定。

（4）应具备视频分割与合成功能，可将本车站的视频图像以 1、4、9、16 画面模式调入 ISCS 监视器进行监视。

（5）可选择调看车站存储的图像信息，并可按不同的帧率及全屏/多画面（1、4、9、16）回放显示在本控制台的显示器上。

2. 车站综合监控系统控制台电视监控故障时的后备功能

在车控室工作台上设置 1 个后备车站监视操作台，与车站视频设备通过网线连接。这些后备车站监视操作台具有车站综合监控系统控制台相同的电视监控功能，还应具有安全锁闭功能，只允许车站值班员在获得授权的情况下，运用密码或身份卡开启后备车站监视操作台的各项电视监控功能。

注：后备车站监视操作台的使用优先级高于综合监控系统的 CCTV 控制功能。

3. 接口要求

本系统应采用通用的、标准的协议、接口，供货商需向 ISCS 系统开放控制协议，并协助 ISCS 系统完成软件集成和系统互联，并提供相关开发控件及软件开发包，使综合监控系统能用软件解码，并确保 CCTV 系统与综合监控系统联动功能的实现。

4. 录像存储功能

（1）系统应能对本站所有摄像机摄取的图像进行实时录制，并应具有动态侦测录像功能。

（2）系统应具有通过网络管理系统（人工或自动方式）开启和停止录像设备进行实时录像功能。

（三）运营车辆段视频监视系统功能

车辆段视频监视系统是供控制中心/车辆段有关值班员实时了解列车在段内自动驾驶区域[含运用库（含各股道和库门）、洗车库、咽喉区、试车线、出入段等]的运行情况，提高运营指挥效率的重要手段。

该系统主要在车辆段出段线设计终点与车辆段基线起点的分界点、库前道岔区等区域设置监视点，以看清道岔以及车辆运行情况为布置原则，具体情况由实地勘测确定。同时，对段内自动驾驶区内如运用库、洗车库等主要作业区进行监视，系统应通过数字存储设备对监视现场进行 24 小时录像。系统自身还具有故障定位及报警功能。

需要特别强调的是，库前道岔摄像机图像要求看清楚道岔工作状态。该区域摄像机安装方式应结合车辆段线路及道岔情况，在设计联络会阶段确定。

（四）公安视频监视系统功能

视频监视系统公安监控部分从使用上应满足车站警务室、派出所、地铁公安分局（含市局）监控中心的三级监视需求。车站运营与公安共享前端摄像机、视频平台及存储，视频监视系统在满足运营功能的同时，还需满足地铁公安监控功能。

任务六　广播系统结构及功能

一、广播系统概述

广播系统主要用于地铁运营时对乘客进行公告信息广播，发生灾害时兼作救灾广播，以及运营维护广播之用，系统由车站广播、车辆段广播这两个子系统组成。

二、广播系统结构

地铁广播系统由车站广播系统和车辆段广播系统两部分组成，如图 7.4 所示。

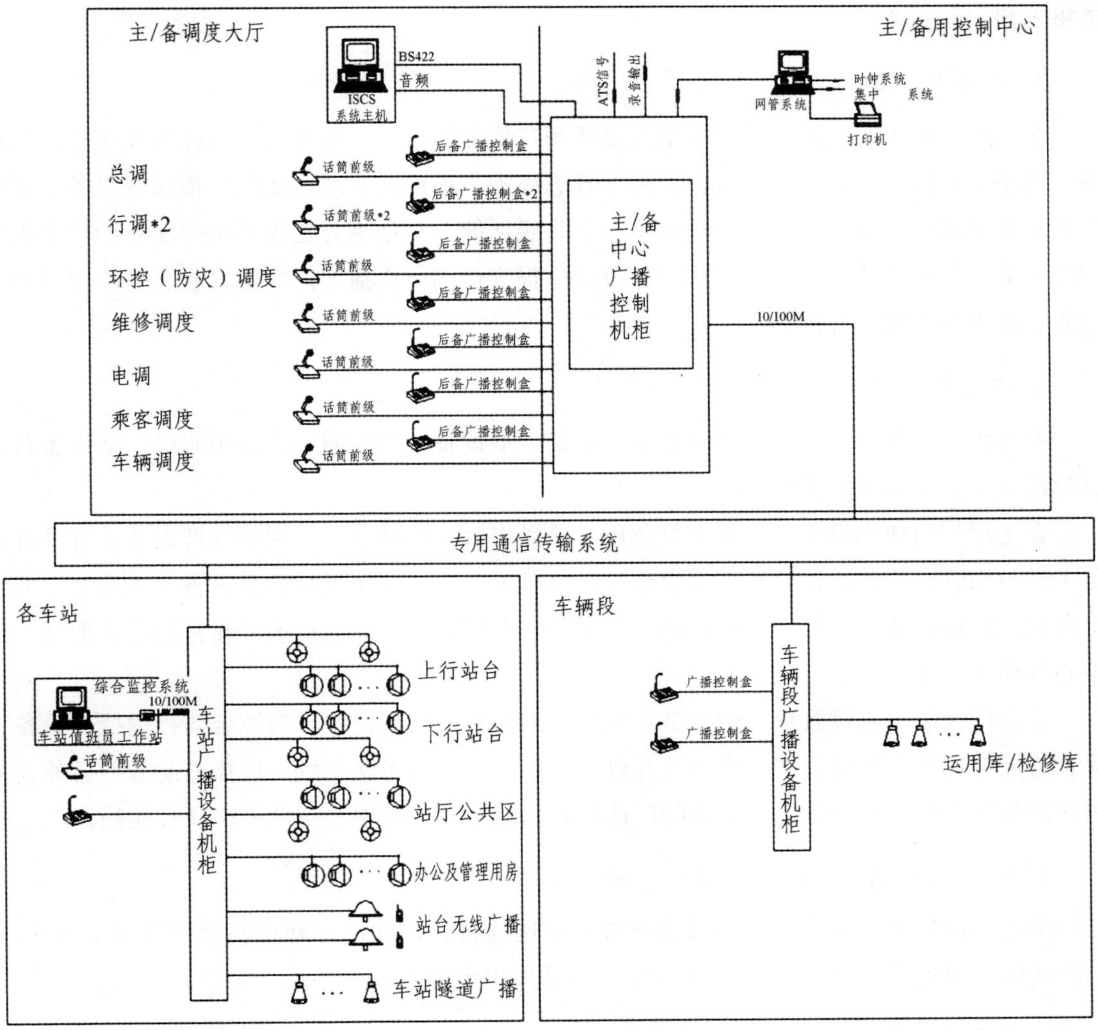

图 7.4　广播系统结构

（一）车站广播子系统

地铁车站有线广播子系统应采用数字语音广播技术，并由中心级广播和车站级广播两级广播构成，两级之间通过有线传输网提供的通道连接，语音和控制数据共用 1 路 50 M 以太网数据通道。

控制中心综合监控系统输出的话音信号和控制信息，经传输设备传输到各个车站，由车站广播控制设备接收。根据中心发来的指令，控制启动车站广播执行装置，语音经放大均衡后播送到指定的广播区域。同时，车站广播控制设备也将本站执行的状态反馈到控制中心，并在控制中心综合监控系统有关调度员控制台和中心调度员备用广播操作台上显示，完成中心调度对车站的选站、选区遥控操作和指挥。

当控制中心不操作时，各车站广播均能独立自主地实现自控操作。

控制中心网管终端通过数据通道能检测各车站设备的运行状态信息，当设备出现故障时能够发出声音报警。

1. 车站级广播

车站级广播本身主要包括车站值班员备用广播操作台、控制设备、与综合监控的接口设备、网络交换机（如需）、综合监控接口日志终端、扬声器、站台无线广播接收设备、无线广播手持终端、广播电缆等。另外提供一个音频话筒与车站综合监控系统控制台的广播控制功能配套，供车站值班员播音使用。建设方应提供详细的广播解决方案，包含但不限于功放配置、扬声器设置、分区等。

2. 中心级广播

中心级广播包括主、备控制中心的中心级广播设备，两控制中心的中心级广播设备具备故障情况下热备倒换的功能。

在主用控制中心设置中心调度员备用广播操作台、控制设备、网络管理设备（含录音设备）、与综合监控的接口设备、综合监控接口日志终端、数字式录放音设备（主用）、网络交换机、广播电缆等。另外，提供话筒与中心综合监控系统控制台的广播控制功能配套，供中心各调度员播音使用。

在备用控制中心设置中心调度员备用广播操作台、控制设备、与综合监控的接口设备、综合监控接口日志终端、数字式录放音设备（备用）、网络交换机、广播电缆等。另外，提供话筒与中心综合监控系统控制台的广播控制功能配套，供中心各调度员播音使用。

3. 中心级广播至车站级广播的传输通道

中心一级广播与车站广播是通过有线传输网连接，广播语音和控制数据共用 1 路 50 M 总线式以太网通道，接口类型为 10/100 M 自适应以太网接口。

4. 为与后续线路换乘站的接入配备条件

广播系统须为换乘站其他线广播系统的接入配备条件，包括但不限于配置接入广播操作盘及音频话筒的接口以及系统的处理能力。

5. 接入线网指挥中心

广播系统接入 NCC 广播平台，在实现 NCC 广播平台功能的原则上，提供接口设备，配合调试、实现功能。

（二）车辆段广播子系统

在车辆段 DCC 室和信号控制室设置广播操作台，在运用库、检修库、洗车库内设置壁挂扬声器，在咽喉区立柱安装扬声器，在库内墙装语音扬声器，各设备间通过广播电缆连接，组成车辆段广播子系统。同时，控制中心设置的广播操作台和综合监控控制台也可对车辆段进行广播。

三、广播系统功能

广播系统在每次开始广播前应有预示音发出，其操作应尽可能简单，维护尽可能方便。系统软件和用户软件应完整，系统的主要功能（如广播组的选择、优先级设置、系统监控等）的实现，均可通过编程进行灵活的编辑、修改。

广播系统因兼消防广播，其设备满足 CCCF 认证，同时须满足《火灾自动报警设计规范》（GB 50116—2013）的要求。

（一）车站广播子系统功能

车站广播子系统按中心级广播和车站/车辆段级广播两级方式设置，以满足各级管理人员对所划分的广播区进行广播。有线广播系统车站级和中心级的操作控制台功能均由综合监控系统的车站和中心控制台来实现，系统对综合监控发送的广播指令进行相应的日志记录，记录保存时间不少于 3 个月，记录应为普通文档且中文可读，可在中心和车站查阅、拷贝日志记录。

1. 信源支持能力

中心级广播：应不小于 16 路信源。

车站级广播：应不小于 12 路信源。

2. 中心综合监控系统控制台广播功能

中心综合监控系统控制台，提供中心调度员广播功能。在主、备控制中心的中央控制室，综合监控系统各配置 7 套中心综合监控系统控制台，分别设于行调 1、行调 2、环调、维调、总调、车辆调、乘客调台上。根据专业接口分工，通信专业在中心广播设备上设 2 个（1 主 1 备）播音键盘数据接口（RS 422，9.6 Kb/s 或以太网接口）与综合监控系统前端处理器（FEP）相连，并设 7 个语音广播接口（模拟），为中心综合监控系统上述控制台各提供 1 个音频话筒，供各中心调度员播音使用。音频话筒为嵌入/桌面的盒式装置。

3. 中心综合监控系统控制台广播功能故障时的后备功能

在主、备控制中心行调 1、行调 2、环调、维调、总调、乘客调、车辆调度台上各设 1 个后备 OCC 广播操作台。内置音频话筒，与中心广播设备机柜通过专用的控制电缆连接。这些后备 OCC 广播操作台具有与中心综合监控系统各控制台相同的广播功能，但优先级高于综合监控系统控制台，且具有键盘锁闭功能，只允许有关调度员在获得授权的情况下，运用钥匙开启并使用后备 OCC 广播操作台的各项广播功能。后备 OCC 广播操作台为放在桌面的盒式装置，具有图文显示广播状态的功能。

中心各调度员可通过各自的中心后备广播控制台向全线各车站进行选择广播，具有编组广播、单选广播、组选广播、全选广播等多种操作模式，操作的结果应在各广播控制台的 LCD 显示屏上显示出来。

4. 车站综合监控系统控制台广播功能

车站综合监控系统在车站值班员控制室设置一套车站综合监控系统控制台，为车站值班员提供广播功能。根据需要，通信专业在车站广播设备上设 2 个（1 主 1 备）播音键盘数据接口（RS 422，9.6 Kb/s 或以太网接口）与综合监控系统前端处理器（FEP）相连，并设 1 个语音广播接口（模拟），为车站综合监控系统控制台提供 1 个音频话筒（含监听扬声器），供车站值班员播音使用。音频话筒为放在桌面的盒式装置。

5. 接口日志保存查询功能

广播系统应对接口的数据进行日志保存，日志记录在各站点综合监控接口日志终端上，存储时间不少于 3 个月，各车站应能通过接口日志终端查询本站日志，中心应能统一查询、复制所有车站的接口日志。日志内容应为中文，简洁、可读、可操作性较强，且与时钟系统自动时间同步，便于维护人员调阅，本系统播放列表更新时，应能够使综合监控系统广播播放列表相应更新。

（二）车辆段广播子系统功能

1. 车辆段广播子系统功能

车辆段广播子系统为一套独立的区域广播系统，供控制中心车辆段调度员和车辆段运转值班员对运用库、检修库、洗车库、咽喉区等播音区进行定向语音广播，现场工作人员可通过设于库内四周墙上的插播控制盒插入询问应答播音，控制中心段场调度员、运转值班员的广播操作台应具备对其播音区的监听功能。

车辆段广播系统功能与车站广播系统的功能基本相同，此外，其还应具备以下功能：

（1）插播盒广播、对讲功能。

（2）通过设置在现场墙上的语音插播盒，可以选择对讲及广播。选择对讲时，可以与值班员（通过控制台）对讲，对讲是全双工的；选择广播时，可以对预先设定的区域进行广播，具体区域的设定可现场编程。

设备状态、故障可通过通信传输网络，在中心的网管设备中显示。

2. 异地试车调试线功能及要求

为保证全自动驾驶列车调试需要，应具备进行异地调试广播子系统的功能。

任务七　专用电话系统结构及功能

一、专用电话系统概述

专用电话系统是控制中心调度员和车站、车辆段值班员指挥列车运行和下达调度命令的重要通信工具，是为列车运营、电力供应、日常维修、防灾救护、票务管理提供指挥手段的专用通信系统。该系统可为控制中心指挥人员，如行车调度、电力调度、防灾环控调度、维修调度、乘客调度、车辆调度、总调等提供专用直达通信，并且具有单呼、组呼、全呼、紧急呼叫和录音等功能，同时可为站内各有关部门提供与车站值班员之间的直达通话，以及车站值班员与邻站值班员的直达通话。因此，要求该系统设备高度安全可靠，操作方便快捷。根据运营需要和业务性质，专用电话系统包括调度电话、站间行车电话、车站、车辆段内直通电话以及区间轨旁电话。

（一）调度电话

调度电话主要为列车运营、电力供应、日常维护、环控救护等提供可靠的指挥手段，包括行车调度、电力调度、维修调度、环控调度、乘客调度、车辆调度和总调度电话。

（二）站、段内电话

车站、车辆段值班员利用本系统与站内重要部门用户直接进行通话的专用通信设备。

（三）站间电话

车站值班员与相邻车站值班员直接进行通话的专用通信设备。

（四）区间轨旁电话

区间轨旁电话通过区间电缆与相邻站专用电话系统连接，实现沿线工作人员与车站相关人员的通话。

二、专用电话系统结构

专用电话系统由主、备 2 个控制中心，1 个车辆段和 9 个车站共 12 个独立交换节点组成，如图 7.5 所示。

专用电话系统在主、备控制中心设置专用电话主系统设备，在各车站、车辆段设专用电话分系统设备，各分系统分别以点对点 2 M 数字中继方式接入主、备中心主系统，同时分系统与分系统间配置 2 M 数字中继作为专用电话的备用中继通道。另外，在相邻站专用电话分系统之间利用站间电缆采用模拟中继方式相连，为站间电话提供实回线备用通道，以保证在光传输通道中断情况下确保站间电话畅通。

根据列车运行组织和业务管理、指挥的需要，设有 7 种调度电话：行车调度电话、电力调度电话、环控调度电话、维修调度电话、总调度电话、乘客调度电话、车辆调度电话。

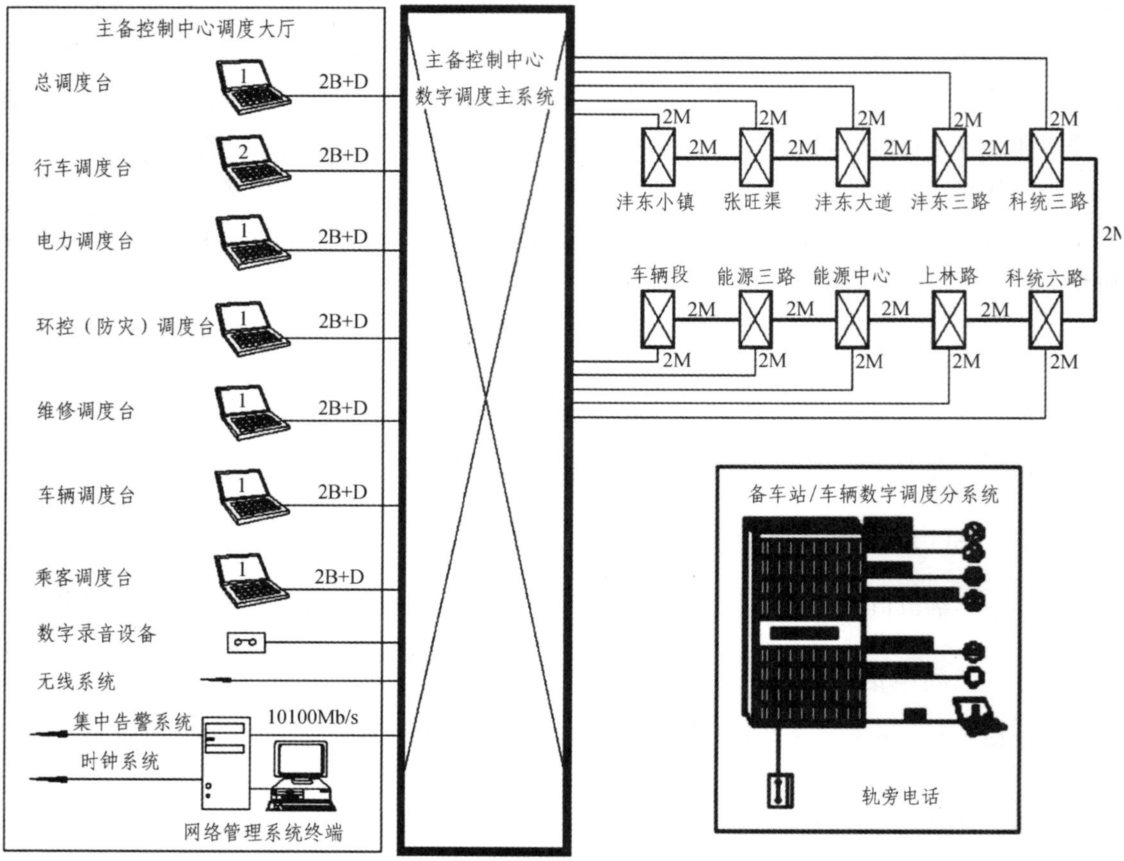

⊖—站间行车电话；⊗—电力调度分机；值班台；—维修调度分机；

—环控(防灾)调度分机；O—站内直通电话；⊗—区行车调度分机。

图 7.5　专用电话系统结构

注：各车站（段）数调度系统由兴传输系统提供 EI 接口以星型方式对点接入控制中心调度主系统。

（一）控制中心调度电话设备

主、备控制中心数调系统设备分别由 1 套数调主系统、8 个调度台、1 套维护终端、2 套数字式录放音设备（主、备用）及若干调度分机等组成。

（1）数调主系统、维护终端以及录放音设备设置在控制中心的通信设备室；数调主系统的接入能力应能满足需要，且应具备扩展能力。

（2）在控制中心调度大厅设置行车调度台 2 个，设置电力调度台、环控调度台、维修调度台、总调度台、车辆调度台、乘客调度台各 1 个。

（3）各个调度台通过专用接口（如 2B+D 接口）接入调度专用主系统。

（二）车站调度电话设备

车站数调系统设备由一套车站数调分系统、数字式录放音设备及若干调度分机组成。

（1）车站数调系统及数字式录放音设备设置在车站的通信设备室，数调分系统通过 2 M 数字通道与相邻站点数调分系统及主、备控制中心主系统相连。车站数调分系统设备通过电话电缆与车站各专用调度分机用户连接。

（2）每个车站控制室设置行调分机 1 部、环调分机 1 部、维调分机 1 部。

（3）牵引降压混合变电所、降压变电所的控制室各设置电力调度分机 1 部。

（4）车站区间跟随所设置电力调度分机 1 部。

（三）车辆段调度电话设备

车辆段数调系统设备由一套数调分系统、数字式录放音设备及若干调度分机组成。

（1）车辆段数调分系统及数字式录放音设备设置在信号楼通信设备室，数调分系统通过 2 M 数字通道与控制中心数调主系统、能源三路站数调分系统相连。

（2）车辆段信号楼行车控制室、运用库 DCC 室各设置行调分机 1 部。

（3）车辆段供电车间调度室、机电车间调度室、混合变电所及跟随变电所等各设置电调分机 1 部。

（4）车辆段主要大楼消防值班室各设置环调分机 1 部。

（5）车辆段各系统维修调度室、维修工区各设置维修调度分机各 1 部。

（6）车辆段行车控制室、运用库 DCC 室各设置总调度分机 1 部。

（四）站（段）内、站间行车电话设备

（1）该系统通过车站/车辆段设置的数调分系统设备，提供站内、站间行车的直通电话。

（2）调度电话系统与站内、站间电话网络系统应符合联合组网、可独立运行的原则，即在调度系统发生故障时，站（段）内、站间通信仍可进行。站间通信应不完全依赖于中心设备，即可通过传输系统自愈环功能实现第一层保护，通过站间电缆回线实现第二层保护。站（段）内、站间专用电话由车站（段）数调分系统、键控式值班台，专用用户终端接口以及直通电话分机等组成。

（3）在每个车站的车控室设置键控式值班台 1 台。

（4）暂定在车辆段的行车控制室、运用库 DCC 室、列检库派班室、计划调度室室、供电车间调度室、工务调度室各设置键控式操作台 1 台。键控式值班台的最终安装位置在设计联络阶段结合运营部门需求确定。

（5）在各车站站务室、售票厅、AFC 维修室、站长室、变电所控制室、屏蔽门控制室、票务管理室、通风空调控制室等处所设置站内电话分机各 1 部，最终安装位置在设计联络阶段结合运营需求确定。

（6）车站、车辆段值班员通过车站分系统、键控式值班台可与相邻车站（段）值班员直接进行通话，或者相邻连锁车站值班员直接进行通话，构成站间行车电话。

（五）系统基本要求

（1）专用电话系统在正常情况下应保证列车安全高效运营；在异常情况下能迅速转变为供防灾救援和事故处理的指挥通信系统。

（2）系统应有灵活性，满足所有运营及维护需要，同时应充分考虑将来的发展，系统应具有扩展功能，扩展时要求不影响既有设备的使用。

（3）系统应具有独立性，其独立性体现在（但不限于）系统应用软件、设备板卡配置等。建设方应提供系统设备配置、路由选择、可靠性、独立性、可维护性、可测试性等的详细描述。

（4）系统操作应尽可能简单，维护尽可能方便，应提供完整的系统软件和专用软件，主要控制及监测功能的实现均可通过编程进行灵活的编辑、修改。

三、专用电话系统功能

（一）通话功能

（1）控制中心各调度员能通过调度员操作台与各站相应值班员（分机）直接通话。

（2）控制中心各调度员之间能通过调度员操作台直接通话。

（3）控制中心值班主任能通过调度员操作台与各调度员直接通话。

（4）调度电话分机之间不允许通话。

（5）采用全双工加强制键的通话方式。强制键的通话方式为，当中心调度员需要向各站值班员发布调度命令时可按下强制键，此时中心调度员处于送话状态。松开强制键，各站值班员听不到中心调度员的讲话。

（二）选叫功能

（1）控制中心各调度员呼叫各站值班员时可单呼、组呼、全呼。应一键到位，操作简单，使用方便。呼出接通时有回铃音。

（2）调度分机呼叫调度台，应按热线功能连接，一键即通（或拿机即通），迅速响应。

（3）各站值班员呼叫调度员时应能进行普通呼叫和紧急呼叫，调度员操作台上应有可见、可闻信号表示，普通呼叫和紧急呼叫的声、光信号应有明显区别。

（4）各站值班员呼叫调度员时，调度员操作台可显示呼叫分机号码及中文站名。

（5）调度员正在通话时，再有值班员呼叫，调度台应显示呼叫分机号码及中文站名，并标明是紧急还是普通呼叫，并具有回叫功能。

（6）各站（段、场）值班员可对其所辖范围进行单呼、组呼、全呼。

（三）站（段）内、站间及区间轨旁电话功能

（1）车站值班员通过操作台能有选择地与以下用户直接通话（包含但不限于）：

①本站重要部门有关人员。

②相邻站值班员（即站间行车电话）。

③信号集中站值班员（若有）。

④室外（站台、区间）工作人员。

通过软件设置，可以将一个或多个用户（设置为组）预设在操作台的可编程键上。车站值班员呼叫所辖区域内的直通电话时，应能实现单呼、组呼及全呼三种呼叫方式，呼叫为一键到位。

通过软件设置，值班员操作台上应能显示通话用户的地址或名称，应能区分紧急呼叫和普通呼叫。

（2）站内电话分机可直接呼叫本站值班台。

（3）通过对各个站内分机的连接类别控制，可以限制分机间的通话；分机的热线功能可以实现摘机即通，紧急呼叫时，摘机后可以根据具体编号计划拨某个键实现呼叫。

（4）站间行车电话可直接呼叫上行或下行相邻车站值班员或相邻联锁站值班员（即呼即通功能）。

（5）站间电话具有紧急呼出和呼入邻站显示功能。

（6）站间电话不得出现占线或通道被其他用户占用等情况（优先级高于站内直通电话），站间电话具有强插功能。

（四）会议功能

系统具备会议功能，系统至少能支持中心调度同时召开 6 个会议，每个会议支持不低于 40 个用户加入。具备调度台一键召集固定成员电话会议和实时召集不同成员的临时会议的能力，会议的参加方能在调度员的操作台上灵活设置。有线调度台在处于挂机、主叫通话、被叫通话的过程中，均能随时增加和删除会议成员（含“一键”增加和删除预设的固定单个会议成员或会议通话组功能），调度台无论使用手柄还是免提均具备相同的功能，且有线调度台可控制成员的发言权，会议成员也可向调度员提出发言请求。

（五）中心维护管理功能

网管系统应提供全简体中文、图形化、界面友好的人机界面，操作方便，显示、输出直观，便于查阅，至少具备以下维护管理功能：

1. 配置管理

通过网管软件，可对专用调度电话系统进行系统及接口配置、硬件配置、用户类型配置、告警配置等。

2. 安全管理

网管系统的安全管理具有对用户的管理、用户权限配置、用户操作的管理等功能，用户权限至少三级以上。

3. 故障管理

故障告警类型至少三个等级以上，不同等级的告警在维护终端上以不同的声音和颜色提示，故障告警定位要详细到板级。

4. 状态监视与测试

网管系统应提供良好的管理工具进行监控、分析和预警，具有实时故障管理功能，能诊断硬件或软件故障、能告警显示和记录，可实时监测全线系统设备电源模块（包括系统所需的 AC 220 V 转 DC 48 V 的开关电源）、各种插板、用户端口的运行状态和重要参数。可监测到的信息为运行状态、电源状态（包括运行参数）、接口状态、操作开始、结束时间及定位，告警产生和恢复的时间、类型等，并给出故障所在位置及性质并打印。

5. 统计与报表

网管系统对故障发生的时间、地点、类型等进行统计，并以图表的形式输出到显示屏和打印机上。

6. 记 录

对系统发生的故障和操作进行全面记录，所录内容应可至少保持 1 个月以上不可删除。

任务八　集中告警系统结构及功能

一、集中告警系统概述

通信集中告警系统就是利用计算机网络技术和计算机本身的高速数据处理能力，对通信的各子系统进行集中管理，将通信各子系统的运行状态集中反映到控制中心的计算机上，使通信维护人员能及时、准确地了解整个通信系统设备的运行状态和故障信息，方便处理。

该系统应具有对通信各子系统的状态信息进行汇总、显示、确认及报告，故障定位等功能。

二、集中告警系统结构

在控制中心设置一套通信集中告警系统，由以太网交换机、集中网络管理服务器、终端、打印机、声光报警器、系统软件以及各相关子系统（与集中网络管理系统接口，提供有关信息）等组成，相关子系统包括：

（1）传输系统。

（2）无线通信系统。

（3）公务电话系统。

（4）专用电话系统。

（5）广播系统。

（6）时钟系统。

（7）电源系统。

（8）乘客信息系统。

（9）车辆段安防系统。

（10）办公自动化系统。

（11）视频会议系统。

系统需要的主要设备包括但不限于网络管理服务器、以太网交换机、网管终端、便携式维护终端、打印机等，具体见表 7.2。

表 7.2　集中告警系统设备需求

序号	主要工程名称	单位	数量	备注
1	集中告警服务器	套	1	安装在标准机柜内
2	以太网交换机	套	1	安装在标准机柜内
3	集中告警终端（含系统软件、子系统故障输出软件、打印机）	套	2	
4	故障告警装置（含声光告警箱、液晶显示器、便携式维护终端）	套	2	
5	线缆及安装附件	项	1	含防潮电源插线板等
6	设备机柜（含相关配套设施等）	架	2	
7	数据远距离传输	项	1	

三、集中告警系统功能

（一）信息汇总功能

系统应能及时接收各子系统维护管理终端上传的状态信息，状态信息应能表示到各子系统的板卡。

（二）信息保存功能

系统将各子系统上报的各种状态信息分类保存到存储设备中，存储器的容量至少应满足 1 年的故障、状态信息存储要求，并能定期刻录到光盘中进行永久保存。

（三）信息分类功能

通信系统的状态应分为正常状态、一般故障和严重故障。

（1）正常状态：表示系统在正常工作。

（2）一般故障：表示系统已发生了不影响设备及通信安全但应注意的事件。

（3）严重故障：表示系统已经发生了危及设备及通信安全必须立即处理的事件。

（四）信息显示功能

（1）系统应具有友好的用户界面，以图形化界面显示各站、车辆段及控制中心各子系统的工作状态，对告警信息实现分站点、分系统的多样化分组管理。集中告警信息显示界面须具备多窗口平铺切换功能。

（2）应能显示选定或告警对象信息。信息包括此对象的名称、位置、状态、当前告警条数、当前告警类别、告警内容、告警原因、处理建议、告警重复次数、确认人、确认时间等。告警处理建议应能够编辑预存。

（3）可根据告警的类别以不同的颜色在拓扑图上对各种类别的告警进行显示，集中告警系统对不同类别告警的显示颜色可以进行设定。告警提示方式应采用声/光方式，即对系统的不同状态应采用不同的声/光信号提示维护管理人员。

（五）信息分类统计功能

系统应能对故障信息的性质、类别、发生地点进行分类统计，分析汇总，根据需要可生成相关的图表、曲线等。

（六）信息查询功能

（1）系统应能对系统设备的编码、故障编码、故障性质编码、板卡位置编号、端口参数等信息进行查询。

（2）系统能按站点及子系统对历史告警及操作信息进行分组、筛选查询，可查询历史时长不小于 1 年。

（3）信息查询响应时间不能超过 5 s。

（七）信息输出功能

系统应能可对各种统计查询结果或需要输出数据及表格进行实时或人工打印输出功能。

（八）系统安全管理

系统安全管理包括系统用户管理、用户组管理、用户权限分配、用户行为检测和系统日志管理等功能。能提供以下三个层次的安全管理，每个层次的管理不少于 8 个字符的登录口令，每个层次的管理人员的数量可灵活设置为 1 个或多个（大于各 5 个）。

（1）监视管理：只能看信息，不能修改任何数据。

（2）维修管理：能对一般维修所需的数据进行修改，不能对数据库进行修改。

（3）网络管理：能修改数据库的任何数据。

（九）其他功能

（1）应具有多地点、多事件的并发告警功能，不丢失告警信息，告警准确率为 100%。

（2）当通信 UPS 设备故障时，本系统中的声光报警设备也应能发出紧急声、光告警信号。

（3）应具有与时钟信息接口，从时钟系统接收标准时间信号。

（4）应具有自检功能，能对本系统设备的故障进行自检。

（5）系统操作应简单，便于操作人员掌握系统的各项功能和使用方法。

（6）应具有帮助功能，对常规问题的解决提供必要的帮助。

（7）应能向控制中心的综合监控系统输出各子系统的告警信息。
（8）应能将采集到的各通信子系统的信息传送给生产管理系统（PMS）。

复习思考题

1. 简述城市轨道交通通信系统组成。
2. 全自动运行线路通信系统新增设备有哪些？
3. 简述传输系统功能概要。
4. 传输系统信道类型有哪几种？
5. 通信系统保护应注意些什么？
6. 集中告警系统的相关子系统包括哪些？
7. 集中告警系统最核心的功能是什么？
8. 简述无线通信系统的结构都有哪些。
9. 地铁无线通信系统旨在实现哪些功能？
10. 无线通信系统的传输方式都有哪些？
11. 无线通信系统服务的对象有哪些？
12. 简述专用视频监控系统的结构都有哪些。
13. 专用视频监控系统需要实现哪些功能？
14. 专用视频监控系统如何实现与公共监控系统的对接？
15. 地铁广播系统由哪两部分组成？
16. 地铁广播系统旨在实现怎样的功能？
17. 专用电话系统由哪几部分组成？
18. 专用电话系统可以实现怎样的功能？

项目八　全自动运行系统相关接口

任务一　全自动运行系统接口

全自动运行系统功能实现主要依靠车辆、信号、通信、综合监控和站台门五大专业各个系统之间紧密配合，实现全自动运行场景相关的联动功能，如图 8.1 所示。各个专业系统之间存在大量接口，本任务介绍与全自动系统功能相关的接口及功能。

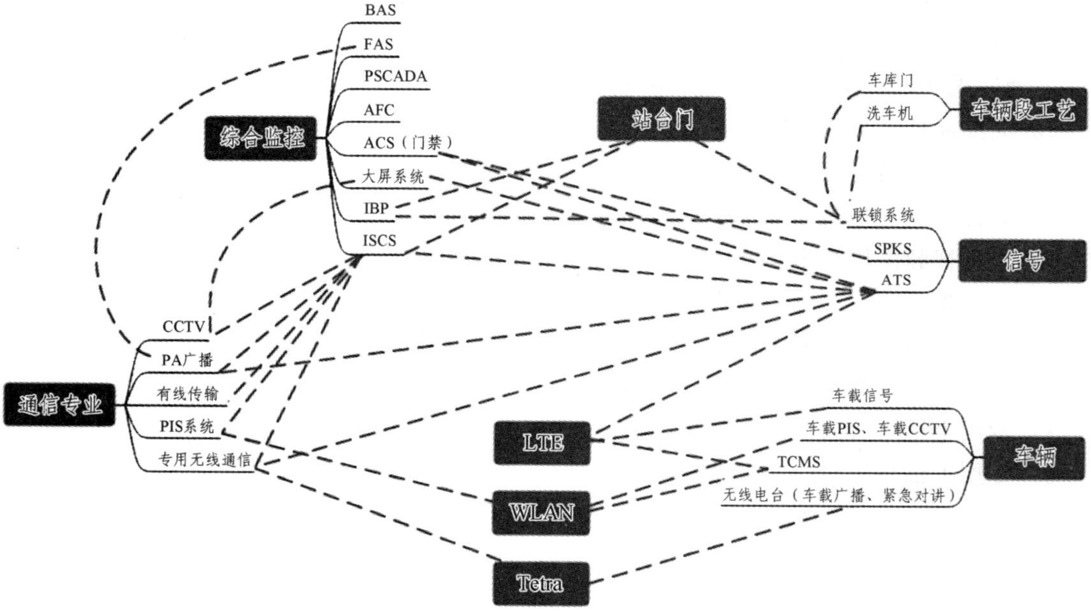

图 8.1　全自动运行系统接口

车辆专业系统：TCMS、车载 PA、紧急对讲装置、列车 PIS（LCD 动态地图显示屏）、列车智能运维系统、牵引系统。

信号专业系统：ATC、ATS、联锁系统（CI）、DCS、IOM、LTE、车载信号（CC）。

通信专业系统：地面 PIS、车载 PIS、车载 CCTV、地面 PA、无线系统、CCTV（IMS）、有线传输。

综合监控系统：ISCS、BAS、PSCADA、ACS、IBP、大屏，以及由综合监控关联的 FAS、电气火灾监控系统、智能疏散系统。

站台门专业系统：站台门、间隙探测。

一、信号系统接口

（一）信号与通信系统接口

1. 与无线系统

当乘客触发车上紧急呼叫按钮，可与中心调度台通话。

列车进站停车过标时，触发列车及站台广播。

2. 与车站广播

增加站台广播接口，触发门对位隔离的提示信息、轨道车经过站台、清客的相应广播。

3. 与传输系统接口

当信号 DCS 子系统的有线通信网络部分或 LTE-M 车地无线系统由通信系统提供时，DCS 子系统与通信系统之间存在接口。DCS 子系统与传输系统之间采用两路独立的网络实现网络通道冗余通信。

（二）信号与综合监控系统接口

综合监控系统宜与信号系统 ATS 子系统深度集成，实现设备、功能、界面融合统一。信号系统中 ATS 子系统与综合监控系统未深度集成时，双方应采用冗余网络接口，实现信息的交互与联动。

信号系统宜通过综合监控系统实现与 PIS、PA、IMS 的联动功能，也可由 ATS 子系统与 PIS、PA、IMS 系统直接连接，实现联动功能。

车站 IBP 盘与信号系统接口采用硬线接口，IBP 盘增加 SPKS 开关、站台开关门按钮等，实现车站 SPKS、站台关门、火灾联动控制等操控功能。

（三）信号与洗车机接口

洗车库配置全自动洗车机，洗车机与信号控制系统采用继电接口，实现全自动洗车作业。车辆段联锁与洗车机的接口互传以下信息：

（1）洗车机向联锁汇报工作状态（准备就绪、非/未就绪）。

（2）车载信号设备通过联锁向洗车机发送洗车请求，洗车机回复请求确认。

（3）车载信号设备通过联锁向洗车机发送停稳信息。

（4）洗车机通过联锁向车载信号发送移动指令。

（5）洗车机在故障或人工按下紧急关闭按钮时，向联锁发出紧急停车指令。

与洗车机接口界面为洗车机控制柜的外线输出端子处。

（四）信号与停车列检库及洗车库库门接口

信号与停车列检库及洗车库库门接口实现库门的联锁防护。信号系统采集库门完全开启状态并纳入联锁条件。与库门接口分界为停车列检库及洗车库库门控制柜的外线输出端子处。信号系统可根据需要实现与库门联动控制，向库门发送开关门命令。

（五）信号与站台门系统接口

新增信号与站台门网络接口：信号系统与站台门通过冗余的网络，互传个别故障车门/站台门信息，用于实现车门与站台门故障对位隔离功能。

（六）信号与车辆接口

实现列车控制指令、车地通信网络状态信息的采集及处理的功能。

实现列车远程控制命令下达和相关状态信息上传至控制中心的功能。

信号与车辆接口的输入输出信息主要包括：驾驶室激活状态、司机钥匙激活、列车完整性、车门关闭且锁闭指示、牵引已切除（牵引允许反馈）、车辆已实施紧急制动、保持制动已实施、手柄位置、信号相关按钮状态等信息；紧急制动输出、常用制动输出、牵引切断输出、左/右车门解锁、列车零速输出、运行方向、牵引力大小、制动施加或缓解、车门控制、驾驶模式信息、全自动运行列车测试指令及状态信息、休眠指令、唤醒指令、跳跃指令、车辆状态及故障信息、障碍物/脱轨状态、远程控制指令等。

车辆与信号系统增加列车状态、故障报警信息上传功能（关键状态及故障报警通过信号系统传至中心，其他状态信息可通过 LTE-M 车地通信网络传输至中心）。

二、车辆系统接口

（一）车辆与车地无线通信系统接口

车辆与车地无线通信系统车载 TAU 接口，实现列车状态信息上传至控制中心的功能。

（二）车辆与专用无线通信设备接口

专用无线车载设备将自检信息发送给车辆 TCMS 系统。

专用无线通信车载设备与车辆广播接口，实现中心对列车广播，以及特定手持台对列车广播的功能，实现控制中心调度员与客室乘客的紧急对讲。原专用无线通信系统与车载广播接口仅实现控制中心调度员对列车的紧急广播，现在还需实现控制中心调度员与客室乘客的紧急对讲功能接口，增加向车辆传送自检故障信息的功能接口。

（三）车辆与列车视频监视系统接口

列车视频监视系统与车辆接口，应急情况下联动摄像机，并向车辆传送自检故障信息的功能接口。

三、综合监控系统接口

（一）综合监控系统与站台门系统接口

综合监控系统与站台门系统采用冗余网络接口，实现对站台门系统的集成。实现站台门故障时“对位隔离”信息的监视并传给信号 ATS 子系统。实现间隙探测装置信息的监视。

综合监控系统的车站 IBP 盘与站台门系统实现硬线接口，实现车站站台门远程应急操控功能。

（二）综合监控系统与 PIS 子系统接口

综合监控系统与 PIS 子系统采用冗余以太网接口，综合监控系统向 PIS 子系统发送地面和车载正常或紧急信息、清除列车 PIS 信息，接收 PIS 系统发送的信息接收确认信息，支持对 PIS 信息发布的人工审核和权限控制功能。

（三）综合监控系统与 IMS 子系统接口

综合监控系统与 IMS 子系统采用冗余以太网接口，实现 IMS 设备（含车载 IMS 设备）状态实时监视功能、IMS 摄像机视频预览功能、IMS 云台摄像机远程 P/T/Z 控制功能、设置摄像机相关预置位功能、IMS 时序控制功能、IMS 视频切换到大屏、车载 IMS 发送选择车载摄像头的命令，并接收车载 IMS 发送的车载摄像机信息。

（四）综合监控系统与车辆系统接口

综合监控系统可与车辆系统地面网关采用冗余以太网接口，支持实现列车火警、紧急拉手触发、IPH 触发、逃生门触发、司机台盖板打开、障碍物探测被触发、脱轨报警信息、在线监测等车辆报警信息上传，实现受电弓故障、通风空调系统故障、照明故障、车门故障、灭火器状态等车辆状态信息和运行数据的上传。

（五）综合监控系统接口与专用无线通信系统

专用无线通信系统与综合监控系统采用冗余以太网接口，实现列车人工广播和预录制广播控制指令的下发、接收乘客紧急对讲的控制指令、接收车载广播占用状态信息，实现乘客对讲的控制。

（六）综合监控系统接口与广播系统

广播系统与综合监控系统采用冗余以太网接口，实现广播区状态实时监视功能（包括广播区空闲、占用、故障等）、通过广播系统设置的话筒对选定的广播区进行人工广播功能、实现对选定的广播进行预录制广播及音频播放功能（线路广播）、实现定时广播功能，并对选定的广播区实现广播监听功能。

四、通信系统接口

（一）专用无线通信与车辆广播的接口

增强无线通信系统与列车广播系统接口功能，实现中心对列车广播，以及特定手持台对列车广播功能。原专用无线通信系统与车载广播接口仅实现控制中心调度员对列车的紧急广播，现在还需实现控制中心调度员与客室乘客的紧急对讲功能接口，增加向车辆传送自检故障信息的功能接口（可根据需要配置）。

（二）车载视频监视系统与车载广播系统的接口

车载视频监视系统与车载广播系统的联动接口，应急情况下联动摄像机，并向车辆传送自检故障信息。

列车进站停车过标时，触发列车及站台广播。

任务二　全自动运行系统联动功能

全自动运行线路最重要的特点就是车辆、通信、信号、站台门、综合监控五大核心专业系统的紧密配合，在全自动运营场景的支持下，实现高安全性、高可靠性的自动化控制和联动。本任务介绍基于全自动运营场景的典型的系统联动功能。

一、通信信号系统联动功能

（一）洗车作业

1. 接口路径

ATS→洗车机→ATS，信号发送洗车请求指令。

ATS→CC→TCMS，车辆接收信号下发的洗车工况。

2. 联动功能概述

需要洗车时，洗车机人工上电，信号系统给洗车机系统发送洗车请求，洗车机系统响应信号系统洗车请求，执行自动洗车作业。根据洗车需要，信号系统可人工或自动下发洗车工况给列车，列车 TCMS 系统接收并执行洗车工况，配合完成洗车作业。 洗车结束后，列车按照洗车计划或调度员人工设置的目的地码运行至停车列检库，列车按计划进行休眠或人工休眠，人工关闭洗车机。

DCC 调度员在洗车前，根据运营需要，人工对相关广播区域播放预录洗车清场广播。

DCC 调度-PA 工作站根据运营需要，人工触发相关区域的清场广播。

DCC 调度-ATS 工作站编制洗车计划，远程下发洗车工况。

行车调度-ATS 工作站编制洗车计划，远程下发洗车工况。

（二）列车唤醒功能

1. 接口路径

信号系统给车辆下发唤醒指令，列车执行上电自检。

信号→LTE→TWU→TCMS。

自检结果：TCMS→信号。

车辆给通信车载设备加电，车载通信设备加电后进行自检，并将自检信息反馈给车辆TCMS。

LTE：LTE 车载设备→LTE 交换机→列车 PA 主机→TCMS→信号。

PIS：PIS 车载设备→PIS 交换机→列车 PA 主机→TCMS→信号。

无线：无线车载设备→列车 PA 主机→TCMS→信号。

2. 联动功能概述

信号系统下发唤醒指令给列车，列车上的信号、车辆、通信设备进行上电自检，车辆将自检后的结果汇总后，发送给信号系统。

通信无线车载设备、地面 PIS 车载设备、LTE 车载设备上电后，进行系统设备自检。通信无线车载设备、地面 PIS 车载设备、LTE 车载设备自检成功后，反馈自检成功信号给车辆TCMS，自动处于待机状态；自检失败后反馈自检失败信号（含相关告警信息及设备状态信息）给 TCMS 或 TCMS 在规定自检时长内没有收到反馈信号，TCMS 认为通信车载设备自检失败。车辆 TCMS 系统：接收通信无线车载设备、地面 PIS 车载设备、LTE 车载设备的自检反馈信息。

行车调度-ATS 工作站：远程下发唤醒指令。

（三）清客功能

1. 接口路径

信号系统发送清客触发信息，进行清客。

信号→TCMS→车载 PIS→车载 PIS 显示清客信息。

信号→中心地面 PIS、PA→车站 PIS、车站 PA→车站显示清客信息、播放清客广播。

信号→TCMS→列车 PA。

2. 联动功能概述

列车根据运营计划或调度命令在指定的车站结束运营，列车停站清客。

1）正常清客

列车到达终点站折返、列车运营结束到达段场最后车站、列车到站后退出运营进入停车线/折返线，需进行清客。信号 CC 向 TCMS 发送正常清客指令，车载 PIS 接收 TCMS 发送的正常清客触发信息，可自动进行正常清客信息显示（动态地图）提示乘客下车；列车 PA 接收到 TCMS 发送的正常清客触发信息，播放清客广播提示乘客下车。信号系统向地面 PIS/PA 系统发送正常清客信息、预到站信息和到站信息（列车到站停稳）。站台 PIS 根据正常清客信息和预到站信息触发正常清客信息显示，直至收到离站信息；PA 收到正常清客信息和预到站信息触发一次正常清客广播，PA 收到到站信息再触发一次正常清客广播，提示乘客不要上车。

2）临时清客

列车因故障需清客时，行调可通过列车或站台设置临时清客。OCC 行调通过 ATS 向列车发送临时清客命令，车载 PIS 接收 TCMS 发送的临时清客触发信息，可自动进行清客信息显示（动态地图），提示乘客下车；列车 PA 接收到 TCMS 发送的正常清客触发信息，播放清客广播提示乘客下车。信号系统向地面 PIS/PA 系统发送清客信息、预到站信息和到站信息（列车到站停稳），站台 PIS 根据临时清客信息和预到站信息触发临时清客信息显示，直至收到离站信息；PA 收到临时清客信息和预到站信息触发一次临时清客广播，PA 收到到站信息再触发一次临时清客广播，提示乘客不要上车。ATS 自动扣车，车载信号系统保持车门和站台门打开。站台工作人员上车确认乘客全部下车后，按下站台门关门联动按钮，系统关闭车门和站台门。确认乘客已全部下车，按压清客确认按钮后，向 OCC 汇报清客完毕。人工设置下线工况后，列车按目的地码回存车线或回库。

（四）站台门故障隔离车门功能

1. 接口路径

站台门故障告警：站台门→信号→TCMS。

2. 联动功能概述

站台门故障对位隔离车门是指当 PSD 单体门故障不能打开时，停站列车相对应的车门也不能打开。车载 PIS 接收 TCMS 触发信息，可自动进行隔离信息显示，提醒乘客此扇门不打开。站台门系统，应在站台门上部对应指示灯提示或其他图形提示，提醒乘客此扇门不打开。

（五）车门故障隔离站台门功能

1. 接口路径

车门故障告警：TCMS→信号→站台门。

2. 联动功能概述

车门故障隔离站台门是指当车门故障不能打开时，停站站台相对应的站台门也不能打开。车载 PIS 接收 TCMS 触发信息，可自动进行隔离信息显示，提醒乘客此扇门不打开。通信 PIS 接收到信号触发信息，可自动进行隔离信息显示，提醒乘客此扇门不打开。站台门系统，应在站台门上部对应指示灯提示或其他图形提示，提醒乘客此扇门不打开。

二、车辆系统联动功能

（一）乘客紧急对讲功能

1. 接口路径

乘客按压紧急通话按钮触发报警信号：车载 PA 主机→车载 PIS 主机→WLAN→通信有线传输网络→OCC PIS 中心设备→OCC ISCS 中心设备→OCC CCTV 中心设备。

2. 联动功能概述

当乘客按压乘客紧急对讲装置请求按钮后，中心相关工作站告警，综合监控联动被触发的紧急对讲装置对应的摄像头画面至中心 CCTV 工作站。中心可通过视频监控查看被触发紧急对讲位置视频画面，并通过乘客调的无线调度台建立中心与乘客的紧急对讲。当多个紧急对讲触发时，中心乘客调可手动选择其中一个进行接听。必要时乘客调可启动预录紧急广播或无线调度台对列车进行人工广播便于安抚乘客的紧张情绪，维持车厢秩序。

建立通话后，紧急对讲装置自带视频推送至乘客调无线调度台。当车辆在区间运行时，乘客紧急对讲按钮的触发不会影响列车运行，当车辆运行至站台停靠时，信号系统会触发扣车指令，打开站台门和车门。在司机室钥匙未激活时，乘客紧急对讲同时与控制中心和本地进行连接，司机台紧急对讲呼叫提示音取消，控制中心和司机均可接听，司机接听优先级高于中心。司机室钥匙激活时，车载 PA 不将紧急对讲语音信息发送至无线车载台，乘客紧急对讲和本地进行连接。

（二）车门检测到障碍物告警功能

1. 接口路径

当车门系统检测到障碍物告警信号：EDCU→TCMS→车载 PA 主机→车载 PIS 主机→WLAN→通信有线传输网络→中心设备→OCC ISCS 中心设备→OCC CCTV 中心设备。

2. 联动功能概述

当车门检测到有障碍物阻挡车门关门时，中心相关工作站告警，综合监控联动告警对应的摄像头画面至中心 CCTV 工作站，中心通过视频画面监控车门状态。由站务人员就地进行确认处置。车门检测到障碍物时，发车条件不满足，车辆会滞留在站台，直到站台工作人员到现场处理、故障恢复后才能动车。

（三）司机台盖板打开告警功能

1. 接口路径

当司机室操作台盖板被打开，告警信号：TCMS→车载 PA 主机→车载 PIS 主机→WLAN→通信有线传输网络→OCC PIS 中心设备→OCC ISCS 中心设备→OCC CCTV。

2. 联动功能概述

有乘客打开司机操作台盖板时，中心相关工作站告警，车载 CCTV 主动将摄像头画面传送至 OCC，中心通过视频画面监控车上状态；司机操作台盖板打开仅触发告警，不会对行车产生影响。

（四）障碍物检测告警功能

1. 接口路径

障碍物及脱轨检测告警报警信号：TCMS→车载 PA 主机→车载 PIS 主机→WLAN→通信有线传输网络→OCC PIS 中心设备→OCC ISCS 中心设备。

2. 联动功能概述

被动障碍物检测触发时，中心相关工作站告警，车载 CCTV 主动将对应视频推送至大屏和车载 CCTV 监视台，中心通过视频画面监控车上状态。车辆检测到障碍物会触发紧急制动。

三、综合监控系统联动功能

（一）区间火灾

1. 接口路径

感温光纤→TFDS→ISCS→ATS→CC→TCMS→车载 PA 主机→车载 PIS 主机→WLAN→通信有线传输网络→OCC PIS 中心设备。

2. 联动功能概述

区间感温光纤超高温报警信息时，在中心相关工作站告警，中心调度通过信号 ATS 工作站手动选取区间运行列车，系统将区间火灾信息转发给列车，相关列车自动关闭新风系统，综合监控自动联动告警对应的摄像头画面至中心 CCTV 工作站，列车到达站台后通过 ATS 工作站人工取消区间火灾信息，恢复新风系统，同方向后续列车在上一站台自动扣车。中心乘客调可通过列车外置的摄像头视频画面查看区间火灾情况。

（二）车站火灾

1. 接口路径

FAS→ISCS→ATS→CC→TCMS。

2. 联动功能概述

当 ISCS 收到 FAS 系统的火警确认信息时，以自动/手动方式触发火灾联动，ISCS 自动将火灾 CCTV 视频画面显示在车站 CCTV 工作站上并将火警信息转发至 ATS 系统。当 ATS 收到车站火灾信息后，信号系统将在上一站（双向）对列车进行扣车，防止列车再次发车至该站。对已经进入该区间的列车，行调根据实际情况设置跳停。

四、站台门系统联动功能

（一）滑动门开、关门故障

1. 接口路径

当 PSD 检测到滑动门关门故障时触发报警信号：PSD→ISCS。

2. 联动功能概述

当 PSD 检测到滑动门开、关门故障时，触发报警信息，ISCS 相关工作台告警提示，综合监控联动告警对应的摄像头画面至中心/车站 CCTV 工作站。若站台工作人员无法立即恢复故障滑动门，需人工打开或关闭故障滑动门，并将 LCB 置于隔离状态，站台门系统启动对位隔离功能，信号系统将站台门故障对位隔离车门信息通过信号ATS-CC接口发送至车辆TCMS系统，车辆TCMS系统自动隔离对应的车门不打开（后续列车）。站台PA播报站台门故障对位隔离提示信息，站台PIS屏显示站台门故障对位隔离信息。

（二）间隙探测故障或夹人、夹物报警

1. 接口路径

当间隙探测系统检测到故障或夹人、夹物时触发报警信号：PSD→ISCS。

2. 联动功能概述

当间隙探测系统检测到故障或夹人夹物时，触发报警信息，ISCS相关工作站告警提示；OCC或车站工作人员可通过综合监控将对应摄像头画面推送至中心/车站CCTV工作站。在列车离站期间，间隙探测设备故障或“夹人夹物”报警时，在站台停稳的列车不允许发车，正在离站的列车触发紧急制动，在区间运行或进站列车不受影响。综合监控工作站显示告警。

复习思考题

1. 简述城市轨道交通全自动运行系统信号接口。
2. 简述城市轨道交通全自动运行系统车辆接口。
3. 简述列车唤醒联动功能内容。

项目九　全自动运行系统运营管理

任务一　全自动运行系统运营管理模式

全自动运行系统的运营模式主要包括运营单位管理模式和生产组织模式两个层面。运营人员、设备设施以及运营计划和规章制度构成了运营管理的三要素。

一、全自动运行与常规线路运营管理方面的区别

（一）运营管理主体变化

运营服务管理的主体是运营管理人员。传统运营模式下，直接面对乘客服务的主要是站务人员，但随着全自动运行系统的应用，以往的后台运营人员，也逐步开始趋向直接面对乘客服务。例如，控制中心调度对列车进行紧急广播以及与列车上乘客进行紧急通话、列车驾驶员走出司机室，乘务人员的职能也由司机室操作、监视列车运行转变为在客室为乘客提供服务的模式。即全自动运行模式为进一步实现以乘客为中心的服务理念创造了条件。

乘客原本是运营管理的客体，但由于乘客直接介入运输服务过程中，所以在一定程度上，乘客也扮演了“生产者”的角色，以完成整个服务过程，即“自助服务”，如自助购票、紧急情况自救等。采用全自动运行系统之后，运营单位应进一步宣传、引导乘客进行自助服务，包括自助设施的使用以及在安全防范和应急处置中的发挥积极作用，实现自救互救等，以充分发挥全自动运行优势。全自动运行的发展不能仅仅依靠系统的技术以及运营企业的管理，还离不开广大乘客的参与。运营主体的变化如图 9.1 所示。

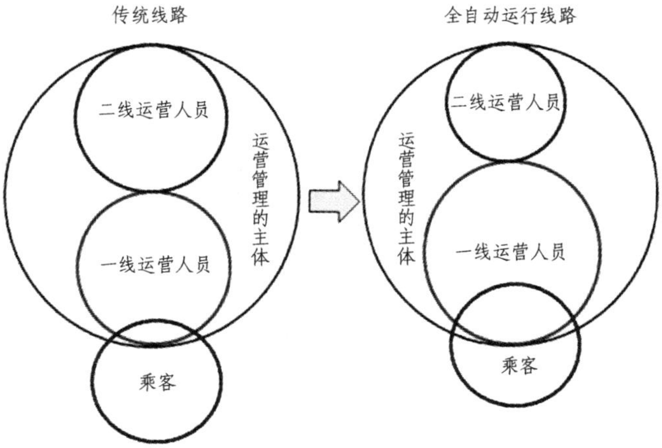

图 9.1　运营主体的变化

除了角色的变化之外，高度自动化带来了岗位的复合和管理人员的减少。相比于常规驾驶系统，全自动运行系统节省时间，可以有效缩短行车间隔提高旅行速度，加速车辆周转。据统计，上海地铁 10 号线采用无人驾驶运营，平均旅行速度提高 8.8%，目前每千米的运营人员是 39 人，较传统项目的 52 人/km 有了明显降低。

（二）运维管理模式变化

FAO 线路普遍采用运维一体化的管理模式，对线路的行车、客运、乘务、车辆、通信信号、供电、机电、工务等专业进行统一管理。对运营、设备进行统一管理后，能够在信息的沟通、传递，以及运营板块和设备板块之间、各专业模块之间，更为高效地进行业务协调与统筹。相较于原来的模式，人员规模大幅减少，能够打破专业间的壁垒，有利于一岗多能生产员工的普及和岗位复合人才的培养，适应全自动线路未来发展的特点。运维一体化管理模式具有适应全自动线路和高效性的特点，成为全自动线路的主流管理模式。

（三）运营生产管理变化

1. 组织架构及职责区别

全自动运行系统模式下，运营行车组织主要设置岗位有行车调度员、车辆调度员、乘客调度员、车站站务人员。OCC 在原岗位设置基础上需增加车辆调度员和乘客调度员，其中车辆调度员负责车辆检修计划安排和调度工作；乘客调度员主要负责与车站内和列车内乘客联系，站内或车内信息广播等工作。

2. 司乘人员配备区别

常规驾驶系统下，每列车需要安排司机值乘，需要司机数量较多。全自动运行系统下，UTO 模式运行时，不需要每列车配备司机，正线设置多职能队伍分区段进行巡视，可以减少运营人员编制从而减少了人力成本支出。

3. 司乘人员劳动强度及安全可靠性区别

全自动运行系统开通初期列车上安排司机巡视，正常情况下司机只是设备监视，如遇到突发情况才介入处理。全自动运行系统最高等级下，列车上不安排司机，只是在全线安排多职能队伍巡视，遇到较大故障时介入处理。大大降低了司机劳动强度及司机误操作概率，运营安全可靠性较高。

4. 场段运作管理方面区别

场段运作管理方面主要区别表现在三个方面。一是列车自动运行控制范围由正线延伸覆盖至场段全自动运行区域，代替了常规驾驶系统下的场段信号楼部分行车组织功能。全自动运行区域由 OCC 控制，非自动运行区域由场段 DCC 控制室 ATS 终端控制，将场/段非全自动运行区域行车组织功能与场段检修调度合并。二是全自动运行系统取消了场段信号楼组织列车出入场/段功能，由系统自动组织列车出入场/段，提高了场/段行车组织效率及安全可靠性。三是全自动运行系统场段划分了全自动运行区域和非全自动运行区域，在一定程度上降低了行车及作业人员冲突的安全风险。

（四）重点运营环节作业组织变化

相较于常规驾驶系统，全自动运行系统在车库内收发车/检车、空调与照明等乘客服务设备开关、列车站间运行、列车进站停车、开关车门/站台门、终点站清客及折返作业、轨道障碍物检测、车门与站台门夹人/夹物处理、设备故障检测及排除、乘客广播服务、列车救援组织、区间乘客疏散、场/段洗车组织等方面有较大变化。

二、全自动运行线路运营管理组织架构

全自动运行线路运营管理应始终围绕保障运营安全与提高服务水平的目标，致力于完善和优化业务管理流程，体现管理统一、专业集中、运作有序的全自动运行特点，确保运营的安全、稳定、高效。运营单位应建立健全适用于全自动运行的组织建构、运营管理机制和规章制度体系，保障各部门职责明确、分工合理、衔接紧密、高效运转。

目前，已运营的全自动运行线路运营组织架构设计均按实际的运营维护业务划分部门或中心，实施运维一体化的管理模式。总体架构按运营模块、维护模块、综合管理模块设置，但在部门或中心设置上略有区别。

运营模块：上海地铁10号线运营模块分成运营指挥（控制中心）、运营管理事务模块（站务、乘务）及运营职能管理（技术支持）三个部门。北京地铁燕房线运营模块设立运营部，下设站务部、乘务部、运营控制中心、票务部及运营支持部5个二级部门，负责燕房线的运营生产工作。成都轨道交通9号线运营模块设立控制中心及综合站区。

维护模块：上海地铁10号线设备一体化管理，维护模块仅设置一个部门，划分为车辆、信号、供电、机电、自动化、综合维修等车间。北京地铁燕房线维护模块设立设备部，下设车辆部、土建线路部、供电机电部、通信信号部、技术支持部及运捷科技有限公司，负责燕房线设备设施的维修维保工作。

综合管理模块：北京燕房线设置技术支持部和运营支持部；成都轨道交通9号线设立技术管理室及安全调度室，负责该线路技术、人事、党工团及安全管理等综合管理工作。

（一）北京燕房线、大兴机场线运营管理组织架构

北京燕房线、大兴机场线及北京19号线（2021年底开通）由北京市轨道运营管理有限公司负责运营维护。运营生产部门主要有运营板块的运营支持部、站务部、乘务部、控制中心、票务部；设备设施板块的技术支持部、车辆部、土建线路部、供电机电部、通信信号部，以及子公司北京运捷科技有限公司。委外维保业务包括车辆架大修、设备大修、信号和综合监控维护、电扶梯检修、FAS检修、污水抽排/风管清洗/空调故障维修、土建技工岗等。其管理组织架构如图9.2所示。

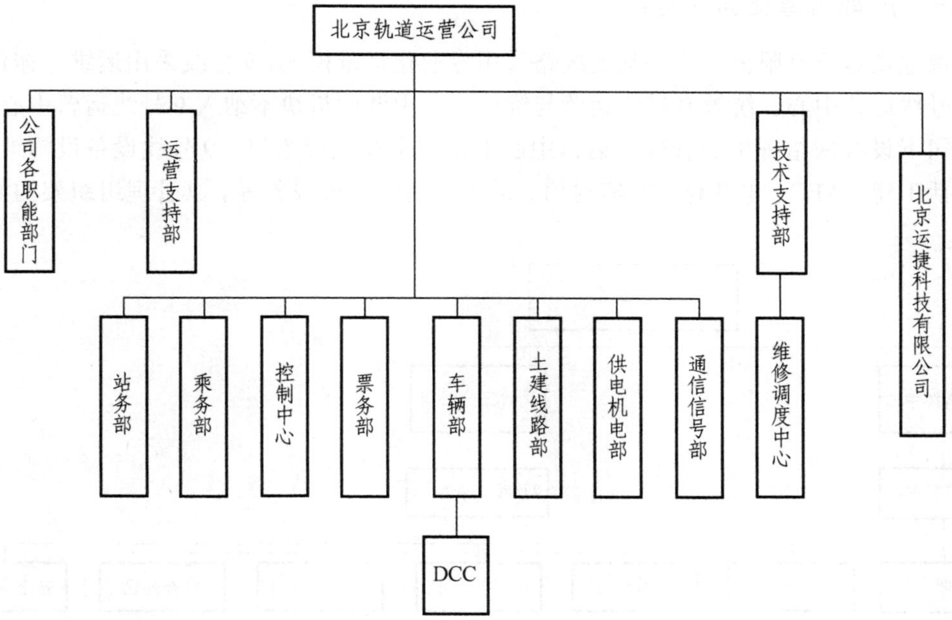

图 9.2　燕房线、大兴机场线运营管理架构

（二）上海 10 号线

上海地铁 10 号线由上海地铁运营一公司负责运营维护。开通初期保持线网传统的专业化运维模式。2014 年，为推进全自动运行系统的投用，分别成立 10 号线管理部和 10 号线维保管理部。经过一年时间的磨合，两个部门合并成立 10 号线运营维护管理部，采用运维一体管理模式。运营维护管理部下设四个一线分部，工务业务委外，由维保中心负责。管理组织架构如图 9.3 所示。

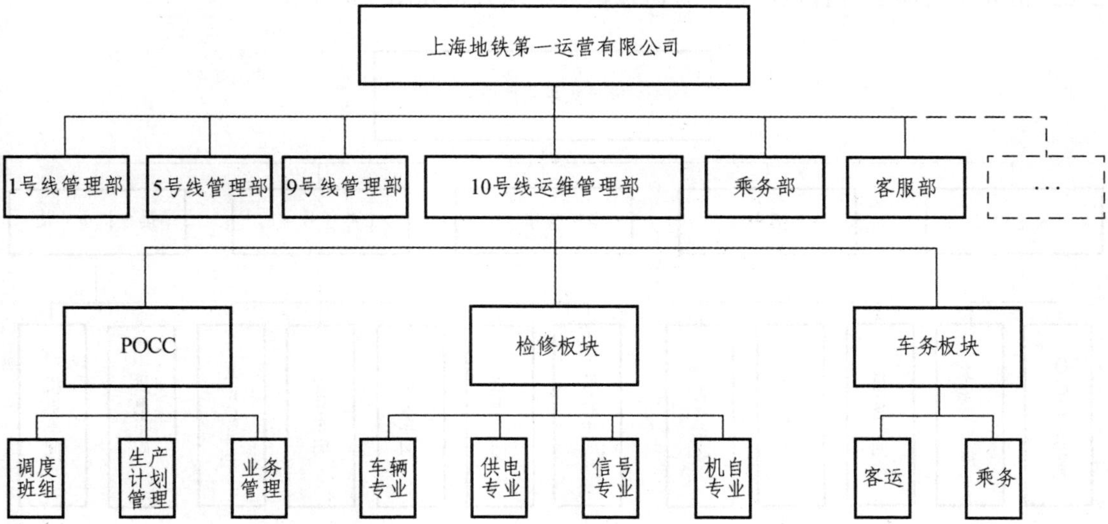

图 9.3　上海 10 号线运营管理架构

（三）成都轨道交通 9 号线

成都地铁运营有限公司所辖其他线路采用专业化运维模式，9 号线采用运维一体化模式，下设 9 号线运营中心，统筹 9 号线运营与维护。其中调度板块不纳入 9 号线运营中心，仍由运营公司下设线网指挥中心管理。运营中心下设四个线生产车间。9 号线设备设施维保委外项目包括工建、AFC、电扶梯、公安通信、消防及消防值班服务等。其管理组织架构如图 9.4 所示。

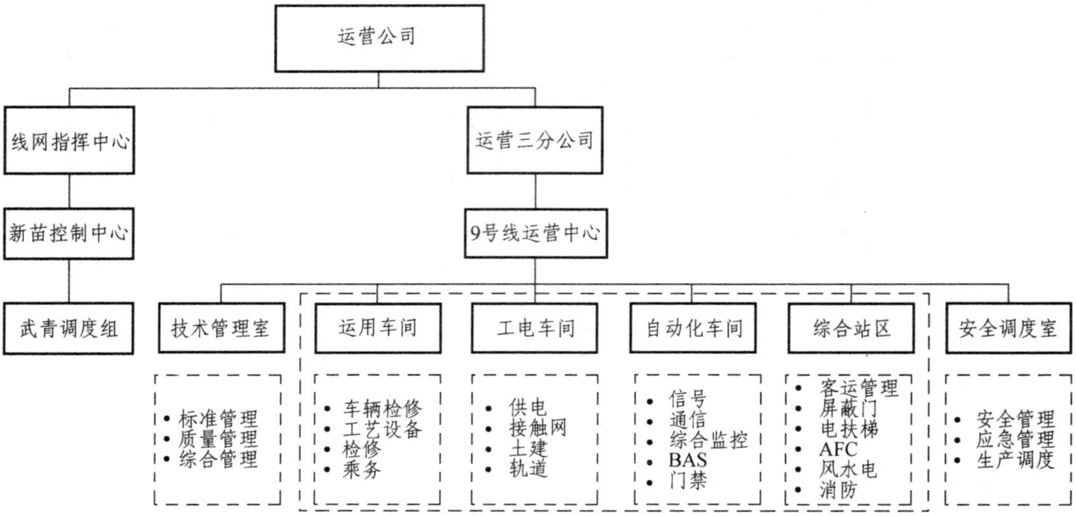

图 9.4　成都轨道交通 9 号线运营管理架构

（四）苏州轨道交通 5 号线

苏州轨道交通 5 号线于 2021 年 6 月 21 日开通初期运营。鉴于开通初期设备、人员、乘客和规章等方面的适应和磨合问题，苏州市轨道交通 5 号线计划分阶段逐步从有人值守过渡到无人值守全自动运行管理模式，各阶段运营组织架构如图 9.5 所示。

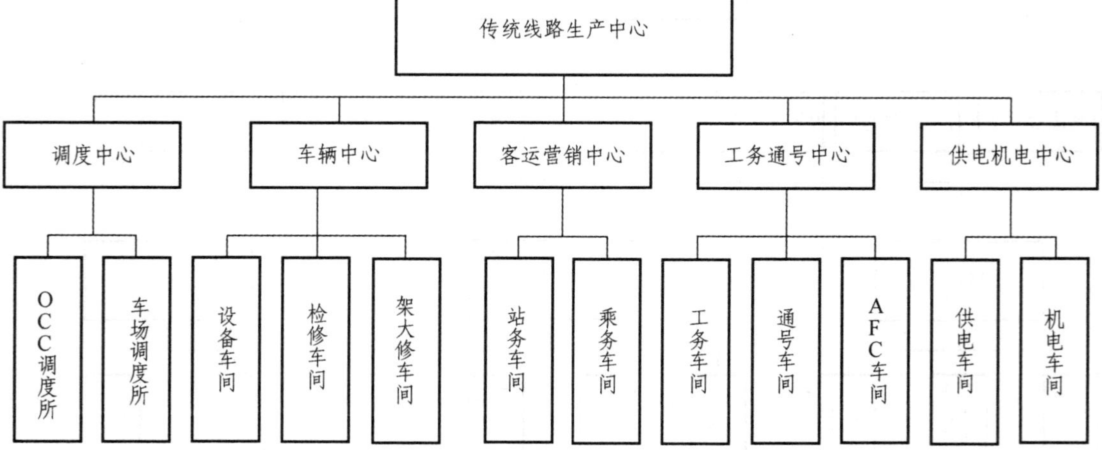

（a）

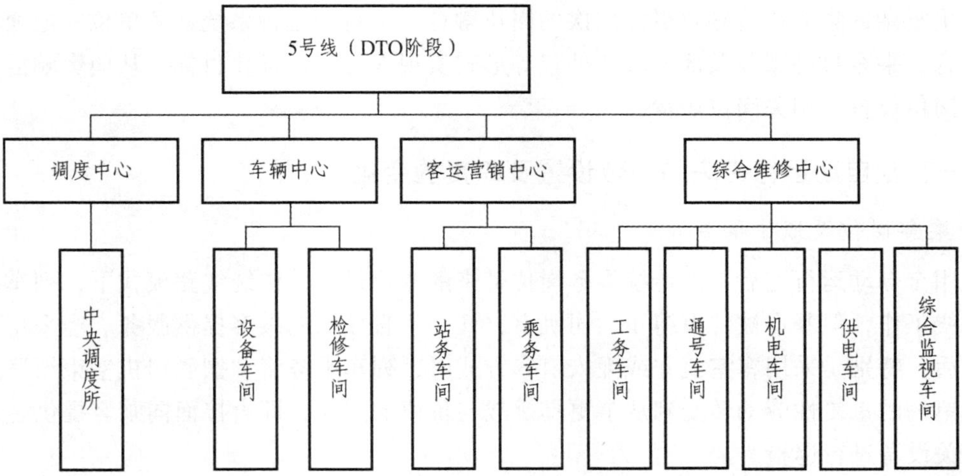

（b）

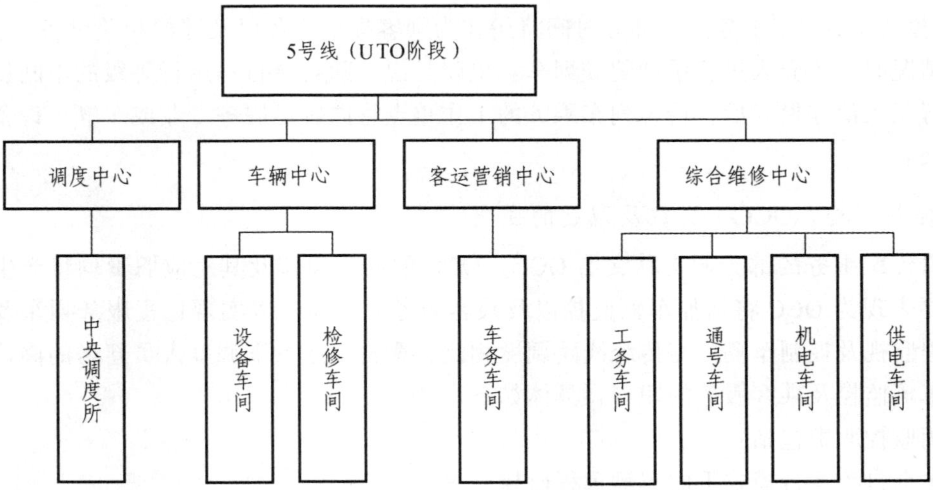

（c）

图 9.5　苏州轨道交通 5 号线运营管理架构变化情况

三、岗位设置及岗位职责

全自动运行系统是一项系统工程，其涉及车辆、信号、综合监控、通信、站台门、车辆基地等多个专业，各专业联系密切。全自动运行系统中传统乘务的工作职能一部分由列车自动控制系统负责，另一部分则将移交到控制中心去完成。传统的乘务、控制中心调度员和车站值班员共同参与控制的运营控制模式，转变为以控制中心调度员直接面向运行的列车的运营控制模式，即全自动运行带来了人机配合机理的重置。

全自动运行系统对人机配置机理的重置为岗位复合创造了条件，由于全自动运行系统的机理变化，设备的密切配合，大大提高了系统安全性，减少了重复性工作，但全自动运行工作界面更为模糊，对运营、维保的人员要求、组织架构及职责划分均提出了更高的要求，更智能、更复杂的集成化将导致更深层次的岗位融合。全自动运行系统运营单位一般通过岗位职责复合、乘客自助服务及部分服务外包等形式实现人力资源优化目标，从而影响运营组织架构、岗位设置及相关岗位职责。

（一）全自动运行带来的岗位设置及职责的变化

1. 乘务岗位及职责的变化

采用全自动运行之后，对传统乘务岗位带来的变化最大。传统线路模式下，列车乘务虽然在一线工作，但基本被“束缚于”司机室，几乎不直接面向乘客提供服务。当采用全自动运行之后，特别是采用客室值守或无人值守方式时，列车乘务将“摆脱司机室束缚”，将有机会从单一的重复性劳动转变到从事更具挑战与价值的工作，即直接面向乘客提供客运服务和对相关设备进行巡检。

需要说明的是，虽然列车司机的驾驶操纵职能被全自动运行系统替代，但是业内普遍认为，列车司机这一职业并不会消失，在非正常情况下仍会有一部分员工承担列车驾驶的任务。在 UTO 模式下，列车乘务的大部分时间将用在为乘客提供服务以及巡检相关设备上，仅在发生突发情况时，才介入进行手动驾驶列车。也就是说，随着全自动运行等级的不断提高，特别是实行无人值守模式后，传统列车乘务的工作重点将向客运服务专业或车辆（设备）巡检专业发展。

2. 控制中心（OCC）岗位及职责的变化

随着传统乘务的部分职责移交给 OCC，OCC 的部分岗位及其对应职责均将产生一定变化，主要表现为 OCC 将增加车辆监控以及乘客服务的职能，以实现远程服务列车及站台乘客和远程监视及控制车辆。与传统线路调度相比，全自动运行下调度人员新增的岗位职责至少包括车辆监控及乘客服务的职责，具体如下。

车辆监控职责包括：

（1）全自动运行模式下的车辆远程监控。

（2）列车的远程休眠、唤醒等操作。

（3）列车故障时应根据故障现象进行判断，对于远程无法判断或处理的故障，应尽快安排相关人员现场处置。

乘客服务职责包括：

（1）全自动运行模式下的车辆远程乘客服务。

（2）列车发生乘客报警、迫停区间等突发事件时与乘客紧急通话、进行远程广播。

（3）通过 CCTV 监视客流等。

针对新增的岗位职责，可选择设置新增岗位予以承担，如增设车辆调度和乘客调度。也可将新增业务分配给其他调度岗位，即根据相关岗位工作负荷以及人员综合素质情况，将新增职责与既有传统调度岗位复合，如将车辆监控职责与传统行调职责复合，乘客服务职责与信息调度职责复合等。

3. 段（场）控制中心（DCC）岗位及职责的变化

传统线路 DCC 一般由乘务和车辆专业人员联合组成，其中运转值班员（场调）、信号楼值班员、乘务派班员归属于乘务专业，车辆检修调度隶属于车辆专业。

采用全自动运行模式后，场段内洗车、调车、发车、收车等许多业务可以通过全自动运行系统进行集中控制，而且场段内的现场监控和出入自动化区域的管理也可以通过远程手段进行管控，因此 DCC 的业务模式也将发生深刻的变革。传统 4~5 个岗位的 DCC 岗位设置模式，在全自动运行模式下，根据不同的运营实际可以精简到 2~3 个岗位即可完成。例如，有的运营线路就将负责场段内行车调度作业的信号楼值班员交由 OCC 的行调予以兼任。

4. 设置多职能队伍

采用全自动运行系统之后，自动化程度显著提高，人员的重复性工作大量减少，但这并不意味着采用全自动运行系统后对人员的要求可以降低。与之相反，全自动运行系统将运营人员从重复性工作中解放出来之后，需要他们能够从事更具挑战和价值的工作。传统线路的客运服务相关岗位、行车组织相关岗位、设备维护相关岗位之间的职责界限相对清晰，但全自动运行线路的人员岗位职责产生了不同程度的复合，如图 9.6 所示。

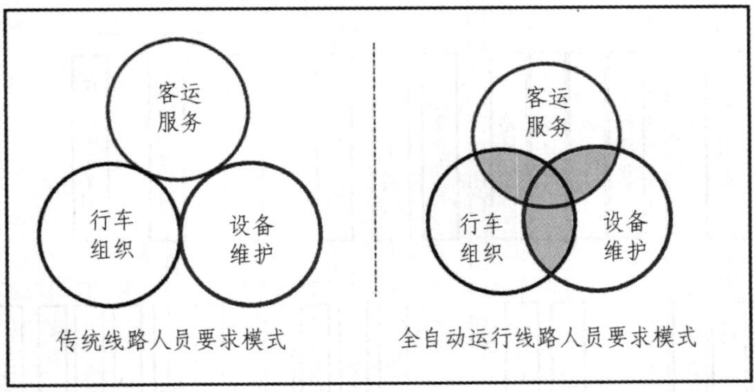

图 9.6　全自动运行线路与传统线路人员要求对比

全自动运行模式下，需培养列车多职能队伍和车站多职能队伍，如图 9.7 所示。除面向乘客服务外，列车多职能队伍的职责需增加故障情况下的列车驾驶、列车日检和行车监护；车站多职能队伍的职责需增加施工管理、应急处置、车站设备（通风空调、低压配电、给排水、房建、FAS、站台门、电扶梯、AFC 等）巡视及故障处理等多项职能。

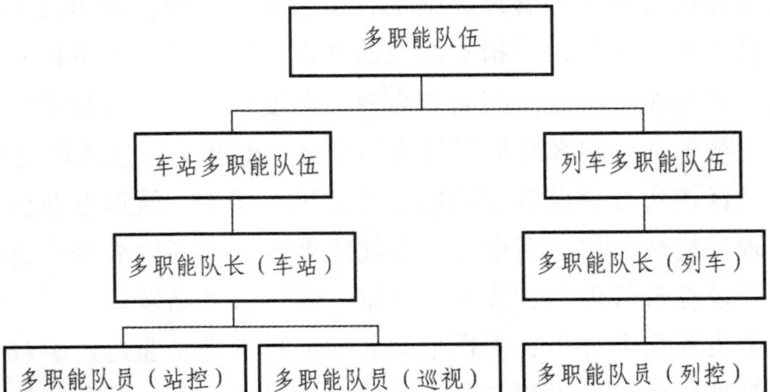

图 9.7　全自动运行线路多职能队伍基本架构

（二）全自动运行线路各业务模块岗位设置及岗位职责

以某全自动运行线路为例介绍运维岗位设置及岗位职责。

该线路成立运营中心，统筹负责线路的运营维保相关业务。业务部门设置调度部、客运部和综合维修部。运营生产计划与调度指挥集中管理，行车、客运与一线巡检实现深度整合、一体化管理，车辆、通号、工电、机电等维修专业维修深度优化合并、实现完全属地化管理。组织架构设置如图 9.8 所示。

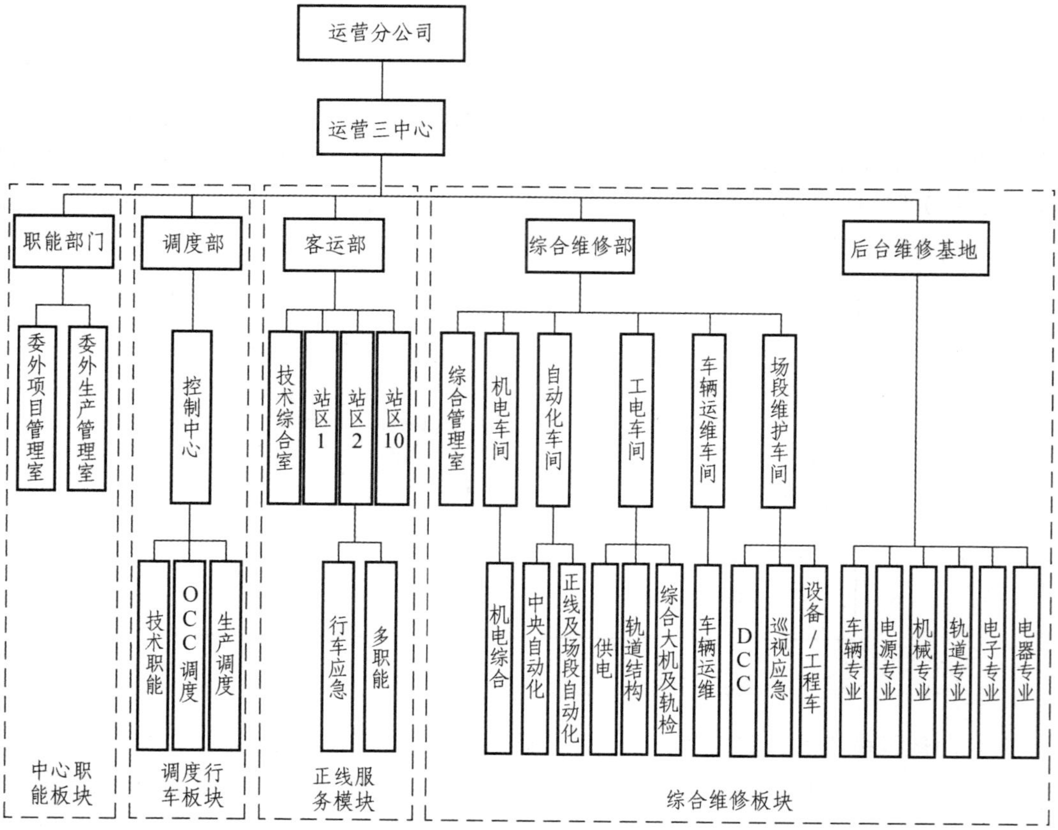

图 9.8　某线路组织架构

调度部：负责线路的维修计划管理、施工、运输策划管理；承担行车组织、调度指挥、应急处置、运营信息收发等工作；承担本部门的规章制度、技术文本拟定及发布等工作；确保全自动运行各线生产组织、调度指挥安全高效。调度部下设综合技术室和控制中心。

客运部：负责线路车站日常客运组织与客运服务、电客车应急故障处理（UTO 无人值守模式下）、站内及站区周边部分设备（除信号转辙机、结构、轨道专业设备外其余所有非委外专业设备）低修程计划性检修、巡视及应急故障处理、辖区内委外设备故障报送及配合作业等工作。客运部下设综合管理室、技术安全室、客运服务站区。

综合维修部：负责线路电客车、工程车的前期项目管理、监造、验收、调试、后期运营维护、检修、运用管理以及场段工艺设备、通信、信号、AFC、综合监控、供变电、接触网设备高修程计划性巡检、后台检修、场段设备巡视等工作；承担所辖设备设施的规章制度、技术文本的拟定及发布，编制本专业年度维修生产计划等。部门下设综合管理室、机电车间、自动化车间、工电车间、车辆运维车间、场段维护车间。

1. 调度业务岗位设置及职责

由于全自动运行系统具有高度集中管理的要求，调度员的专业水平和系统设备运行管理的经验要求更高。全自动运行线路控制中心除了设置基本值班主任、电环调度员、行车调度员外，还增设了乘客调度员和车辆调度员（该线路将车辆调度与维修调度合设、乘客调度与信息调度合设，见图 9.9）。

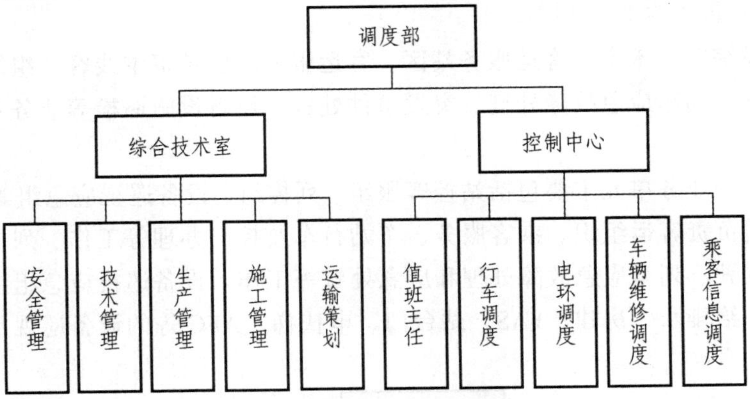

图 9.9　某线路调度部岗位设置

控制中心作为线路运营的决策中心，管理正线和车场的自动化区域，决定现场应该采取何种操作规程或救援措施。当需要现场干预时，控制中心调度员可要求车站行车值班员、站务员或列控员提供协助，并进行现场非正常情况的干预。控制中心负责本部门线路的行车组织、调度指挥、应急处置、运营信息收发等工作，以及负责维修调度业务（包括设备设施故障信息收集、故障追踪，故障维修作业工单派发、故障处置跟踪，设备设施维修计划数据监督、维修情况跟踪，设备设施应急抢修、抢险救援调度指挥和组织工作，统计分析设备设施维修数据和 RAMS 指标监控、制作各类报表等）。

控制中心调度员职责划分如下：

1）行车调度员

（1）列车运行监视及远程控制（新增功能）。

（2）站台屏蔽门监视及远程控制（新增功能）。

（3）车站设备监控。

（4）运营管理设备监控。

2）车辆维修调度员

（1）根据列车检修计划安排列车进行检修作业。

（2）对于正线运营中出现的故障列车安排进入车辆基地检修。

（3）监控正线运营列车车辆状态信息。

3）乘客信息调度员

（1）负责与列车内乘客通话，及时解决乘客问题。

（2）向列车和车站远程广播，通知乘客运营信息。

（3）负责与车站运营管理人员联系。

（4）负责信息发布，协助值班主任做好应急处置。

4）电环调度员

（1）负责所辖范围内的供电生产工作，指挥地铁环控系统按计划实现安全、高效、经济地运行。

（2）负责电源设备监控，隧道通风监控。

（3）指挥供电系统、环控系统内的事故处理等。

2. 客运业务岗位设置及职责

客运部下设综合技术室、客运服务站区。客运服务站区负责本线客运组织与服务、列车巡视、降级行车、列车应急故障处理、突发事件处置、设备设施巡检等业务及统筹协调管理工作。

站区所含生产业务单元主要包括站控客服组、列控组、设备巡视应急组等，如图 9.10 所示。站控客服组负责客运组织、乘客服务、车站行车监控与办理等工作。列控组负责列车值守巡视、降级驾驶、列车应急故障处理和应急处置等工作。设备巡视应急组主要负责通风空调、低压配电、给排水、房建、FAS、站台门、电扶梯、AFC 等的设备巡视及故障处理等工作。

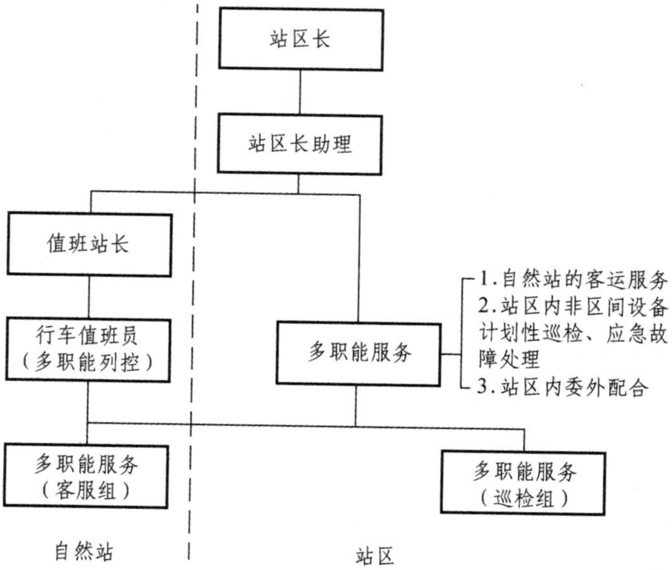

图 9.10　某线路客运站区岗位设置

3. 综合维修业务岗位

车辆、通号、工电、机电等各专业维修深度优化合并、实现专业化管理，如图 9.11 所示。全自动运行线路维护保障与有人驾驶线路存在较大差异，结合全自动运行线路的运营工况涉及多系统、综合联动处置，以及与系统设置相匹配的原则，宜采用综合化维护团队，设置多职能服务人员队伍，多专业综合处置正常、故障以及灾害运营工况。该岗位同样对于多职能队伍人员的基本能力以及综合素质要求较高，需要建立完善的培训以及预案体系。

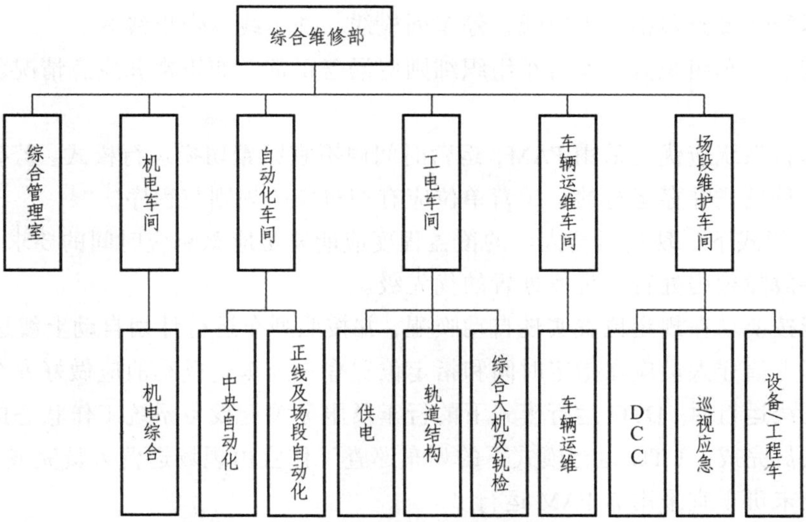

图 9.11　某线路综合维修部岗位设置

四、全自动运行系统运营管理模式

全自动运行线路运营管理模式与常规线路有共通之处，大部分线路在开通时还采用和传统线路一致的两级管理、三级控制模式，即控制中心和车站两级管理，控制中心、车站以及现场三级控制。但是与传统线路相比，在管控范围、岗位设置以及实现方式方面存在差异。

首先，全自动运行线路控制中心级管控范围更大、集中化程度更高、应急预案更丰富。与常规线路对比，车辆、站台轨行区、车辆基地全自动区域均纳入控制中心集中统一管控，车站涉及行车管控工作较弱化；在人员方面，控制中心级设置乘客调、车辆调或综合维修调，替代司机完成相关列车控制、乘客服务以及车辆设备状态的监控。相较常规运营模式来说加强了中央级的控制，减少或弱化了现场乘务组织的管理，能够进一步加强各系统间的关联性，提高故障处理中的统筹协调。

其次，线路管理层的职能得到强化，承担全线的行车组织、调度指挥、应急指挥、专业性维护（车辆、供电、通信和信号等）等线路系统级管理业务的运作；车站现场执行层作为现场执行主体，接收线路管理层指令，承担客流组织、客运服务、现场处置、一般性维护（车站设施设备维护、车辆基地维护等）等车站现场级管理业务的运作。

任务二　全自动运行线路运营组织

一、全自动运行线路行车组织

（一）列车运行

全自动运行区域应按照正线和车辆基地的全自动运行功能部署情况进行划分，其中车辆基地全自动运行区域宜包括出入段线、停车列检线、洗车线、牵出线等。

运营规则、行车组织方案及行车组织细则应涵盖正常、非正常和应急情况下的各类运营场景。

全自动运行系统应优先采用 FAM，运营时间内不宜频繁切换运行模式。若确实需要切换运行模式或多种模式并存运行的，运营单位应有相对应的规则与程序。

UTO 运行模式下，现场运营人员的覆盖程度应能满足应急响应时间的要求。

应明确各故障远程处置与现场处置的优先级。

列车应能按要求在规定位置实现自动唤醒，并按照列车运行计划自动上线运行。DTO 运行模式下，车上值守人员应在指定时间和指定位置登乘列车，登车前应做好安全防护工作。

列车在正线运行时，DTO 运行模式下的行车及服务关键设备系统工作状态的巡查工作应由车上值守人员完成；UTO 运行模式下的列车巡查工作宜由现场运营人员完成。

轨道车及末班车宜采用非 FAM 运行。

DTO 运行模式下，调度员和车上值守人员应监护列车运行；遇非正常及应急情况时，车上值守人员现场优先处置，调度员远程配合。UTO 运行模式下，调度员应远程监护列车运行，现场运营人员按要求巡视；非正常及应急情况时，远程与现场处置的优先级和配合方式应根据实际情况确定，并分别制订预案或处置方案。

DTO 运行模式下，列车因故迫停车站或区间时，车上值守人员应按要求进行现场处置；UTO 运行模式下，列车因故迫停车站或区间且无法远程处置时，现场运营人员应根据相关预案及时登车处置并做好登车前安全防护工作，确实需要立即远程组织乘客区间疏散的，应按预案处置。

当列车上发生乘客跌倒、摔伤、夹人夹物等紧急情况时，车上值守人员或现场运营人员应及时处置。

（二）调度指挥

运营单位应建立责权清晰的生产调度管理体系。

应采用运营控制中心集中调度指挥模式，正常情况下应以系统自动运行为主，非正常或应急情况下可转为传统非全自动运行的调度指挥模式。

调度员的岗位职责应包括以下主要内容：

（1）车辆远程监控及乘客服务。

（2）列车的远程休眠、唤醒等操作。

（3）故障时应根据故障现象进行判断，对于远程无法判断或处理的故障，应尽快安排相关人员现场处理。

（4）列车发生乘客报警、烟雾火灾报警、迫停区间等突发事件时与乘客通话并进行远程广播。

（5）正线、车辆基地及主变电所供电系统的远程监控与管理，火灾报警系统、车站环境与设备监控系统的中心级远程监控。

（6）对于设有备用控制中心的全自动运行系统，运营单位应制订完善的管理办法与流程，规定主、备控制中心控制权转换，以及应急人员调配等相关内容。

（7）启动降级模式前，调度员应详细了解现场情况，核实启动条件；因降级造成列车运行晚点时，调度员应及时发布相关信息。

（8）调度员在进行故障或灾情远程确认及复位前，应与车上值守人员、现场运营人员或乘客核实现场情况。

（三）车站行车组织

车站行车规章制度应包括行车设备使用与管理、与行车有关的客运组织工作、故障及灾情处置程序及作业时间要求等内容。

应加强对全自动运行的新增风险点和车站行车相关设备进行监控，对乘客乘降过程进行监视，发现故障或异常应及时处理。

运营单位可根据全自动运行系统的特点逐步推行车站岗位复合机制，以实现精简高效。

全自动运行系统由中心控制改为车站控制时，车站行车值班员应加强监控列车运行情况，并根据调度员命令及时开展相关行车组织工作。

（四）车辆基地行车组织

1. 管理权限

车辆基地自动化区域的信号调度、供电调度以及轮值技术人员的线路故障处理调度指挥职能可由车辆基地调度中心 DCC 管理，也可由 OCC 管理。车辆基地非自动化区域内列车及系统设备的调度和维护作业、车辆基地的安全管理和消防管理功能应由 DCC 负责。

车辆基地列车和人员由非自动化区域进入自动化区域，应由 DCC 向 OCC 申请，授权后方可进入。

运营控制中心宜能实现对车辆基地全自动运行区域的控制，并按相关要求可实现控制权在运营控制中心和车辆基地之间的转换。

全自动运行区域的停车线应具备列车的自动唤醒和自动休眠功能，且运营控制中心及车辆基地控制中心应能对列车休眠、唤醒、运行、清扫等状态进行管理和控制。

应对车辆基地停车列检库自动门及洗车库自动门（如有）等重要设备进行监控，如遇故障及时采取有效措施。

2. 区域划分及管理

车辆基地全自动运行区域和非全自动运行区域之间应设有物理隔离，并实现分区管理。

运营单位应明确全自动运行列车与非全自动运行列车在转换区域进行模式转换时的规则与程序。

停车库的各防护分区之间应设有物理隔离，并设人员防护开关及制定相配套的作业管理措施。

3. 人员出入及防护

停车库内各防护分区的出入口处应设有门禁系统，并设置不同权限控制人员进出。

停车库宜设有与列车行驶区域相隔离的人员安全行走区域。

工作人员进入防护分区时应激活人员防护开关，建立相应封锁区域；关闭人员防护开关前应确保所有人离开封锁区域。

二、全自动运行线路客运组织与服务

（一）客运组织

1. 一般要求

客运服务质量管理、客运组织方案及突发事件处置程序应满足不同运行模式的需求。

应通过多种形式向乘客宣传全自动运行系统的安全乘车理念和突发事件应对知识。

DTO 及 UTO 运行模式下对特殊乘客的服务质量不应降低。

2. 客运组织

运营单位应分别制订不同运行模式的客运组织分级管控机制及管理措施。

站台关门按钮、站台急停按钮、清客确认按钮、站台门与列车间防夹探测装置及 PSL 等全自动运行辅助设备的故障处置方案应满足客运组织的需求。

DTO 运行模式下，车上值守人员应配合车站工作人员组织列车清客作业，避免乘客滞留客室或载客回库。

DTO 运行模式下，车上值守人员应配合车站工作人员进行站台乘降作业管理，重点关注关门过程中的乘客抢上抢下行为及影响乘降作业的设备故障，及时做好客流疏导。

发生大客流时，调度员可采取调整停站时间，增加运力等措施满足客流需求；车站工作人员应加强监控站台乘客的滞留情况，采取有效的客流管控措施，保障车站客运组织的安全有序。

全自动运行系统的乘客服务信息发生播报错误时，现场工作人员应采取有效干预措施纠正错误信息，降低信息播报错误导致的影响，并及时上报。

（二）客运服务

应通过标识、广播、提示音，乘客信息显示、视频设备等多种方式为乘客提供客运服务及安全应急等信息，满足全自动运行客运服务质量要求。

DTO 运行模式下，车上值守人员应为客室乘客提供问询、为特殊乘客提供帮助等服务。

UTO 运行模式下，调度员应根据乘客需求通过视频监控系统、紧急呼叫装置、远程广播等辅助手段为客室内乘客提供必要的服务，现场运营人员在对车站或列车进行巡查的过程中可为乘客提供问询、为特殊乘客提供帮助等服务。

应及时通过远程人工控制或系统自动控制为乘客提供适宜的照明、制冷和采暖等服务。

应持续培养乘客自助服务的意识及设备自助使用的能力。

三、安全与应急管理

（一）安全管理

城市轨道交通全自动运行系统投入运营前，应通过初期运营前的安全评估。

应建立风险管控机制与隐患排查机制，识别并排查不同运行模式下的安全风险与隐患，并及时采取相应的管控措施。

应建立健全安全检查机制，明确 DTO 与 UTO 运行模式下的全自动运行区域和非全自动运行区域的安全检查要求和内容，宜利用信息化、智能化等技术手段开展安全检查。

运行模式变更前应对行车组织规则、岗位要求、设施设备可靠度、应急预案及应急能力等内容进行安全评估。

（二）应急管理

应急机制、应急预案，应急演练、应急物资及应急能力等应急管理体系中的各要素应涵盖不同运行模式的相关要求。

应急预案应涵盖不同运行模式及各类运营场景，并实现分级分类管理。

DTO 与 UTO 运行模式变更过渡期间应有相应的应急预案予以保障。

运营单位应制订应急演练计划并定期组织开展应急演练。

应急演练应在不同运行模式及运行模式变更过渡等环境下开展，实操演练可在全自动运行的模拟环境下开展。

复习思考题

1. 全自动运行线路运维管理模式有哪些特征？
2. 全自动运行线路控制中心、乘务、场段 DCC 岗位会发生哪些变化？
3. 车站多职能队伍和列车多职能队伍分别要复合哪些职业能力？
4. 车辆基地防护区人员出入应如何防护？

参考文献

[1] 中华人民共和国国家质量监督检验检疫总局，中国国家标准化管理委员会. 城市轨道交通运营管理规范：GB/T 30012-2013[S]. 北京：中国标准出版社，2013.

[2] 中国城市轨道交通协会. 城市轨道交通基于通信的列车运行控制系统（CBTC）互联互通工程规范[S]. 北京：中国铁道出版社，2018.

[3] 中国城市轨道交通协会. 城市轨道交通全自动运行系统规范[S]. 北京：中国铁道出版社，2019.

[4] 张玮. 城市轨道交通列车运行自动控制系统维护[M]. 成都：西南交通大学出版社，2016.

[5] 何霖. 城市轨道交通运营筹备与组织[M]. 北京：中国劳动与社会保障出版社，2008.

[6] 孙思南，徐锋，汪毅明. 跨座式单轨全自动运行信号系统原理与维护[M]. 北京：中国铁道出版社，2021.

[7] 刘敏. 城市轨道交通全自动运行线路通信系统的功能研究[J]. 城市轨道交通，2019（S2）:92-95.

[8] 张强. 列车智能障碍物检测系统在北京新机场线全自动运行中应用的研究[J]. 铁道机车车辆，2019（06）:114-118.

附录

缩略语

英文缩写	英文全称	中文全称
ACS	Access Control System system	门禁系统
AM	Automatic Train Operating Mode	列车自动驾驶模式
ATC	Automatic Train Control	列车自动控制系统
ATO	Automatic Train Operation	列车自动运行系统
ATP	Automatic Train Protection	列车自动防护系统
ATS	Automatic Train Supervision	列车自动监控系统
BAS	Building Automation System	环境与设备监控系统
CBTC	Communication Based Train Control	基于通信的列车控制系统
CI	Computer Interlocking	计算机联锁系统
CRC	Cyclic Redundancy Check	循环冗余码校验
CM	Automatic Train Protection Mode	受控人工驾驶
CAM	Creep Automatic Model	蠕动模式
DTO	Driverless Train Operation	有人值守全自动运行
ESB	Emergency Stop Button	紧急关闭按钮
EB	Emergency Brake	紧急制动
FAS	Automatic Fire Alarm System	火灾自动报警系统
FAM	Fully - Automatic Train Operating Mode	全自动运行模式
GoA	Grade of Automation	自动化等级
HMI	Human Machine Interface	人机界面
IBP	Integrated Backup Panel	综合后备盘
IMS	Image Monitoring System	视频监视系统
ISCS	Integrated Supervisory Control System	综合监控系统
MIBF	Mean Time Between Failures	平均故障间隔时间
MTTR	Mean Time To Repair	平均修复时间
NIP	Network Time Protocol	网络时间协议
OA	Office Automation	办公自动化
OCC	Operating Control Center	控制中心
PA	Public Address	广播系统

续表

英文缩写	英文全称	中文全称
PIS	Passenger Information System	乘客信息系统
PSCADA	Power supervisory Control And Data Acquisition	电力监控系统
PCB	Platform Close Button	站台关门按钮
POB	Platform Open Button	站台开门按钮
PSD	Platform Screen Door	站台门系统
PWM	Pulse Width Modulation	脉冲宽度调制技术
RAD	Radio Communication	无线通信
RF	Radio Frequency	无线扩频通信
RRM	Remoted Restricted Manual Driving Mode	远程限制运行模式
RAMS	Reliability Availability MaintainabilitySafety	可靠性、可用性、可维护性、安全性
TCMS	Train Control and Management System	列车控制及管理系统
SPKS	Staff Protection Key Switch	人员防护开关
TETRA	Terrestial Trunked Radio	专用无线通信系统
UTO	Unattended Train Operation	无人值守全自动运行
FAO	Fully Automatic Operation	全自动运行